Energy Productivity in Japan's Economic Growth

日本の経済成長とエネルギー

経済と環境の両立はいかに可能か

Koji Nomura

野村浩二

慶應義塾大学出版会

慶應義塾大学産業研究所について

慶應義塾大学産業研究所は、慶應義塾創立100年記念の一環として1959年9月に同大学付属研究所として設立された。本研究所は経済・社会に関する基礎的研究を行い我が国の経済と産業の発展に寄与することを目的としている。この目的のため、本研究所の専任研究員、塾内各学部・研究機関からの兼担研究員、国内や諸外国からの訪問研究者が集まり、多数の研究プロジェクトを単位として各種の共同研究を活発に行っている。これらのプロジェクトは法律、行動科学、経済の三部門に分類されるが、共通の特徴として①実証を重要視し、②学際的であり、③国際的であることが挙げられる。この慶應義塾大学産業研究所選書は基礎的な理論をふまえた実証分析に重点をおいた研究成果を世に問うために逐次刊行される。

序

◆失われた 30 年——資本蓄積停滞の源泉

　エネルギー消費に要するコストは国内総生産（GDP）の数パーセントに過ぎないが、経済成長におけるエネルギーの重要性はその見かけ上の数値をはるかに上回る。エネルギーはほぼすべての生産および消費活動に利用されており、経済体系へ与える直接・間接的な波及効果は大きい。しかしより重要なことは、エネルギーの利用は資本蓄積、そして労働生産性の改善スピードに大きく影響することである。

　資本（機械設備、建設物、ソフトウェアなど）の稼働にはエネルギーが不可欠である。労働者は、自らの人的能力を高めることよりも、より多くの、そしてより質の高い資本を利用することで、その生産性を高めてきた。それが経済成長の主要なエンジンである。とくに質の高いエネルギーとして、電力の役割は大きい。米国の経済学者サム・シューアは、20 世紀の米国経済における貢献を分析し、電力を「技術進歩の仲介者」と呼んだ（Schurr et al. 1990）。電力の安定供給とその低廉な価格は、直接的には見えづらいが、中長期の経済成長率を定める要因ともなる。

　しかし日本経済は、「エネルギーをクリーンで持続することも大切だが、エネルギー利用を拡大すること」（Webber 2019）の重要性を忘れてきたかのようである。二酸化炭素（CO_2）を中心とした温室効果ガスの国内排出削減は、1990 年代に入って重要な政策課題となった。エネルギー環境政策は、安定供給の実現により経済成長におけるエネルギーの役割をサポートする本来の意義を離れ、エネルギーを低炭素化するとともに、エネルギー消費を抑

制すること自体が美徳であるかのように変質してきている。その抑制とは、必ずしも効率改善によるものではなく、国内生産の縮小によって実現されるような虚構性も含んでいる。

　日本経済は、20 世紀にわたり相対的に常に高い水準のエネルギー価格に直面し、二度の石油危機を経験しながら、世界でも有数となるエネルギー生産性の水準を実現してきた。企業と政府によるそうした努力は評価されようとも、日本経済はそれによって何を失ってきたのだろうか。もし経済と環境とを十分に両立させてきたならば、それはいかなる条件のもとで成立したのだろうか。現行のエネルギー環境政策は、エネルギー生産性を高めるという一面的な目標の達成のために、日本経済における資本生産性や労働生産性、そして生産における全体的な効率性である全要素生産性（TFP）を犠牲としてはいないだろうか。

　本書は、こうした問題に関する構造的なメカニズムを実証的に解明することを目的としている。この 30 年間の日本経済における長期停滞に観察されることは、資本蓄積の停滞と労働生産性改善の低迷である。しかしそのもとには、実質エネルギー価格の上昇とエネルギー安定供給における懸念の増大、そして政府による規制強化を通じた、エネルギー消費の抑制が存在している。

　現在、日本のエネルギー環境政策は大きな転換点を迎えた。その転換とは、これまでの軌道の修正ではなく、強化である。経済的な合理性はほとんど見えないまま、2050 年に向けて次の 30 年間の停滞を約束するかのように加速している。

◆見通しなき「脱炭素」宣言

　パンデミックに翻弄された 2020 年の晩秋、菅義偉首相は所信表明演説において、2050 年の日本経済における温室効果ガスの排出量を実質ゼロ（カーボンニュートラル）とする目標を表明した。政府は成長戦略の柱として「経済と環境の好循環」を掲げ、続けて 12 月に発表された「グリーン成長戦略」では、洋上風力発電を中心とする再生可能エネルギー（再エネ）の最大限の導入や水素社会の実現などがその軸とされた。

　エネルギー消費や CO_2 排出はすべての経済活動と強く結びつき、その削

減は容易ではない。日本経済では、1990年代より国内における削減努力が継続されてきた。新たな技術革新がなければ、削減のための限界費用は逓増していく。30年先の排出量を実質ゼロとする政策が、経済と環境との好循環を生じさせ、グリーンな成長を実現するための技術条件が整うか、そこには大きな不確実性がある。確かなことは、大きな対策費用の負担なしにカーボンニュートラルを実現できるような技術のすべてを、世界のいかなる国もまだその手の内にはしていないことである。グリーンを推進力とした経済成長は約束されてはいないのだ。そして「グリーン成長戦略」が表明される舞台は、欧米に比しても「エネルギー転換」の道筋を描くことがはるかに難しい、この日本である。

　カーボンニュートラルの実現には、国内電力における脱炭素化（ゼロエミッション）が不可欠となる。しかし拙速ともなれば、その負担は極めて大きい。国内経済の負担を緩和するには、一貫した政策に基づく半世紀にもわたる「移行期間」が求められる。ドイツはこの30年間に再エネ拡大を推進し、現在では発電シェアの5割近くに到達する。フランスでは原発への依存度を低下させながらも、水力と風力の拡大を合わせてゼロエミッション電源は9割ほどとなる。国際的な送電網で結ばれる欧州では、安定供給を毀損するリスクをできるだけ抑制しながら、2050年における電力のゼロエミッションへの接近が模索される[1]。

　しかし現在の日本は、東日本大震災後に停止した原発の再稼働が低迷し、LNG火力と石炭火力に発電の7割ほどを依存する。電力価格の大幅な上昇を回避しながら、2050年のゼロエミッションに向けたエネルギー転換を実現するための現実的な道筋は誰の目にも見えない。すでに世界最高水準となる電力価格に直面する日本が、電力価格のさらなる上昇を伴うエネルギー転換の道を歩むとなれば、日本国内への投資は抑制され、官製のグリーン需要

---

1)　欧州におけるこうした基盤のもとでも、安定供給が毀損されることへの懸念は大きい。フランス政府の専門諮問機関による2021年1月の報告書では、「欧州では原子力および石炭火力発電設備の減少により、2030年代に電力供給ひっ迫が起こる可能性がある」とされる（海外電力調査会、2021年2月16日）。カーボンニュートラルに向けた非電力でのゼロエミッションはさらに難しく、欧州でも水素輸入の議論はこの数年に大きく拡大している。

の創出があろうとも、長期の経済成長は停滞を余儀なくされるだろう。

　カーボンニュートラル宣言を受け、自動車工業会の豊田章男会長（トヨタ自動車会長）は、極めて慎重な発言ながら、拙速な転換によっては日本でモノづくりができなくなると警鐘を鳴らした[2]。グローバルな生産体制を持つ多国籍企業は、ゼロエミッション電気を利用できる海外へと、その生産拠点を移転させることによって対応できる。問題は国内経済である。豊田氏による警鐘は、企業や業界団体の「私益」ではなく、日本経済において静かながらも着実に進行する国内生産の縮小と雇用喪失に対する「公益」としての問題提起であった。

◆揺らぐ電力の安定供給

　安全性（Safety）のSと環境適合（Environment）のEに、エネルギー安全保障（Energy security）と経済効率性（Economic efficiency）の2つのEを加えた「S+3E」は、日本のエネルギー環境政策の基本方針とされてきた。しかし現在の日本経済では、東日本大震災とその後の政策により、後者の2つのEは脆弱化している。

　震災後、再生可能エネルギー固定価格買取制度（FIT）により、数十兆円もの不釣り合いなコスト負担のもとに太陽光発電が推進されたが、現在でもその拡大による発電シェアは7ポイントほどに留まる。従来から10%強の発電シェアを持つ水力発電を加算しても、現在の再エネによるシェアは20%を下回る。再エネは、その限界費用がゼロであるという特性によって電力卸市場での価格を平均的には低下させるが、間欠性のある不安定な電力供給は価格の変動を大きなものとする。卸市場における平均価格では低下しても、消費者が最終的に負担する価格（購入者価格）では、その高い固定費を賄うためのFIT賦課金が加算され価格上昇を余儀なくされる[3]。

　原子力発電は、福島事故後よりS（安全性）が追求され続けてきたものの、そのコスト負担は重くなり、価格面での優位性は低下している。日本経済が、もし30%ほどの電力価格の上昇（そして化石燃料価格の高騰期には電力価格が

---

2)　オンライン記者会見「自工会 豊田章男会長、カーボンニュートラルと電動化を語る「自動車産業はギリギリのところに立たされている」Car Watch（2020年12月17日）。

倍増するほどのリスク）を受け容れるとすれば、原発依存度をゼロとすることもひとつの選択肢となるかもしれない[4]。しかしその厳しい条件も国内CO2排出制約が無いときに限られる。環境適合と安定供給という現実的な制約のもとでは、原子力の役割は依然として重要である。しかし現在、2030年目標（20–22%）の3割ほどしか再稼働は進んでいない。

　2021年1月、それほど例外的でもないレベルの寒波によっても、日本では電力需給が全国的に逼迫した。電力卸売市場での最高価格は250円/kWh（通常時における家計の購入者価格の10倍）を超えた。逼迫の一因は、液化天然ガス（LNG）の燃料制約による発電量の不足とされる。2週間分ほどしか備蓄を持たず、その海上輸送に2か月ほどを要するLNGでは、大幅な需要増への対応は難しい。日中韓、東アジアの工業国が揃ってLNG不足に陥り、アジアでのスポット価格は1月中旬までの1か月間で3倍に急騰し、史上最高値を記録している[5]。バランスを欠くエネルギーミックスによるリスクが顕在化するものとなった[6]。

　欧州において、天然ガスの国際的なパイプライン網が構築されはじめたのは1980年代からである。そうしたインフラへのアクセスの可能性を基盤としながら、ガス火力プラントの小型化によって発電への参入コストが低下し、有効な電力自由化へと繋がっている。そうしたインフラなきままにLNGの海上輸送に依存する日本では、発電への新規参入コストを低下させることも難しい。参入障壁は依然として高く、競争による恩恵が不透明なまま、そして原発稼働が停止されている環境下において、日本政府は欧州を追随して再

---

3) 資源エネルギー庁は2020年度における再エネ買取総額を3.84兆円としており、2015年の「長期エネルギー需給見通し」（経済産業省）における2030年度の目標値（3.7~4.0兆円）とすでに同レベルに達している。2021年3月に経済産業省はその負担が最大で4.9兆円に膨らむとする試算を示していたが、同年4月、米国が開催した「気候変動に関する首脳会談（サミット）」では、日本政府は2030年度の削減目標を2013年度比▲26%から▲46%へと大幅に高めるとした。家計と企業の負担がはるかに大きく拡大されようとしている。

4) 「エネルギー・環境に関する選択肢」エネルギー・環境会議（2012年6月29日）。

5) 「アジアLNGスポット、史上初の30ドルの大台突破―寒波で予想外の高騰」ブルームバーグ（2021年1月13日）。

6) 「長引く電力需給逼迫。ベストミックスの重要性が改めて認識される時―稼働原発は3基。石炭は今後縮小へ」『電気新聞』（2021年1月18日）。

エネ導入と電力自由化を同時に推進してきた[7]。

　これまで電力会社が一括して担ってきた安定供給や低炭素などの価値はバラバラにされ、それぞれの価値を取引する複数の「市場」が演出されながら、綻びはその都度縫い合わされてきた。かつての総括原価方式のもと、地域独占が許されていた状況下では、電力会社の過剰投資による非効率性もあったかもしれない。自由化はそれを緩和すると期待されるが、かつて電力会社が実現し、そして経済成長を支えてきた電力の安定供給への信頼も揺らいでいる。

◆再エネ電力の価格差は縮小するか

　再エネの価格競争力は火力よりも高く、すでに十分な競争力を持つとする主張もある。もしそうならば、日本のエネルギー転換の道筋やグリーン成長を描くことははるかに易しい。しかし、それはいずれも限られた外国（その限られた地域）における事例の参照であるか、あるいはまだ実現していない将来の期待である[8]。OECD による 2025 年の稼働時における電源別の平準化発電単価（LCOE）では、日本は太陽光・風力ともに、大きな内外価格差を持って世界最高の水準にある[9]。

　将来、さらなるコスト低減が実現できれば、日本でも太陽光・陸上風力などでは LNG 火力と同水準となる可能性もある。しかしそれも不確実である。これまでに実現してきたコスト低減は、太陽電池（PV）の技術革新と大量

---

7)　ここでは欧州での供給側における技術変化を論じているが、山地（2020）は日本の電力市場改革では「情報通信技術と需要側の資源の活用」がカギを握るとみる。しかし機会費用の大きな需要サイドにおいて、電力の需給調整が大きな役割を果たせるかは依然として不透明である。

8)　海外での再エネ発電による価格低下の事例が喧噪されるが、その多くは公式な価格統計に基づくものではなく、政府によって補助された後の価格や特殊な事例の紹介かもしれない。英国での 350 以上の陸上・洋上風力発電データに基づいた分析では、2002-19 年での実測コストでは下落しておらず（むしろ上昇）、5-10 年先においても大きく下がる見通しはないと指摘される（Gordon 2020）。またテキサスで成功した風力発電は、米国での風力導入のモデルケースを提供するものではなく、むしろ「どこも真似できない例外事例」とも評価される（Martin 2016）。

9)　OECD/NEA and IEA（2020）に基づく国際コスト差の詳細は、本書の第 6 章 6.3 節を参照されたい。

生産、また風車の大型化など、機械設備における価格低下を主とする。その
ことは発電コストに占める土木建設費や地代のシェアを高め、さらなる価格
低下を難しいものとしている。建設費では人件費のシェアが大きく、一様で
はない作業の組み合わせであるその技術は機械化も難しい。

　将来にはコスト増加要因もある。大型化などにより風力発電設備のコスト
逓減が実現しても、その適地を需要地から離れたさらなる外側へと求めるこ
とになれば、再エネ拡大に伴ってその発電コストが増加する可能性もある。
一世紀前に電力供給の主力に躍り出た水力発電は、開発の拡大に伴い適地が
減少し、山奥に踏み込まざるをえなくなったことで建設コストが拡大し、新
設による価格競争力を失った。また風力発電では設置地域における協力が不
可欠であり、地元業者への発注や建設ラッシュ、グリーン成長期待による国
産メーカーの育成も高コスト要因となる[10]。

　震災後に海岸から20キロメートルほどの沖合に設置された福島浮体式洋
上風力の建設には620億円を要したが、わずかな稼働に留まり、2020年12
月には不採算を理由として全撤去が決まった。政府はこうしたブレーキとと
もに、洋上風力を「切り札」として力強くアクセルを踏み込もうとしてい
る[11]。洋上風力のコストは、陸上風力よりもさらに50％以上高く、内外価
格差は4倍にも上る。膨大な費用負担を残したFITによる太陽光発電推進
の失敗を、政府は再び繰り返そうとしている[12]。

---

10)　2019年には日立が撤退を決め、風力発電機を生産する国内企業はない（「日立、風
　　力発電機から撤退へ」『日経ビジネス』2019年1月25日）。政府は再度の国産化を推進
　　するが、それは発電の高コスト化も伴う。二兎を追う政策の失敗は、太陽光発電におけ
　　る経験の反復である。
11)　当初82万キロワットとされた2030年度の洋上風力発電の目標値を1000万キロワッ
　　トまで、2040年には3000万から4500万キロワットまで高めるとした推進案が示され
　　る（「洋上風力、40年に4500万キロワット官民目標―北海道・東北・九州に8割」『日
　　本経済新聞』2020年12月16日）。
12)　FIT賦課金の上昇によっても、2010年代半ばからは化石燃料の価格低下が相殺して
　　きた幸運もあった。今後の洋上風力の推進時においてそうした幸運にないとすれば、日
　　本の電力価格は世界的にも突出しかねない。主要国において現在もっとも産業用電力価
　　格の高い国はイタリアである。2000年からの同国における電力価格高騰は産業構造を
　　変化させ、マクロ経済成長としての深刻な状況（先進国で唯一となる長期のマイナス成
　　長）を招く一因ともなっている。本書の第5章補論Gを参照されたい。

　「欧州の一部でもだいぶ安価になったのだから、同じ機械設備を導入すれば日本でも同じ価格水準が実現する」というほどに簡単ではなさそうである[13]。それは、再エネ発電のための技術が総じて土地使用的であり、平坦で安価に利用できる広大な土地が必要であることに起因している。自然エネルギーのエネルギー密度の低さは、一単位の発電に対してより多くの土地が必要となることを意味する[14]。言い換えれば、再エネは土地面積あたりの発電量が相対的に小さく（土地生産性は低く）、日本国内ではそれに利用しうる安価な土地を見出すことが難しいのである。変化に富んだ日本の自然の豊かさと、エネルギーとして利用される自然の単調さとは対照的である。

　バランスを欠いたエネルギーミックスのリスクが顕在化し、将来に向けた技術の利用可能性においても多くの不確実性を抱える日本は、エネルギー転換に向けた政策をどう設計すべきだろうか。良きもの（再エネの拡大やエネルギー消費の節約など）のみを求めて政策を推進し、見えるもの（再エネ導入量、エネルギー消費量やCO2排出量の減少など）のみにより政策を評価することでは、エネルギーの安定供給を毀損させ、経済効率を犠牲としてしまう。それは経済成長と技術革新とを停滞させ、本来の目的からむしろ遠ざけるのである。

---

13)　太陽電池モジュールにおける事例は、本書の第3章補論Dを参照されたい。国内でも価格は低下しているが、内外価格差は縮小していない。

14)　内山洋司氏（筑波大学名誉教授）による「今後のエネルギー情勢と技術選択」（内閣府原子力委員会資料、2003年10月24日）によれば、敷地面積あたり発電電力量によるエネルギー密度として、代表的な発電所の比較によれば、風力21および太陽光24に対し、石炭火力は9,560、原子力では12,400である（単位はkWh/m2・年）。

目　次

図表一覧

第３章

第 4 章

第 5 章

略語一覧

CCS	：二酸化炭素回収・貯蔵（Carbon Dioxide Capture and Storage）
CCUS	：二酸化炭素回収・利用・貯蔵（Carbon Dioxide Capture, Utilization and Storage）
DAC	：直接空気回収技術（Direct Air Capture）
EID	：実効輸入依存度（Effective Import Dependency）
ESCO	：エスコ（Energy Service Company）
EPI	：エネルギー生産性の改善（Energy Productivity Improvement）
FIT	：再生可能エネルギー固定価格買取制度（Feed-in Tariff）
GDP	：国内総生産（Gross Domestic Product）
GHG	：温室効果ガス（Greenhouse Gas）
JSNA	：日本の国民経済計算体系（Japanese System of National Accounts）
KLE	：資本、労働、エネルギー投入（Capital, Labor and Energy）
KLEMS	：資本、労働、エネルギー、原材料、サービス投入（Capital, Labor, Energy, Material and Services）
LCU	：現地通貨単位（Local Currency Unit）
LCOE	：平準化発電単価（Levelized Cost of Electricity）
LNG	：液化天然ガス（Liquefied Natural Gas）
MAC	：限界削減費用（Marginal Abatement Cost）
PFP	：単要素生産性（Partial Factor Productivity）
PLI	：価格水準指数（Price Level Index）
PPP	：購買力平価（Purchasing Power Parity）
PV	：太陽光発電（Photovoltaic）
RUEC	：実質単位エネルギーコスト（Real Unit Energy Cost）
SDGs	：持続可能な開発目標（Sustainable Development Goals）
SNA	：国民経済計算体系（System of National Accounts）
SUT	：供給使用表（Supply and Use Tables）
TFP	：全要素生産性（Total Factor Productivity）
UDS	：需要源泉依存度（Ultimate Demand Sources）

第1章
経済成長とエネルギー

1.1　EPI——期待と課題

◆エネルギー生産性への期待

　欧州委員会は温室効果ガスの排出削減、エネルギー安全保障の改善、さらに産業競争力の強化のため、もっとも費用対効果の高い手段のひとつとして「効率性ファースト（efficiency first）」というモットーを掲げている[1]。欧州ではこの数十年の間、電力の低炭素化を推し進めてきた。しかし再エネ発電の負担増に加え、需給調整や系統増強のためのコスト負担の肥大化など、エネルギー供給側からの対応はますます難しくなっている。そのため、長期の温室効果ガス削減目標を実現する政策として、エネルギー需要側の対策としてのエネルギー効率に第一の優先順位が与えられたのである[2]。

---

1)　欧州委員会（European Commission）気候変動・エネルギー担当委員のミゲル・アリアス・カニェーテ氏によるスピーチ（"Towards an Effective Energy Union" 2016年2月17日）や、欧州委員会 "Energy Efficiency First: Accelerating towards a 2030 Objective of 32.5%"（2019年9月25日）など。
2)　2020年のエネルギー効率目標について、米国の経済アナリストであるダニエル・ヤーギン氏がEUエネルギー委員アンドリス・ピエバルクス氏にインタビューした際には、エネルギー効率目標には「赤いリボンをカットするような華々しいところがない」として、政治的には再エネがより人気であるとの回答を受けている（Yergin 2011）。2030年や2050年目標に向けて、「赤いリボンをカット」する場もなく細かな現実的な話ばかりが多い「効率性ファースト」への重点シフトは、再エネ拡大によるコスト負担増の反映と捉えられる。

　ドイツの「エナギー・ヴェンデ（Energiewende：エネルギー転換）」では、効率性ファーストのもと、2050年のエネルギー消費量（一次エネルギー換算値）として2008年比50％もの削減目標を設定した。ドイツ連邦経済エネルギー省（BMWi 2016）は、そのためのコスト負担が拡大しても、エネルギーコストの削減による恩恵を考慮すれば、経済成長に対してもむしろプラスであるという。

　気候変動問題への取り組みが期待される世界経済において、エネルギー生産性（energy productivity）の改善は重要な政策課題として認識されている。エネルギー生産性とは一単位のエネルギー投入あたりの生産量として定義され、エネルギー効率性（energy efficiency）とほぼ同義に使われる[3]。本書ではとくにエネルギー生産性の「改善」を示す略称として、それを「EPI（energy productivity improvement）」と呼ぼう。

　米国の経済アナリストであるダニエル・ヤーギン氏は、「エネルギーの節約」に対してこれまでイメージされてきた、厳しい犠牲、生活水準の低下、禁欲といった状況は一変したと言う。気候変動や持続的な経済成長を目的として、EPIの重要で不可欠な役割と規範をめぐり、経営意識としての世界的なコンセンサスが形成されつつあると指摘する（Yergin 2011）。しかしEPIの実現を「手に入れるのは、そう簡単ではない」し、無料でもなく「時間とカネの両面で投資を必要とする」ともクギを刺す。

◆「第5の燃料」の価格

　エネルギー生産性は、「第5の燃料（5th fuel）」、あるいは「見えざる燃料（invisible fuel）」とも称されてきた。カルフォルニア大学バークレー校の物理学者リチャード・ムラー教授は、将来の合衆国大統領に向けた提言として、EPIによる「チャンスは途方もなく大きく、しかもほとんどが未開発の状態」にあり、「コストはゼロ」であり「お金を節約し、輸入を減らし、しかもそのうえ、経済を活性化」できるとしている（Muller 2012）。

　ムラー教授はその根拠のひとつとしてマッキンゼー・カーブを参照する。

3）　省エネ、エネルギー効率性、そしてエネルギー生産性は第2章2.2.1節での(2.10)式において定義される。

　そのチャートは、横軸に温室効果ガス（greenhouse gas: GHG）の排出削減ポテンシャル量をとり、縦軸には 1t-CO2 あたりの限界削減費用（marginal abatement cost: MAC）として、技術ごとにその安価な順に左から右へと並べている[4]。そうした CO2 排出削減ポテンシャルを描く右上がりのチャートは MAC カーブとも呼ばれ、従来でも工学モデル分析では具体的に測定され、また経済モデルでは逓増する限界費用の関数として近似的に描写されてきた。マッキンゼーによるチャートがインパクトを与えたのは、家庭用照明（白熱球から LED 電球へ）、家庭用エレクトロニクスや電化製品、モーターシステムの効率化、第 1 世代のバイオ燃料、プラグイン・ハイブリッド車、断熱回収（住居）など、GHG 排出削減に向けて MAC がマイナスとなるコスト合理的に利用可能な技術が数多く存在するとしたことである。

　情報の非対称性や市場の硬直性などの理由により、マイナス MAC の技術が十分に導入されないままに放置されていれば、それはムラー教授の楽観を支持し、グリーン成長の源泉ともなる。しかしその存在は疑わしい。こうした調査自体はコンサルティング会社による独自分析とされるが、本来、科学的な調査研究に求められる算定の根拠や再現可能性は必ずしも担保されない。

　それぞれの専門分野の理工系研究者にヒアリングすると、さまざまな現実的な要因を考慮すれば、マイナス MAC ほどに楽観的でないと評価されることも多い[5]。情報の非対称性が存在していても、それによる市場の失敗は、すでに市場自体や政府の力によって大きく緩和されてきた。1990 年代からは、顧客の光熱水費などの経費削減実績から対価を得るサービス事業である ESCO 事業（Energy Service Company）が、米国から世界的に拡大してきている。民間企業が安価な第 5 の燃料を探索し始めてから、すでに四半世紀が経過しているのだ。また政府は、マイナス MAC のみならず、プラスの MAC となる技術に対しても、補助金によって支援してきている。マイナス MAC による未利用技術という領域は、コンサルティング会社のクライアントであ

---

4)　詳細は McKinsey & Company（2009）"Pathways to a Low-Carbon Economy–Version 2 of the Global Greenhouse Gas Abatement Cost Curve" を参照されたい。
5)　ムラー教授自身も、技術的な視点からプラグイン・ハイブリッド車のマイナス MAC には疑問を呈している。

る公的セクター（国連や世界銀行、あるいは各国政府や業界団体など）の願いに過ぎないのかもしれない。

20世紀の100年にわたって、欧米諸国に比して常に高いエネルギー価格に直面してきた日本は、さまざまな省エネ政策を先進諸国にならい、ときに先んじてその強化に取り組んできた[6]。日本が長期にわたり高いエネルギー価格に直面してきた内外価格差を考慮すれば、米国に比してマイナスMAC領域の余地はさらに限定され、プラスの削減コストとなる技術もかなりの導入が進んでいると考えられる。

しかし日本政府は、2030年度の温室効果ガスを（2013年度比）26%削減させるパリ協定の中期目標において、「技術的にも可能で現実的な」対策として考えられうる限りのものを積み上げる「徹底した」省エネにより、最終エネルギー消費として原油換算にして5030万klの削減（対策前比13%減）を目標としている（経済産業省 2015）。それは第一次オイルショック後の日本経済における省エネの経験に匹敵するものである。

日本では「省エネに反対する人はいない」という声も聴く。その弊害についてほとんど何の懸念も示されないまま、エネルギー需要側のさらなる削減努力を要請するように省エネ法（エネルギーの使用の合理化等に関する法律）が強化されてきた。そしてそれは奇妙なことに、産業競争力を高めるという楽観のもとにある。

◆規制強化はイノベーションを誘発するか

第5の燃料にもコストが必要であり、エネルギー削減のMACカーブは右上がりであること、また日本経済はすでに相対的に高いエネルギー生産性を実現してきたこと、この3点を前提としても、さらなる改善がなぜ競争力強化につながると考えられるのだろうか。MACカーブ全体を下方へとシフトさせるようなイノベーションが求められるとしても、エネルギー環境政策の強化自体がイノベーションを誘発するかは不確実である。

---

6) 日本経済の直面する高いエネルギー価格は第一次オイルショックに始まるものではなく、それ以前から持続する競争条件となっている。日米のエネルギー価格差は、労働や資本などの生産要素における価格差とともに第3章3.3.1節で考察される。

　厳格な環境規制の強化が競争力を高めるという仮説は、ハーバード大学ビジネススクールのマイケル・ポーター教授によって1990年代に示された（Porter and Linde 1995）。しかしこの論文が掲載された経済誌には、未来資源研究所（Resources for the Future）のカレン・パルマー女史らによる懐疑的な論文（Palmer, Oates and Portney 1995）も合わせて掲載されたように、「ポーター仮説」には多くの批判がある。

　スウェーデンのウメオ大学のルナール・ブランルンド教授らは、ポーター仮説を理論的に検討するとともに、実証的な検証事例を紹介している（Brännlund and Lundgren 2009）。スウェーデンは1991年に明示的な炭素税を世界ではじめて導入した国である。しかし教授らによる企業レベルの実証分析では、ゴム・プラスチック製造業以外のすべての部門で、税導入後に生産性上昇を通じてコストを低下させた証拠を見出せないとして、ポーター仮説を棄却している。課税は直接的にはエネルギー生産性を改善させたとしても、同時に生じる資本生産性の低下などがその効果を打ち消すのである。

　またブランルンド教授らによる戦前からの長期の製造業データによる実証研究でも、二酸化硫黄と二酸化炭素に対する規制強化が生産性を上昇させた証拠を見出せないと評価する。そうした分析の重要な帰結は、環境政策のコスト計算において、ポーター効果を事前に考慮に入れて算定すべきではないということである。もし運よく事後的に存在したとしても、それは法則というよりは例外である。

　規制が必ずしもイノベーションを導くものではないとすれば、その推進のための政府による科学技術政策は有効だろうか。杉山（2018）はPVや風力発電機、シェール技術など温暖化対策に貢献しうる諸技術に関する観察を通じて、そうした技術革新は基盤となるICTや材料技術、ナノテクなどの汎用目的技術（general purpose technology: GPT）による恩恵であると指摘する。そのことは政府が特定の温暖化対策技術に対する開発支援を実施しようとも、「利用可能な技術の蓄積（隣接可能性）が制約となって効果に限界」があることを示唆している[7]。政府による特定分野の技術開発支援への直接介入は、硬直的な資源配分を生じさせ、本来求められる科学技術全般におけるイノベーションをむしろ阻害する危惧も大きい。

　カーボンニュートラルに向けて、政府は「高い目標を設定し、あらゆる政策を総動員する」（日本政府 2020）とするが、規制の強化や研究開発への支援によっても、その成果には大きな不確実性が残る。経済厚生に甚大な影響を与えうるエネルギー環境政策の策定には、期待される未来技術からの恩恵を事前に絞り込むべきではない。

◆省エネ規制の弊害

　省エネ規制の強化による弊害とは何だろうか。民間企業が省エネ投資をおこなうとしても、日本ではそれはもはや数多くの補助金によって支えられている。省エネ機器の取得額の半分や 3 分の 1 を補助金で賄えるなら、企業による私的なコスト負担はそのベネフィットを下回るかもしれない。しかし社会的にそれが非効率な投資であるならば、負担をどう分割しようとも、経済全体としての非効率性は変わらない。それが正当化されるためには、規模の経済性など外部的な恩恵が将来に期待されるときに限られよう。

　炭素価格であれば国内外の比較は容易だが、改正を重ねその規制対象を拡張しながら規制的な性格を強めている省エネ法[8]、大企業による低炭素社会実行計画などによる経済的負荷の程度を比較することは難しい[9]。世界的な協調のない国内対策は、本書を通じて検討されるように、生産拠点の海外移転

---

7)　新しい技術の実現には、そのために必要な一連の技術の蓄積が要るということを「隣接可能性（adjacent possibility）」と呼び、隣接可能性が満たされることがイノベーション実現の前提となるとされる（杉山 2018）。

8)　省エネ法では年間エネルギー使用量が 1500kl 以上の事業者に対しては、使用状況などの定期報告を求めるが、その評価基準のひとつはエネルギー消費原単位の年平均 1%以上の改善である。取り組みが著しく不十分であれば、国による指導や立入検査、指示、公表、命令、罰則が課される（資源エネルギー庁「省エネ政策の動向」2019 年 2 月 13 日）。同じプラントが利用される数十年間において、改善の余地などが限定的であるとすれば、事業者は別の手段によって改善を演出しなければならなくなる。

9)　経団連は 1997 年に環境自主行動計画を策定し、2013 年からは低炭素社会実行計画へと移行している。それは自主的な目標（2020 年と 2030 年の排出量や排出原単位）ではあるが、各業界団体は毎年取組状況や進捗を報告し、経済産業省の委員会のもとでレビューがおこなわれる。業界による努力は甚大であるが、欧米の研究者の目からみればそうしたフレームワークの実効性には疑問の声も多い。また日本企業がビジネス環境の変化に臨機応変に対応していく機動性を欠くものとならないのか、懸念を拭い去ることも難しい。

を促し、国内投資を躊躇させるだろう。行き過ぎた規制は、経済成長を制約的なものとする。

　米国における歴史的な経済成長過程を分析したノースウェスタン大学のロバート・ゴードン教授は、空調機の利用による生産性向上効果として、暑い中で汗をかきながら働くよりも涼しいほうが仕事の効率が上がるという明らかな効果に加え、米国では製造業の南部諸州への大移動を可能にしたと指摘する（Gordon 2016）。米国の北緯 37 度以南にあるサンベルトが、エアコンという技術の利用なしに、現在の大都市圏を形成させることはなかったとするものである。それは、未利用な資源であった南部の土地利用を可能とした。直接的な労働生産性の犠牲も日本では官公庁を中心として存在するが、投資が投資を呼び込み、日本国内にある未利用資源を活用するような成長機会もまた失われているのかもしれない。

　家計もまたエネルギー節約的な生活を強いられてきた。高いコスト負担のみならず、「省エネすべき」という意識の養成によっても、冷暖房などのエネルギー・サービスの消費までも抑制されてきた。室内でも急激な寒暖差によるヒートショックは現在の日本でも多くの悲劇を生んでいる。

　エネルギー生産性を巡る評価には真逆とも言える認識のギャップが存在し、それは先進国におけるエネルギー環境政策の策定において、大きな揺れ幅を与えている。省エネや EPI の推進は先進諸国の政府による仕事として組み込まれ、すでに半世紀近くが経過した。その間には、LED 電球などマイナス MAC と言ってもよいコスト効率的な技術が出現し、（その初期には高価ですぐに壊れるなど、安定しない時期もあったが）それが経済体系へと組み込まれて全体的なエネルギー効率を高めてきた事例もある。しかしこうしたマイナス MAC の優等生の事例を挙げることは、実のところ、それほど容易ではない。慈しみ深い技術の導入が一巡すれば、残された高コストな技術は、政府による支援を求めて甘い匂いを放つ禁断の果実となる。

　安価に利用可能な省エネ技術の存在に依存して、エネルギーから資本への代替の弾力性は大きく変動すると考えられる。しかし戦後の日本経済では持続的な EPI が実現してきたことも事実である。日本経済の観察を通じて、その構造的なメカニズムを解明していこう。その解明によれば、欧州や日本

政府の期待に反し、EPI の推進が経済成長を促進させることは、限られた期間の限られた産業における例外に過ぎないものである。

1.2　長期の経済成長とエネルギー

◆U字型のエネルギー生産性

　はじめに、19 世紀末からの日本経済における、長期の経済成長とエネルギー投入量との関係を概観しよう。図 1.1 は、1885（明治 18）年から 2016（平成 28）年までを対象期間とし、日本経済における産出量（実質 GDP）、資本、労働およびエネルギーの投入量の推移を比較している。集計産出量および各投入量は、1885 年値を 1.0 とした指数によっている（労働投入量のみ変化の桁が異なるので、その単位は右軸に示されている）。

　観察期間となる 132 年間において、日本経済の集計レベルでの産出量は152 倍へと拡大した。この期間に総人口も 3.3 倍へと増加していることから、一人あたり産出量は 46 倍である。こうした集計産出量の拡大を実現するため、資本投入量（生産的資本ストック）は 66 倍、労働投入量（労働投入時間）は 2.5 倍へと拡大してきた。それは、この期間に資本生産性は 2.3 倍、労働生産性では 60 倍にまで改善してきたことを意味している。同期間、最終エネルギー消費量（一次エネルギー換算値）は労働と資本の拡大を上回り、114倍にまで増加している。図 1.1 にみるように、とくに 19 世紀後半から 20 世紀後半まで、その一世紀における日本の経済成長の実現には、生産拡大とほぼ比例的なエネルギー消費の拡大が必要であった。

　経済成長とエネルギー消費は同様な拡大を示すが、この間、エネルギー生産性は大きく変化している。図 1.1 と同じデータに基づき、資本、労働そしてエネルギー、それぞれの生産性としての推移を示したものが図 1.2 である[10]。ここでは 2016 年値を 1.0 とした指数によるが、資本生産性のみ単位を右軸としている。全観察期間となる 1885–2016 年の 132 年間における大きな特徴は、第二次世界大戦時における断層や、いくつかの短期的な景気変動の影響はあるが、日本経済では持続的な労働生産性の改善が見いだされることである。単調な改善を実現してきた労働生産性に対し、エネルギー生産性

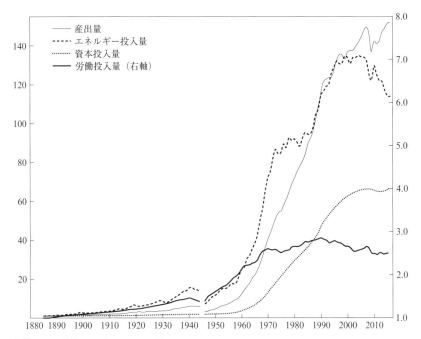

単位：1855 年値 =1.0（1885-2016 年）。
注：資料は本章補論 A を参照。労働投入量のみ単位は右軸。

図 1.1　長期の経済成長、資本・労働とエネルギー投入（1885-2016 年）

は大きく U 字型（生産性が悪化するフェーズから改善するフェーズへ）を示し、対照的に資本生産性（右軸）は逆 U 字型（改善から悪化へ）の形状となっている。

　EPI によりエネルギー需要が減少することで、エネルギーの市場価格を低下（あるいは価格上昇を抑制）させながら、生産拡張によるさらなるエネルギー需要を通じてエネルギー消費量を押し上げる、マクロ経済としてのフィードバック効果はカッシューム・ブルックス仮説（Khazzoom-Brookes postulate）

---

10)　生産性とはインプットあたりのアウトプットとして定義されるが、資本、労働、エネルギーなどのそれぞれの投入に対する生産性指標は「単要素生産性（PFP）」、それに対してすべての投入要素の集計量あたりの生産性は「全要素生産性（TFP）」と呼ばれる。エネルギー生産性を軸としながらも、それ以外の単要素生産性および全要素生産性の関係に関しては第 4 章で考察される。

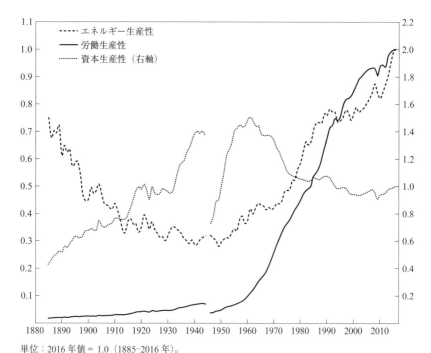

単位：2016 年値 = 1.0（1885-2016 年）。
注：資料は本章補論 A を参照。資本生産性のみ単位は右軸。

図 1.2　長期のエネルギー生産性と資本・労働生産性（1885-2016 年）

と呼ばれる[11]。戦後の日本経済では EPI は持続的でありながらも（図 1.2）、
20 世紀後半まではエネルギー消費量もまた拡大しており（図 1.1）、カッシュ
ーム・ブルックス仮説が適合していたことを示している。

　本書では、日本経済におけるエネルギー生産性の変化要因を観察するため、
図 1.2 における 1885-2016 年の観測期間を、

戦前期		（1885-1944 年）
第 I 期	高度経済成長期	（1955-73 年）
第 II 期	オイルショック後	（1973-90 年）
第 III 期	ポストバブル経済	（1990-2008 年）
第 IV 期	ポスト世界金融危機	（2008-16 年）

11)　より大きな文脈では「ジェボンズ・パラドックス（Jevons paradox）」とも呼ばれる。

の 5 つの分析期間へと分離する。第 2 章と第 4 章では、ここでの戦前期を除く 4 つの期間ごとの変化とその要因を考察するが、本章の以下ではマクロ的に観察される EPI を概観しよう。

◆戦前期（1885-1944 年）

　戦前期として、1885 年から第二次世界大戦終戦の前年（1944 年）までの期間は、労働生産性および資本生産性はそれぞれ年率 2.4％および 1.9％で改善した。資本生産性の持続的な低下傾向は 1960 年代以降では先進国経済にほぼ共通して観察される特性であるが、戦前期の日本経済では繊維工業のような労働集約的な軽工業における生産拡大により、労働生産性とともに資本生産性もまた改善する傾向を示している[12]。しかしそうした成長プロセスにおいても、エネルギー消費の拡大（年率 4.4％）は経済成長率（年率 3.0％）を上回り、この期間のエネルギー生産性は年率▲ 1.5％のスピードで悪化した。

　観察の開始年となる 1885 年の日本経済は、就業者の 70％ほどが農業に従事し、一国全体の一次エネルギー利用のおよそ 80％を薪炭など木質バイオマスに依存している。木質バイオマスは熱利用を中心としてその後も一定の消費が継続されたものの、電力需要の拡大に伴ってその相対的な依存度は急速に縮小し、1910 年代にはすでに一次エネルギー消費の 20％を下回るものとなる。代わって、同時期における一次エネルギー消費の中心は石炭となり、全体の 8 割近くに達する。木材を主要なエネルギーとしていた時代には、森林伐採やそれに起因する環境問題が日本の経済成長における制約であった。現在は豊かな森林に覆われる日本も、江戸から明治期には禿山ばかりであったという。当時、エネルギー密度の高い石炭は環境破壊からの救世主であった[13]。

　近代経済成長の幕開けには電力の安定的な供給拡大が不可欠となり、その

---

12)　サイモン・クズネッツは 18-19 世紀から 1960 年代前半までの経済資料から導かれる資本蓄積の長期トレンドとして、総じて、近代経済成長期における資本ストック（土地を除く固定資産）の成長は実質経済成長のそれよりもかなり低かった（資本生産性は改善してきた）という一般的な観察事実を導いている（Kuznets 1971）。

主力として水力発電が推進されはじめる。19 世紀後半には、福澤諭吉はその著『実業論』において英独における水力利用技術の進歩を紹介し、「電気を起すに蒸気力を用ひしものが、近来は蒸気を廃して水力を代用せん」とし、「我国所在の急流瀑布は、最早や無用の長物に非ざるのみか、天与の至宝」へ変化し得ると指摘しながら、日本の殖産への道筋を照らしている（福澤 1893）。

　水力発電が経済的優位性を持ち、石炭火力から水力へと発電シェアが逆転した「水主火従」の時代に入ったのは 1910 年代初めからである。1930 年代には、水力発電の建設コスト増大と火力の熱効率向上により、「水火併用」が本格的に定着したが（中村 2017）、1940 年代には水力は一次エネルギー消費の 20％を超えるまでに拡大している。持続的な EPI は戦後の経済成長において先進国に共通する特性であるが、第二次世界大戦前の半世紀は、本書での観察期間においてエネルギー生産性の長期的な低下（年率▲ 1.5％）が観察される唯一の期間である[14]。

◆第 I 期（1955–73 年）

　大戦後の 1950 年代後半からは、日本経済は年率 10％ほどの経済成長を持続的に実現する高度経済成長期へ突入していく。第 I 期の前半期（1955–60 年）では、実質設備投資は年率 21％もの拡大となり、その後半期（1960–73 年）でも年率 13％の成長率を持続するなど、経済成長率（前半期には 10.5％、後半期には 10.9％）を上回るスピードでの資本蓄積が進行した。加速した資本蓄積は、図 1.2 にみるように 1955–73 年では資本生産性を年率▲ 0.9％の低下へと転じさせたものの、労働生産性の改善は極めて高く年率 7.6％を記

---

13)　19 世紀に石炭の利用により森林伐採が減少したように、石油の利用は鯨油を代替し、鯨の生存を救うものとなった。マイケル・ウェバーは、自然エネルギーの利用でもさまざまな環境問題があり、時代により問題が変化しかつての解決策が新たな問題ともなるように、いかなるエネルギーにも恩恵とリスクがあると指摘する（Webber 2019）。

14)　日本とは四半世紀ほどのタイムラグがあるが、米国経済においてもエネルギー生産性が低下している期間がある。米国の経済学者サム・シューアらは、1920–53 年には米国のエネルギー生産性は年率 1.3％で改善するが、それ以前の 1880–1920 年では年率▲ 2.2％のエネルギー生産性の低下を指摘している（Schurr et al. 1960; Schurr, Sonenblum and Wood 1983）。

録している。

　資本と生産の拡大に伴い、この期間は全観測期間内でエネルギー消費量が
もっとも急速に拡大している（図 1.1）。第 I 期における年率 9.4％のエネル
ギー消費拡大は、旺盛な需要拡大があった戦前期におけるスピード（年率
4.4％）の倍速を超えている。しかし図 1.2 にみるように、エネルギー生産性
は第 I 期の前半期においてはむしろ改善しており、その後半期ではほぼ横ば
いとなった。

◆第 II 期（1973-90 年）

　1970 年代に入り、日本経済では賃金率が上昇を始め、高度経済成長期に
おける成長モデルからの脱却に向けた模索が始まっている。一次エネルギー
供給におけるシェアでは、日本経済の石油依存度は 1955 年の 18％から 1973
年には 77％にまで高まり、エネルギーミックスとしてのバランスを大きく
欠いた状態にあった。1973 年 10 月、第 4 次中東戦争を契機として発生した
原油価格の高騰は、これまでの価格安定を背景にして石油への依存度を高め
ていた日本経済に大きな衝撃となり、石油代替を実現する原子力や LNG な
どへのエネルギー転換と産業構造の変革を求めるものとなった。

　第 II 期には、労働サービスとエネルギーの投入価格が大きく上昇する一方、
資本サービスの投入価格は横ばいからむしろ低下傾向となっている[15]。こう
した投入要素間の相対価格における急激な変化は、日本経済において市場メ
カニズムを通じた省エネ投資を誘発し、力強い EPI の実現を導くものとな
った。この期間、エネルギー生産性の成長率は年平均 3.1％と極めて高く、
日本経済における EPI の黄金期とも捉えられる[16]。

◆第 III 期（1990-2008 年）

　1990 年初めには日本経済のバブルが崩壊し、長期にわたる経済停滞が始

---

15)　エネルギー、資本、労働投入における相対価格変化の詳細については第 3 章で分析
　　される。

16)　第 2 章でのより望ましいエネルギー生産性指標により、第 II 期における黄金期の理
　　解は改定される。

まる。第Ⅲ期の前半期は、図 1.2 にみるようにエネルギー生産性もほぼ横ば
いであった。またその後半期には、1997 年 12 月に京都会議（第 3 回気候変
動枠組条約締約国会議）が開催され、気候変動への対応が重要な政策課題と
なった。1998 年 6 月には省エネ法が改正され、エネルギー管理指定工場の
拡大や、自動車やエアコンなど 11 品を対象にしたエネルギー消費効率基準
の対策としてトップランナー制度が導入されている[17]。その後も 2002 年改
正では業務部門（事業場）の定期報告が導入され、2005 年改正では、規制対
象は輸送部門にまで拡張されている。しかしそうした政策的な対応が強化さ
れたにもかかわらず、第Ⅲ期を通じた EPI は年平均 0.8％に留まっている。

◆第Ⅳ期（2008-16 年）

　第Ⅳ期には、EPI の新たな傾向が見いだされる。2007 年のサブプライ
ム・ローンの不良債権化により米国で資産価格が暴落したが、当初日本経済
に対しての影響は限定的であると捉えられていた。しかし 2008 年 9 月のリー
マン・ブラザーズの経営破綻は世界的な金融危機を招き、外需の激減は日
本経済に戦後最大のダメージを与えている。2008–09 年には、日本の輸出額
は名目値で 39％（29.4 兆円）もの減少を記録し、実質 GDP では▲ 5.7％、
鉱工業生産指数（IIP）では▲ 21.9％にも達する戦後最大の景気後退となっ
た[18]。この期間、エネルギー生産性もまた大きく悪化している（図 1.2）。

　また 2011 年 3 月には東日本大震災に見舞われた。それは原発稼働停止な
どサプライサイドにも大きなショックを与えたが、震災によるサプライチェ
ーンの寸断は、日本企業に対して地域的に生産を集積させることのリスクを
認識させた。それは直接投資による生産拠点の分散化や代替調達先の確保な

---

17)　対象機器のすべての製品が越えなければならない最低エネルギー消費効率基準
　　（minimum energy performance standard）に対して、トップランナー制度では、市場に
　　存在するもっともエネルギー効率が優れた製品の値をベースとして、今後想定される技
　　術進歩の度合いを加えて基準値とする。製造事業者は出荷台数による加重平均値として
　　基準値を超えることが求められている。
18)　第一次オイルショックは日本経済に戦後はじめてのマイナス成長をもたらしたが、
　　1973-74 年の実質 GDP は▲ 1.2％に過ぎず、世界金融危機による影響はそれをはるかに
　　超える。

ど、グローバルな生産体制の再構築に向けた機運を高めるものとなっている。第Ⅲ期のEPIは年率0.8％と、黄金期だった第Ⅱ期（年率3.1％）より大きく減速したが、第Ⅳ期にはEPIは再び年率1.7％へと加速している[19]。EPIの加速は何によるものだろうか。またそれは将来に向けても持続可能だろうか。

1.3　本書のアプローチと構成

◆経済とエネルギー統計

　"the existence of a problem of knowledge depends on the future being different from the past, while the possibility of the solution of the problem depends on the future being like the past."

　「知識の問題の存在は過去と異なるところの将来に依存し、他面、問題解決の可能性は将来が過去に類似していることに依存する」

　（Frank Knight（1921）*Risk, Uncertainty and Profit*, 奥隅栄喜訳『危険・不確実性および利潤』）

　将来のエネルギー環境政策を適切に構築するために、過去の経験から何を学ぶことができるだろうか。上記はシカゴ学派の基盤を構築したフランク・ナイト教授の名著における「不確実性と社会進歩」と題した章からの引用である。未来は、過去の経験の単純な反復ではないが、しかし過去との対比は未来における影響を評価するためのほぼ唯一のヒントとなろう。過去から学ぶためには、前節までのマクロ的な観察を超えて、日本経済がEPIを実現してきた構造的なメカニズムの解明へと挑まなければならない。

---

19)　2010-16年に限ればEPIは年率3.3％にもなり、オイルショック後の一国全体のEPI（3.1％）を上回る。その期間、年平均1.1％の経済成長率に対して、エネルギー消費量は▲2.2％で減少した。もはやカッシューム・ブルックス仮説は適合せず、経済成長とのデカップリングの実現（図1.1）であるという評価も散見される。しかし2010年を開始年次とする測定は、世界金融危機によって大きく後退したエネルギー生産性のボトムからの改善として（図1.2）、EPIが過大に評価されている。景気変動による影響を排すため、本書では第Ⅳ期の開始年を2008年としている。

　経済成長におけるエネルギーの役割を捉えるためには、エネルギーを単体としてではなく、資本そして労働と一体として把握する必要がある。本書の分析的な特徴は、経済とエネルギーに関する統計の融合にある。経済統計（国民経済計算体系や産業連関表など）とエネルギー統計（エネルギーバランス表など）との接合は、両者の統計概念の相違により容易ではない。ゆえにこれまでは、それぞれの分野の研究者により分析されてきた。本書で構築されるデータは、エネルギー分析用に拡張された日本経済の産業別生産性勘定である。経済統計としての長期の産業レベルでの生産性勘定を基盤としながらも、中間投入財としてエネルギー種が細分化され、一次エネルギーから二次エネルギーへの転換、そして最終エネルギー消費が識別される。

　こうしたデータ融合により、エネルギー消費は包括的な経済構造のもとで理解される。とくにエネルギー統計を知る読者は、本書における「産業」は民生業務や運輸部門を含むものであり、またさらに民生家庭もひとつの内生化された部門として捉えられることに留意されたい。家計を住宅や耐久消費財サービスの自家生産（および自家消費）をおこなうひとつの産業部門として定義すれば、拡張された産業部門の集計によって一国経済全体が描写される。そのことにより、マクロの変化は産業部門別の変化へと分解して捉えることができる。

　エネルギー統計を経済統計と整合させる利点は、第一に、エネルギー消費量やエネルギー生産性などの一面的な評価に留まることなく、それと同時に変化する資本生産性や労働生産性、そして全要素生産性（TFP）という全体効率の評価へと接近できることにある。政策的に導かれたエネルギー生産性の改善は、資本生産性や労働生産性を犠牲とするかもしれず、TFPという全体効率の視点から、経済と環境の両立が評価される。

　そして第二の利点は、エネルギー生産性の変化を、その背景にあるエネルギー、資本、労働といった投入要素間の相対価格、そして産出価格の変化とともに理解できることである。エネルギーの供給サイドは工学的な技術に制約され、需要サイドは企業や家計による経済的な選択に制約される側面が大きい。本書はエネルギー生産性にフォーカスするが、（経済成長を外生とした）エネルギーの需要サイドの分析のみを対象としたものではない。本書の

問題は、経済成長におけるエネルギー消費、その相互の関係を捉えることにある。

◆本書の構成

　問題の内部へと踏み込むことによって見いだされるエビデンス（事実）は、ときに現象の表面に見えるエビデンスとは正反対ともなる。複雑な現象における真のエビデンスとは、むしろ見えづらいところに潜んでいる。潜みながらもそれは、発見されることを待つような実体でもない。観察者が見ようとしなければその姿を現さないだろう。潜むエビデンスが見いだされたとしても、それは現象の一面である。政策策定のためには、そうした現象が生み出されたメカニズムを理解し、観察されない隙間が埋められなければならない。それは利用されるデータ量の増加によって改善が約束されるものではなく、分析者の持つ理論と思考によって補完されるしかない[20]。

　問題の認識とその深化に向けた本書の接近法は、第一にエネルギー生産性の定義や、その変化要因を分析するためのフレームワークを適切に構築することである。経済成長におけるエネルギーの役割は、アウトプットである産出量（X）とインプットであるエネルギー投入量（E）の比率として、「エネルギー生産性」（X/E）を軸に測定される[21]。それは新古典派的な経済測定（economic measurement）における標準的な方法論の延長線上にありながらも、エネルギー分析用に拡張されている。

　そして第二の接近法は、観察の隙間を埋めるために、各章内において、またそれぞれの章をまたいで、補完的となる測定を実施することである[22]。しかし隙間がすべて埋まることはない。また、経済・エネルギー統計の精度によれば、それぞれの測定も暫定的な性格を持つ。そうした断片の集まりに依

---

20)　日本では、エビデンスに基づく政策の策定が欧米に数十年遅れてブームともなっている。エビデンスに基づかない政策の危険性は当然としても、社会科学のような複雑な現象における問題（wicked problem）では、単純なエビデンスのみに基づく政策も危ない。

21)　数量側におけるエネルギー生産性に対し、価格側では実質エネルギー価格（インプットである名目エネルギー価格とアウトプットである産出価格の比率）がそれに対する重要な変数である（第3章および第6章）。

りながらも、本書の結びとなる第6章では、観察の隙間を著者なりの思考によって埋めながら、日本のエネルギー転換の実現へと向けた政策を検討し、より望ましい日本経済の姿を模索する読者の批判を仰ぐものとしたい。

　本書の第2章から第5章までの分析のイメージを描いたものが図1.3である。第2章では、電力化の進行などエネルギー投入における品質的な変化や、経済成長に伴う産業構造の変化を明示的に考慮した、エネルギー生産性の指標を新たに構築する。それは、経済統計とエネルギー統計の接合により構築された、日本経済における産業レベルでのエネルギー分析用生産性勘定に基づく分析である。

　本章1.2節（図1.2）において一国経済で観察されるEPIは、こうした構造変化による影響が考慮されていないグロスの指標であり、真のEPIとしての理解を歪めてさえいる。図1.3の左列にはそのイメージを与えている。グロスの（あるいは見かけ上の）EPIから、2つの構造的な変化による影響を取り除いた指標を、本書では調整済みの（あるいは真の）EPIと呼ぶ。

　こうした測定によれば、グロスのエネルギー生産性指標に隠れている構造特性を抽出できる。グロスEPIにおける黄金期は第一次オイルショック後の第Ⅱ期（1973-90年）にみられるが、測定される調整済みのエネルギー生産性指標では、真のEPIのピークは高度経済成長期の第Ⅰ期（1955-73年）にある。重要なことは、戦後の日本経済におけるEPIは長期にわたり低下傾向にあったことである。そして第Ⅳ期（2008-16年）に再び回復するEPIは、産業レベルでは観察されない、製品レベルでの構成変化に大きく依存している。それはエネルギー多消費的な製品を海外生産へとシフトさせたことに起因する、エネルギー生産性の見かけ上の改善である。

　第3章では、エネルギー生産性変化の背景にある価格面の条件として、投入要素間の相対価格および産出価格との関係を分析していく。日本経済の直面するエネルギー投入価格と産出価格との比による実質エネルギー価格、ま

---

22)　本書の第2章、第3章、第4章、第5章は、日本政策投資銀行　設備投資研究所　地球温暖化研究センターにおける RCGW Discussion Paper の No.61（2018年3月）、No.63（2019年8月）、No.64（2019年9月）、No.65（2020年9月）を基に加筆修正している。

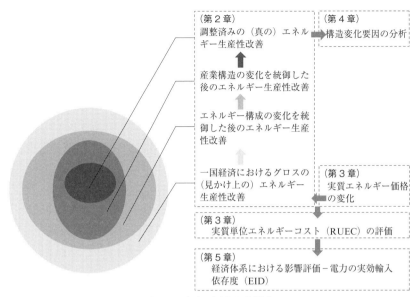

図1.3　本書の測定と章構成

たエネルギーと資本・労働投入との相対価格としての変化を観察しながら、エネルギー価格高騰に対する日本経済の耐性としての時系列的な変化が評価される。

　耐性を評価するための指標は、「実質単位エネルギーコスト（real unit energy cost: RUEC）」である。欧米とも類似するが、日本ではより顕著に、1990年代半ばを転換期としたRUECの上昇傾向が見いだされる。エネルギー価格高騰に対する日本経済の耐性はオイルショック後に強化されてきたが、近年のRUECの上昇は再びそれが脆弱化していることを示している。その要因は、EPIの低迷とともに、日本経済のみに顕著であった持続的な賃金率低下によって誘導された実質エネルギー価格の上昇である。デフレはエネルギーの実質的なコスト負担を増大させている。

　第4章では、生産効率としての総合的な視点から（調整済みの）EPIの評価をおこなう。省エネ投資の拡大によるEPIの実現は、同時に資本生産性を低下させる。後者が経済活動における全体としての効率性を犠牲とするかは、全要素生産性（total factor productivity: TFP）によって評価される。EPI

に集約される「環境改善」と TFP に集約される「経済効率」との両立・循環構造について分析することが第 4 章の課題である。他の要素一定のもとで、EPI は TFP 上昇に貢献し、また TFP 成長は EPI 実現にも寄与する。観察される両指標は事後的な測定値であるが、産業レベルでの観察やその変化を通じて両者のメカニズムを探索していく。

　見いだされるひとつの帰結は、EPI という一面からの効率性改善と、TFP という全体的な生産効率の改善としての両立は、限られた産業の限られた期間に見いだされる例外的な現象に過ぎないことである。気候変動問題への対策により、省エネ法はその対象を拡張し、規制的な性格を帯びるものとなっている。しかし安価に利用可能な技術の存在を考慮せずに強化するならば、輸入代替などの調整手段をとりえない国内産業は資本生産性や労働生産性を犠牲とせざるをえず、TFP 成長はマイナスへと抑制される。

　また第 IV 期（2008-16 年）には一部産業で異なった傾向も見いだされる。再び回復傾向となる EPI は、化学業や鉄鋼業による貢献が大きい。化学業における高い EPI は、石油化学基礎製品などエネルギー多消費的で付加価値が小さい財から、医薬品などエネルギー寡消費的で高付加価値な財へとシフトした、製品構成変化に大きく依存している（第 2 章 2.4.5 節）。そこでは資本生産性と労働生産性、そしてエネルギー生産性のすべてが改善しながら、高い TFP 成長を実現している。国際的な生産体制の見直しによって EPI と TFP 成長とを両立させる方向性は、中間財（製品）に体化して海外での安価なエネルギーを輸入していることと同じである。海外生産が再エネや原子力などゼロエミッション電源の利用に基づくかぎり、経済効率と環境の両立するひとつの姿とも言える。問題は、地域やマクロ経済における需要の喪失である。

　第 5 章では、電力消費を軸として、観察されづらい商品レベルでの海外生産移転の現象へと接近する。国際的な送電網を持たない日本では直接的な電力輸入はなくとも、電力多消費的な最終財や中間財の国内生産を縮小し、輸入財へと切り替えることで、間接的に電力を輸入していると解される。そうした依存度を示す指標として、最終需要構造や国際分業を反映した「実効輸入依存度（effective import dependency: EID）」という指標を新たに構築する。

　1960 年から 2015 年までの観察において、日本経済の電力 EID 変化としては、第一次オイルショック後の上昇期、1980 年代からの低下期、そして 1990 年代半ばからの再上昇期という大きく 3 つの変動期が見いだされる。とくに近年の再上昇期には、一国経済の電力 EID は 1995 年の 10.3％から 2015 年には 21.9％へと倍増している。それは日本経済における RUEC が上昇へと転じた転換期（第 3 章）とも重なり、近年における国内電力需要の低迷やマクロでの見かけ上の EPI の背景には、統計による直接観察からは見えない間接的な電力輸入の拡大があったことを示唆している。

　本書の結びとなる第 6 章では、日本のエネルギー転換に向けた政策の方向を論じる。気候変動問題は大気と低炭素／脱炭素技術という 2 つのグローバルな公共財の問題として捉えられる。日本経済がそのグローバル公共財の管理へと貢献しながら、国内のエネルギー転換までの移行期間における政策をどう設計すべきだろうか。本書での測定から見いだされる経済と環境との両立の姿を総括しながら、日本経済の直面する電源ごとの価格条件や電力価格としての内外価格差に関する認識のもとで、日本のエネルギー環境政策に求められる転換について考察する。

補論 A　マクロ長期データ

　本章におけるマクロの長期データについて補足する。一国経済における集計産出量（実質 GDP）は、1955 年以降では産業別生産性統計（KEO データベース：KDB）の集計量によっている。KDB は内閣府経済社会総合研究所によって構築される日本の国民経済計算体系（Japanese System of National Accounts: JSNA）との整合性を保持しながら拡張・構築されており、JSNA（2011 年基準）に基づいて 1955 年までの長期遡及がおこなわれている。そのフレームワークと測定に関する詳細は黒田他（1997）、野村（2004）、Jorgenson and Nomura（2005）を参照されたい。

　KDB における GDP 概念は、家計所有住宅の帰属計算に加えて、家計の所有する自動車や耐久消費財などの資本サービスの帰属価値および社会資本などの（固定資本減耗を超えた）サービス価値を加算したものであり、国連勧告による国民経済計算体系（System of National Accounts: SNA）の現行基準（2008 SNA）よりも広い概念による（詳細は第 2 章 2.2.2 節を参照）。また 1954 年以前の集計産出量は、大川・高松・山本（1974）における実質 GDP を用いて、KDB 推計値を簡易的に延長推計している。

　本章での労働投入量は、1955 年以降は総労働投入時間（hours worked）によって定義されており、KDB の労働ブロック推計値による[23]。また 1954 年以前は、大川・高松・山本（1974）における就業者数を用いた簡易延長推計値である。本章での資本投入量は、（土地を除く）固定資産の生産的資本ストック（productive capital stock）によって定義されており、KDB の資本ブロックとなる野村（2004）からの更新推計値による。1954 年以前は、大川他（1966）での純資本ストック推計値を用いた簡易的な延長推計値による[24]。

　エネルギー投入量は、エネルギー分析用に拡張された KDB のエネルギ

---

[23]　野村浩二・白根啓史「日本の労働投入量の測定——1955-2012 年の産業別多層労働データの構築——」KEO Discussion Paper, No.133, 慶應義塾大学産業研究所（2014 年 12 月）からの更新推計値による。

ー・ブロックにおける最終エネルギー消費量（一次エネルギー換算値）であり、その詳細は第2章補論Bを参照されたい。1954年以前は、日本エネルギー経済研究所計量分析ユニット（2020）の一次エネルギー供給量に基づき、輸出と在庫変動の簡易調整をおこなったうえでの遡及推計値である。

---

24) 1885年からの長期を測定期間とした本章では、労働投入量および資本投入量ともにその内部における質的変化は考慮されていない。より精緻な分析が可能となる1955年以降を対象とする次章以降の測定では、それぞれの投入量は詳細な労働属性分類や資産分類（土地や在庫資産を含む）からのトランスログ集計値として測定されている。詳細は第4章4.2.1節を参照されたい。

第2章
エネルギー生産性改善の源泉

2.1　はじめに

　20世紀を通じ、日本は欧米諸国に比して常に高いエネルギー価格に直面してきた。第一次オイルショックによる原油価格の高騰、気候変動問題への対応のため、さまざまな省エネ政策を先進諸国にならい、またときに先んじて取り組んできている。経済産業省では、数年に一度「長期エネルギー需給見通し」（以下、需給見通し）として10年から20年ほど先のエネルギーと電力の需給予測をおこなっている。それは合理的な予測であることを超え、政策ターゲットとしての性格を帯びるものへ変化してきた。1970年代や1980年代、日本経済において事後的に実現されるエネルギー・電力需要は、需給見通しによる予測値を下回る傾向にあった。言い換えれば、十分な供給力の確保を目的とするように、需給見通しは将来需要を過大に推計する傾向にあった。

　1990年代後半は大きな転機となる。1997年12月には京都で気候変動枠組条約第3回締約国会議（COP3）が開催され、気候変動への対応が政府によって重要な政策課題となり、将来の電力供給は温室効果ガス排出抑制という政策ターゲットと不可分な性格を有するものとなった。そのことは野心的な省エネ目標を織り込んで、電力需要量のターゲットを過小に設定する誘因を与えている。図2.1は、1990年代後半以降からの経産省や日本政府による電力需要の見通しについて、それぞれの策定年次からの見通し（点線）と、

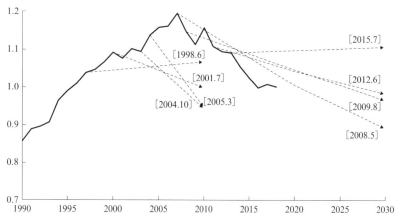

単位：1兆 kWh。
出典：点線は日本政府による電力需要見通しの予測値（括弧内は公表時点）、実線は日本エネルギ
ー経済研究所計量分析ユニット（2020）による実績値（1990–2018年度）。
注：需給見通し策定時に利用可能なデータは前年値までなどといった制約があるため、公表時点
の1-2年前から現実値とは乖離がある。

図2.1　日本政府による電力需要見通しと実績

その後の実績値（実線）を比較している。

　図2.1にみるように、予測値と実績値との関係は2000年代半ばから後半
を境にして大きく傾向が異なっている。その前半期では、1998年から2005
年までの需給見通しが目指すようには、現実の電力需要は減少しなかった。
当時においても政府は省エネ・節電の進展を必ずしも楽観していたわけでは
ないが、京都議定書の求める温室効果ガス排出抑制ターゲットのもと、原子
力や再エネなど低炭素電源の拡大によって補うことのできない排出分は、最
終的に電力需要の縮小という目標へと押し付けられてきた性格がある。

　比喩的に言えば、釣り竿の先端の位置を（効率改善なきままのベースライン
としての）将来におけるエネルギー需要量とし、先端から針までの釣り糸の
長さをエネルギー生産性改善（EPI）による削減量とすれば、その両者が科
学的に推計されるならば、針に装着された餌の位置（効率改善後のエネルギ
ー消費量）は自ずと定まる。しかしこのとき、餌は水面より上に位置するか
もしれない。数量的なターゲットを持つエネルギー環境政策では、水面を下
回る餌の位置が野心的な政策ターゲットとして先決され、釣り竿の先端から

の距離を調整するために、その科学的な予測値を超えて不釣り合いに長い釣り糸が設定されてきたのである[1]。

転機は世界金融危機である。戦後最大のマイナス成長を記録した日本経済の電力需要は急激に縮小した。2008 年および 2009 年の需給見通し自体は野心的な政策ターゲットとみなされていたものの、図 2.1 にみるように実際の電力需要はさらに減少した。2011 年の福島第一原子力発電所事故後には、原発への依存度の縮小という新たな制約が加わり、大幅な再エネの推進とともに、電力需要の縮小に向けてより強い圧力が加えられるものとなった。そうした野心的な節電・省エネ目標は、世界金融危機からの回復と震災後の復興需要の拡大により実現困難なものとして捉えられることも多かったが、そうした悲観論をよそに、現実の電力需要は政策目標を上回るスピードで減少している（図 2.1）。

2015 年の需給見通し（経済産業省 2015）では、2012 年から導入された再生可能エネルギーの固定価格買取制度（feed-in-tariff: FIT）の負担が早くも年間 2 兆円を超えるなど、電力価格上昇の抑制が重要な政策課題として認識された。温室効果ガス排出制約、原発シェア縮小、そこに再エネ費用負担の抑制のため、残された手段としてもう一段の EPI に向けた期待が高まっている。そこでは 2030 年における電力消費見通しはほぼ横ばいとされた。これは安倍晋三首相による経済政策（アベノミクス）によって、実質 GDP として 2030 年まで年率 1.7% ほどの成長軌道への回復を想定したことによる。そのベースラインからみれば、17% ほどの電力消費縮小が目標として組み込まれている。

最終エネルギー消費量では、政策ターゲットとして徹底した省エネにより 2012–30 年に 35%（年率に換算して 2.4%）ほどの EPI を目指している。それは第 1 章でみたように、世界金融危機前までの第 III 期（1990–2008 年）における EPI のスピード（年率 0.8%）の 3 倍であり、第一次オイルショック後の第 II 期（1973–90 年）の黄金時代における日本経済の経験（年率 3.1%）にも接近する。しかしそうした野心的と思われた目標に対して、第 IV 期（2008

---

1)　そして奇妙な長い釣り糸（野心的な EPI の要請）は、政府が省エネ対策を強化するための根拠を与えるものとして利用されてきた。

-16年）の日本経済は年率 1.7％の高い EPI を実現した。その要因や将来における持続可能性を評価するためには、EPI の変化要因が解明されなければならない。

　本章の以下では、2.2 節において EPI の変化要因を分解するための測定のフレームワークを構築する。日本経済において持続的に EPI が観測される 1955 年以降において、2.3 節ではエネルギーの品質変化の視点から考察し、続く 2.4 節では産業構造変化の視点から EPI の産業起因について分析する。2.5 節は本章における観察事実の整理とともに、本章の結びとする。

2.2　フレームワーク

2.2.1　電力化とエネルギー品質

　エネルギー投入のうち、経済成長における電力の役割はとくに強調される。一人あたり実質 GDP の拡大はほとんど労働生産性の改善に依存するが、成長会計分析によれば労働生産性を改善させる最大の原動力は資本の蓄積であった（第 4 章補論 E）。コンピュータ制御の工作機械など、さまざまな機械設備のオペレーションに不可欠なエネルギーが電力である。

　エネルギー資源分野において著名な米国の経済学者サム・シューアは、20 世紀の米国経済成長におけるその歴史的な役割を評価し、電力を「技術進歩の仲介者（agent of technological progress）」であるとした（Schurr et al. 1990）。技術は資本に体化され、資本の稼働には二次エネルギーとしての電力が必要となる。とくに電力の役割が強調され始めたのは米英における 1920 年代後半から 1950 年代初めである[2]。1952 年には英国電気開発協会（Electrical Development Association）のパーシー・ダンシース会長は、安価で十分な電力供給による産業における生産性改善の重要性を強調している[3]。

---

[2]　米国経済の長期にわたる成長過程を分析した Gordon（2016）は 1920 年代末から 1950 年代初めの急速な TFP 上昇を可能としたもっとも重要な要因を機械の品質向上とし、それを裏付けるものとして電力消費の拡大を指摘している。米国で最初に発電所が開設されたのは 1882 年であるが、製造業をはじめ米国経済全体に電力が完全に普及したのは 1929-50 年であり、それが生産性革命を可能とした要因として評価される。

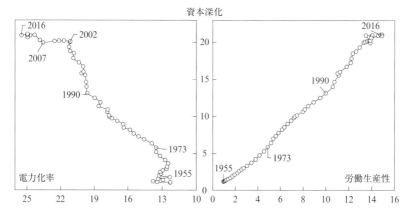

単位：縦軸・右図横軸は 1955 年値 =1.0（1955-2016 年）、左図横軸は電力化率（％）。
注：資料は本章補論 B を参照。

図2.2　労働生産性、資本深化と電力化

　最終エネルギー消費量に占める電力のシェアは「電力化率」と呼ばれる。
日本の経済成長においても電力化率の拡大は、旺盛な資本蓄積を支えるうえ
で重要な役割を担ってきた。1955 年から 2016 年において、図 2.2 の縦軸に
は日本経済における資本深化をとり、横軸には右図では労働生産性、左図に
は電力化をプロットしている。ここで資本深化（capital deepening）とは、労
働時間あたりの資本サービス投入量によって定義される資本労働比率であ
る[4]。図 2.2 の右図にみるように、戦後の経済成長パターンにおいては、労
働生産性の改善はその 1.3-1.6 倍ほどのスピードの資本深化を必要としてい
る。左図ではそれに対応して、資本深化のための電力化が進行する姿が描か
れている。

　電力化の進行は単調ではない。第Ⅰ期（1955-73 年）ではわずかな上昇に
留まり、オイルショック後の第Ⅱ期（1973-90 年）に急速な電力化の進行が
見いだされる。こうした電力化の変化は、エネルギー投入という集計量にお

3）　"Electricity's Role in Industry–Contribution to Raising Productivity," *Financial Times*,
　　October 30 1952. における Sir Percy Dunsheath 氏の発言。
4）　第 3 章以降からは「エネルギーに対する資本深化」を定義しており、第 2 章以外で
　　はそれを単に「資本深化」と呼んでいることに留意されたい。

ける品質が変化したことを意味する。言い換えれば、第 1 章で EPI の黄金
期とされた第Ⅱ期におけるエネルギー生産性は、その一次エネルギー換算さ
れた熱量によって集計された最終エネルギー消費あたりの指標であり、その
改善には電力化によるエネルギーとしての品質的な改善の影響も含まれてい
ることを示唆する。また第Ⅲ期（1990–2008 年）の後半期からは、資本深化
が停滞する中で、むしろ電力化のみが進行している。この期間の EPI にお
いても、エネルギーの品質変化による影響を抽出すべきである。

　本節ではエネルギー生産性についてより厳密に定義しよう。第 1 章の一国
集計レベルでのエネルギー生産性は、分子を集計産出量（X）、分母を最終
エネルギー消費量（一次エネルギー換算値）（primary energy equivalent of final
consumption: E_p）によって定義している[5]。それを「グロスのエネルギー生
産性（gross energy productivity）」と呼び、その成長率（τ）を次のように表記
しよう。

$$(2.1) \quad \tau = \Delta\ln X - \Delta\ln E_p,$$

ここでΔは連続する二期間の差分を意味している。$\Delta\ln X$は一国集計産出量
の成長率であり、それは産業別産出量（X_j）からのトランスログ指数によっ
て定義している。

$$(2.2) \quad \Delta\ln X = \sum_j \overline{w}_j^X \Delta\ln X_j,$$

ここで$\overline{w}_j^X$は、一国経済の名目産出額における産業別シェアの二期間平均値
である（$\sum_j \overline{w}_j^X = 1$）。(2.1)式において定義される EPI は、電力化などエネル
ギーの構成変化による影響を含んでいる。発電における熱効率（thermal
efficiency）を 30–50％とすれば、最終消費される電力における熱量の 2–3 倍
の一次エネルギーが必要となる。よって電力化の進行は、直接的には(2.1)

5）「最終消費」とは、経済統計（国民経済計算体系）では生産過程に投入されるすべて
　の中間消費を除くため、産業によるエネルギー消費を含まないが、エネルギー統計では、
　エネルギー転換部門による消費と在庫品純増を除く国内消費全体を示している。本書で
　の最終エネルギー消費とは後者の意味であり、それは産業部門（エネルギー転換用の消
　費分を除く）と家計部門における消費量の合計である。

式におけるグロスの EPI を悪化させる影響を持つ。他方、電力は単純な熱量換算による評価よりも、より高品質なエネルギーのサービスを提供すると考えられる。エネルギー投入としての高度化は、測定されるグロスの EPI を上昇させる効果を持つと考えられる。

あらためて一国集計レベルでのエネルギー生産性を定義しよう。(2.1)式におけるグロスの EPI を次の 3 つの項へと分解する。

(2.3)　　$\tau = \Delta\ln q_c + \Delta\ln q_s + \tau_q,$

ここで、右辺第一項の q_c は次のように定義されている。

(2.4)　　$q_c = E_f / E_p.$

E_f は国内における最終エネルギー消費量（final energy consumption）であり、E_f を生産するために投入された一次エネルギー消費量（E_p）との指数として、q_c はエネルギー転換における効率性を示している。q_c を「エネルギー転換指数（energy conversion index）」と呼ぼう。石炭など一次エネルギー自体が最終消費される場合には q_c の分母・分子ともに同量が含まれるが、電力化の進行は分母をより大きく拡大させることから q_c を低下させる[6]。他方、発電における技術的な熱効率の改善は q_c を上昇させる。

また(2.3)式の右辺第二項（q_s）は、

(2.5)　　$q_s = E / E_f,$

としてエネルギー投入量（E）と最終エネルギー消費量（E_f）との指数によって定義されている。石炭、A 重油、灯油、天然ガス、電力など、さまざまなエネルギー種を i としよう。ここでは同一のエネルギー種においては $E_i / E_{f,i}$ が時系列的に一定であることを仮定するが、集計量としての E/E_f は

---

6)　再エネによる電力の一次エネルギー換算は、日本のエネルギー統計では当該時点の平均的な火力発電効率によって評価されること（partial substitution method）から、電力に占める再エネのシェア拡大によって q_c が上昇することはない。これに対して IEA 統計では、再エネ電力のエネルギー量によって評価され（physical energy content method）、再エネ電力の拡大は q_c を上昇させる。本書では前者の概念によっている。

その構成変化を反映して変化する。

　ここでE_fは異なるエネルギー種ごとの熱量（$E_{f,i}$）の和集計値によって定義されている（$E_f = \sum_i E_{f,i}$）。単純な和集計の適用とは、熱、動力、光などのエネルギー・サービスを提供するために最終消費されるエネルギー種間において、熱量あたりの品質が等しいと陰伏的に仮定していることを意味する。しかし電力という二次エネルギーへの転換にはロスが生じ、熱量あたりの単価が相対的に高いように、それはより高品質である。

　産業別集計エネルギー投入量（E_j）として、j産業別にiエネルギー種間の品質の相違を考慮したトランスログ指数により、次のように定義する。

$$(2.6) \quad \Delta\ln E_j = \sum_i \overline{v}_{ij} \Delta\ln E_{f,ij},$$

$\Delta\ln E_{f,ij}$は産業別エネルギー種別の最終エネルギー消費量の成長率であり、$\overline{v}_{ij}$は産業別最終エネルギー消費額に占めるエネルギー種別コストシェアの二期間平均値である（$\sum_i \overline{v}_{ij} = 1$）。熱量あたりの単価はエネルギー種ごとに異なる。トランスログ指数による(2.6)式は、エネルギー種別の相対価格差がエネルギー投入量に対する寄与度の差異である（エネルギーとしての質の相違を反映している）と仮定したもとで、そうした品質の相違を統御しながら集計されたエネルギー投入量の成長率を定義している。それを「品質調整済みエネルギー投入量（quality-adjusted energy input）」と呼ぼう。産業別E_jから、マクロでの集計エネルギー投入量（E）をトランスログ指数により定義する。

$$(2.7) \quad \Delta\ln E = \sum_j \overline{w}_j^E \Delta\ln E_j,$$

ここで$\overline{w}_j^E$は、一国の最終エネルギー消費額に占める産業別シェアの二期間平均値である（$\sum_j \overline{w}_j^E = 1$）。

　(2.5)式におけるq_sは、E_fからEへの変換指数であり、それを「エネルギー高度化指数（energy sophistication index）」と呼ぶ。電力は都市ガスに比して熱量あたりの価格が高く、最終エネルギー消費において都市ガスから電力へとエネルギー転換が進行するのであれば、もしE_fが一定であっても品質が調整されたエネルギー投入量（E）としてq_sは上昇する。電力化の進行は、その直接的な効果としてはエネルギー転換指数（q_c）を低下させるが、エネ

ルギー高度化指数（q_s）を上昇させるものとなる。q_c と q_s の積として、

$$(2.8) \quad q = q_c q_s = E/E_p,$$

両者をまとめた指数である q を「エネルギー品質指数（energy quality index）」
と呼ぼう。

　そして(2.3)式における右辺第三項（τ_q）は、エネルギー投入一単位あたり
の産出量であり、エネルギーとしての品質の相違を統御したもとで定義され
るエネルギー生産性の成長率である。

$$(2.9) \quad \tau_q = \Delta\ln X - \Delta\ln E.$$

(2.3)式にみるように、左辺のグロスのEPI（τ）は、エネルギー品質の変化
による影響（q）を含んでいるという意味においてグロス指標であり、その
影響を取り除いた品質調整済みのEPI が τ_q である[7]。

　あらためて(2.3)式を書き換えて、

$$(2.10) \quad \Delta\ln E_p = -\Delta\ln q - \tau_q + \Delta\ln X,$$

とすれば、一次エネルギー消費量（E_p）の変化は、エネルギー転換の効率化
（q_c）とエネルギーの高度化（q_s）からなる右辺第一項のエネルギー品質変化
（$\Delta\ln q$）、第二項の品質調整済み EPI（τ_q）、そして第三項の産出量変動
（$\Delta\ln X$）という3つの要因へと分解される。

　省エネ（energy conservation）やエネルギー効率性（energy efficiency）という
用語はエネルギー生産性と互換的に用いられることもあるが[8]、これまでの
定式化に基づけば、それぞれの意味をより明確に定義できる。エネルギー効

---

7)　これまでの変数定義によれば、グロスのエネルギー生産性を$(X/E_p) = (E_f/E_p)(E/E_f)$
(X/E)と分解している。その右辺第三項の成長率として定義される(2.9)式の τ_q は一国
経済レベルでの定義として、産業構造変化による影響を含んだものであり、産業構造要
因を統御した定式化は 2.2.2 節において後述される。

8)　米国科学アカデミー（National Academy of Sciences 1979）は、伝統的な意味におけ
る "conservation" とは賢く用心深い（"wise and thoughtful use"）という意味を持つもの
の、1973-74 年に生まれた "energy conservation" という用語は耐乏や、英雄的あるいは
犠牲的な否定という（"belt-tightening" や "heroic or sacrificial denial" な）性格を帯びる
ものとなったと指摘している。

率性を狭義に捉えれば、それは一次エネルギーからエネルギー投入量を生産するまでの技術的な効率性指標として、(2.10)式の右辺第一項（エネルギー品質変化：$\Delta \ln q$）として定義される。また省エネとは、エネルギー・サービス自体における低品質化や、あるいは産出量自体の減少を伴うものとなろうとも、一次エネルギー消費量（E_p）自体が削減される現象である[9]。こうした定義によれば、(2.10)式の左辺の減少が省エネそのものであり、省エネの源泉は右辺における、エネルギー効率性（q）の改善、エネルギー生産性（τ_q）の改善、そして生産量（X）の縮小という大きく3つに分解して理解される。

2.2.2 産業構造要因

2.2.1 節の(2.1)式や(2.9)式で定義されたエネルギー生産性は、一国集計レベルで定義されており、産業構造変化による影響をその内に含んでいる。もしすべての産業でエネルギー生産性が不変であっても、エネルギー多消費型産業の生産が相対的に縮小するような産業構造変化を伴うものであれば、一国集計レベルで定義されるエネルギー生産性指標はプラス成長になりうる[10]。細分化した産業レベルでの測定から積み上げることによって、より適切に産業構造要因を統御したエネルギー生産性指標へと接近できる。

後に 2.4 節では、産業構造変化が一国全体のエネルギー生産性の成長率に与える影響を測定する。データの概要は本章補論 B にあるが、ここではそ

---

9) (2.10)式を書き換えれば$E_p=(E/E_p)^{-1}(X/E)^{-1}X$である。自動車の利用や住宅・オフィスにおける冷暖房などのエネルギー・サービス量E_Sを定義すれば、(2.10)式をさらに分解して$E_p=(E/E_p)^{-1}(E_S/E)^{-1}(E_S/X)X$とも理解される。Herring (2006) は省エネとは「より低品質のエネルギー・サービス化によるエネルギー消費の削減」（"reduced energy consumption through lower quality of energy services"）であるとした。それは右辺第三項であるE_S/X（生産量一単位あたりのエネルギー・サービス需要量）の縮小を通じた犠牲的な E_p の減少として理解される。またこうしたエネルギー・サービス量の識別によれば、右辺第二項のE_S/Eのみを狭義に捉えた真のエネルギー生産性として理解することもできる。Murtishaw and Schipper (2001a, 2001b) はグロス EPI から構造変化要因の分解において、真の EPI を狭義のE_S/E（あるいは本章のエネルギー品質の変化を考慮せずにE_S/E_p）として捉えている。それに対して本書での真のエネルギー生産性であるX/Eは$(E_S/E)(E_S/X)^{-1}$として、E_S/Xのようなエネルギー・サービスの縮小や低品質化を含むものである。

の測定における概念を明確にするため、とくに重要となる以下の三点を論じておきたい。第一に、経済統計とエネルギー統計の主体の相違である。エネルギー統計では、実際の経済における経済主体（制度単位）におけるエネルギー消費のうち、用途によって分割して産業、民生業務、運輸へと格付けしている。それはエネルギー統計として国際的に広く利用される概念であるが、エネルギー投入と産出との投入産出関係、あるいはエネルギー投入と資本や労働などの他の生産要素との相対的な投入関係を描写することには適さない。本書でのエネルギー生産性の分析では、産業別生産性統計における投入産出関係の整合性を保持するように、経済統計の概念に合わせて経済主体ごとのエネルギー投入が定義されている。

　第二に、産出量は粗生産（gross output）ではなく、実質付加価値によって定義されている。一般には、粗産出量のほうが直接的に理解されやすく、実質付加価値はその変動が大きくなりがちとなる問題もある。しかし実質付加価値という純生産（net output）概念では、中間投入の変化がエネルギー生産性に与えるバイアスを緩和することが期待される[11]。もうひとつの利点は、一国集計値の変化における産業起因を明確にすることである。なお本書はEPI の分析を主目的とするため、（本章以降での）生産関数はエネルギー、資本、労働を投入要素とした関数を想定しており、純産出量は実質付加価値と

---

10)　例として、2 つの産業があり、それぞれの産出量（実質付加価値）を X_1 および X_2（ただし $X_1 = X_2$）、エネルギー消費量を E_1 および E_2（ただし $E_2 = 4E_1$）としよう。ここでは第 2 産業がよりエネルギー消費的である。基準時点から比較時点に対して、いま両産業におけるエネルギー生産性（X_1/E_1 および X_2/E_2）は不変のままであったとして、第 1 産業のみの産出量が 2 倍に拡大したとしよう。そのとき集計産業におけるエネルギー生産性は、（$2X_1/5E_1 = 0.4(X_1/E_1)$）から（$3X_1/6E_1 = 0.5(X_1/E_1)$）へ、25％改善したとして測定される。それはエネルギー多消費型産業（第 2 産業）の相対的な低成長によって、集計レベルで測定される見かけ上のエネルギー生産性が過大に評価されることを示している。

11)　たとえばある産業において、粗産出量は一定のもとで、自部門内で生産していたエネルギー消費的な中間財を、輸入財へと切り替えたとしよう。そのとき粗生産をアウトプットとしたエネルギー生産性の指標では、エネルギー消費の縮小により生産性は改善したものと評価されてしまう。しかし、これが見かけ上の改善に過ぎないことは明らかである。他方、本書のような実質付加価値をアウトプットとするエネルギー生産性の指標では、エネルギー消費は縮小しながらも、輸入財の中間投入量の増加によって実質付加価値も減少し、エネルギー生産性への影響は緩和される。

最終消費されるエネルギー投入量の集計量によって定義されている[12]。

　第三に、一国全体の EPI を消費主体別寄与度へと整合的に分解する際の
ひとつの課題は、家計の取り扱いにある。エネルギー統計における国内の最
終エネルギー消費は、経済統計では大きく産業による中間消費と家計による
最終消費とに分離される。本書では家計も含めて一国経済の整合的な描写を
おこなうため、家計部門をひとつの産業部門として定義し、そのアウトプッ
トを、家計の所有する住宅（土地を含む）と耐久消費財の資本サービス生産
量、およびエネルギー消費量の集計値によって定義する。家計所有住宅の使
用料は国民経済計算体系（System of National Accounts: SNA）において帰属家
賃（imputed rent）として古くから GDP に加算されている概念である。それ
は一般に不動産業に格付けられるが、本書でのエネルギー分析用に拡張され
た産業別生産性勘定では、帰属家賃を第 47 産業としての家計部門（家計サ
ービス）に格付けている。

　また家計所有耐久消費財の資本サービス価値はユーザーコスト・アプロー
チによって推計され、同部門の産出に加算されている[13]。たとえば家計所有
の自家用車やテレビ、エアコン、PC など、耐久消費財によってもたらされ
るサービスは、住宅とともに家計による資本サービス生産として定義される。
家計部門で消費されるエネルギーは、その多くが住宅や耐久消費財の利用に
伴って消費されるものであり、エネルギー生産性は住宅や耐久消費財機器の
サービス量との関係として定義される。たとえば PC における消費電力の低
下は家計部門の EPI となり、住宅の断熱性能の改善はエネルギー消費を低
下させながら生産される資本サービスの拡大ともなり、EPI を実現していく。
こうした家計部門の内生化によって、測定される一国集計レベルの EPI は、
（家計部門を含んで拡張された）産業部門ごとの EPI へと完全に分解される。

　一国経済としての最終エネルギー消費量（一次エネルギー換算）(E_p) は j

---

12)　その定式化は第 4 章 4.2.1 節を参照されたい。

13)　現行の SNA 国連勧告（SNA2008）を超えたこうした勘定体系はバーバラ・フラウ
　　メニ氏によりジョルゲンソン勘定（Jorgensonian accounting）とも呼ばれる。耐久消費
　　財の帰属計算値などの拡張によって、一国経済の GDP は拡張している。ただし経済成
　　長率への計数的な影響は軽微であり、内部整合的な測定となることを目的としている。

産業部門における消費量（$E_{p,j}$）の和集計による。両者の成長率を、以下のようなトランスログ・タイプの指数によって近似する。

$$(2.11) \quad \Delta\ln E_p = \sum_j \bar{s}_j \Delta\ln E_{p,j},$$

ここで$\bar{s}_j$は最終エネルギー消費量（一次エネルギー換算値）の産業別シェア（$E_{p,j}/E_p$）の二期間平均値である（$\sum_j \bar{s}_j = 1.0$）。(2.7)式におけるw_j^Pが最終エネルギー消費額（名目値）の産業別シェアであったのに対して、ここでのs_jは物量としての産業別シェアである。1955–2016年におけるs_jは本章付表での表2.1に与えられている。

産業部門ごとのグロスのEPI（τ_j）を次のように定義しよう。

$$(2.12) \quad \tau_j = \Delta\ln X_j - \Delta\ln E_{p,j}.$$

(2.12)式を(2.11)式へと代入して、

$$(2.13) \quad \Delta\ln E_p = \sum_j \bar{s}_j \Delta\ln X_j - \sum_j \bar{s}_j \tau_j,$$

一国全体の一次エネルギー消費量E_pの成長率は、右辺第一項における産業ごとの生産拡大による寄与度（$\bar{s}_j \Delta\ln X_j$）と、第二項における産業ごとのグロスEPIの寄与度（$\bar{s}_j \tau_j$）へと分解される。第一項は$\bar{s}_j$をウェイトとした集計量として、エネルギー消費の視点に基づいて産業部門別の集計産出量による寄与を評価したものである。そして第二項が産業構造変化を統御したEPIを示している。

2.2.1節の一国集計レベルにおける(2.3)式と同様に、(2.12)式におけるグロスの産業別エネルギー生産性の成長率（τ_j）を次のように分解する。

$$(2.14) \quad \tau_j = \Delta\ln q_{c,j} + \Delta\ln q_{s,j} + \tau_{*,j}.$$

ただし、$q_{c,j}$および$q_{s,j}$は、一国集計レベルにおける2.2.1節の(2.4)式および(2.5)式と同様に、それぞれ産業部門別に定義されたエネルギー転換指数（$E_{f,j}/E_{p,j}$）とエネルギー高度化指数（$E_j/E_{f,j}$）である。また右辺第三項（$\tau_{*,j}$）はエネルギー品質の変化を統御したうえで、産業別に測定されるエネルギー投入量あたりのエネルギー生産性改善として、

$$(2.15) \quad \tau_{*,j} = \Delta \ln X_j - \Delta \ln E_j,$$

によって定義される。ここでの E_j は(2.6)式のとおりである。

　(2.13)式および(2.14)式より、(2.1)式における一国集計レベルでのグロスの EPI（τ）は次のように分解される。

$$(2.16) \quad \tau = \Delta \ln \sigma + \Delta \ln q_* + \tau_*.$$

ここで、右辺の各変数は以下のように定義されている。

$$(2.17) \quad \Delta \ln \sigma = \sum_j (\overline{w}_j^X - \bar{s}_j) \Delta \ln X_j,$$
$$(2.18) \quad \Delta \ln q_* = \sum_j \bar{s}_j \Delta \ln q_{c,j} + \sum_j \bar{s}_j \Delta \ln q_{s,j},$$
$$(2.19) \quad \tau_* = \sum_j \bar{s}_j \tau_{*,j}.$$

(2.16)式のようにマクロレベルにおいて計測されるグロスの EPI（τ）は、右辺第一項の産業構造要因（σ）、第二項のエネルギー品質要因（q_*）[14]、そしてその両者を統御したうえで定義された第三項の一国集計レベルでの調整済み EPI（τ_*）へと分解される。エネルギー多消費型産業が拡大するような産業構造変化の場合には $\Delta \ln \sigma$ がマイナス値となり、グロスの EPI（τ）は過小に評価される。逆にエネルギー多消費型産業の相対的な縮小は τ の過大評価を導く。エネルギー品質要因は、(2.18)式のようにエネルギー転換要因（$q_{c,j}$）とエネルギー高度化要因（$q_{s,j}$）の集計値からなる。電力化の進行は、エネルギー転換要因を通じてはグロスの EPI（τ）を過小に評価させ、エネルギー高度化要因を通じてはグロスの EPI（τ）を過大に評価させる。これらの要因を調整した τ_* が、より望ましい真の EPI 指標を与える。

2.3　エネルギー品質変化による影響

　2.2.1 節で定義されたフレームワークに基づき、日本経済における 3 つの

---

14)　(2.18)式でのエネルギー品質要因 q_* は、一国集計レベルで定義される 2.2.1 節での(2.8)式とはウェイトの相違により乖離している。本章 2.3 節では(2.8)式、2.4 節では(2.18)式に基づいて、エネルギー品質要因が定義されている。

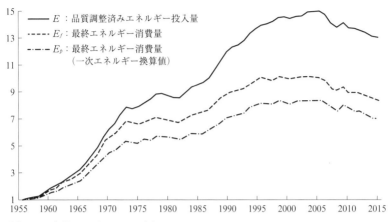

単位：1955 年値 =1.0（1955–2016 年）。
注：品質調整済みエネルギー投入量（*E*）は (2.7) 式に基づく。

図 2.3　エネルギー投入指数

エネルギー投入量（E_p, E_f, E）の推移を示したものが図 2.3 である。すべての指数は 1955 年を 1.0 と基準化するが、日本経済における長期傾向としては、一次エネルギー換算された最終エネルギー消費量（E_p）を最終エネルギー消費量（E_f）が上回り、品質調整済みエネルギー投入量（E）はそれをさらに上回る。

各エネルギー投入量から求められるエネルギー転換指数（$q_c = E_f/E_p$）と高度化指数（$q_s = E/E_f$）、および両者の積としてのエネルギー品質指数（$q = E/E_p$）の推移を示したものが図 2.4 である。エネルギー転換指数は 1955–65 年において高い上昇がみられるが、それ以降は長期にわたり横ばいから減少傾向にある。これは火力発電所など熱効率の改善（転換指数の増加要因）があろうとも、電力化の進行（転換指数の低下要因）がそれを相殺してきたことを示している。他方、電力化の進行はエネルギー高度化指数を改善させる。エネルギー高度化指数では 1970 年以降ほぼ単調に増加している。両者を総合したエネルギー品質指数は、1955 年を 1.0 としたとき 2016 年では 1.85 となり、期間平均値としてみれば年率 1.0％の改善である。そうしたエネルギー品質の改善は、(2.3) 式にみるように、グロス EPI の内に含まれている。

2.2.1 節の (2.3) 式による一国集計レベルでの分解によれば、1955–2016 年

単位：1955 年値 =1.0（1955–2016 年）。
注：エネルギー転換指数 q_c は 2.2.1 節での(2.4)式、エネルギー高度化指数 q_s は (2.5)式による。

図2.4　エネルギー品質指数

の全観測期間におけるグロス EPI（年平均 1.5％改善）の 3 分の 2 が、エネルギー品質の改善（$\Delta\ln q$）によって説明される。言い換えれば、エネルギー品質変化を調整した EPI（τ_q）は、全観察期間の期間平均値で年率 0.5％ほどの改善を示すに過ぎない。τ と τ_q の両系列の時系列的な推移を示した図 2.5 にみるように、エネルギー品質変化を調整した EPI（τ_q）はグロスの EPI を大きく下回っている。マクロで観察される見かけ上のエネルギー生産性改善の多くは、エネルギー転換や高度化といった、エネルギー投入における品質の変化によって説明されるのである。また高度経済成長を実現した第 I 期（1955–73 年）では、τ_q はむしろ低下している。これは一国集計レベルによる測定の限界であり、より適切な評価のためには、2.4 節において産業構造変化による影響を統御した測定が求められる。

2.4　真のエネルギー生産性

2.4.1　逓減する EPI

　エネルギー品質変化に加え、2.2.2 節の(2.19)式に基づいて産業構造変化による要因を統御したもとで調整された真の EPI（τ_*）の測定値は図 2.6 に

単位：1955 年値 =1.0（1955–2016 年）。

注：グロスのエネルギー生産性（τ）は 2.2.1 節での (2.1) 式、調整済みエネルギー生産性指数
　　（産業構造変化の考慮なし）（τ_q）は (2.9) 式による。産業構造要因を統御した後の調整済み
　　エネルギー生産性指数との比較は、2.4 節の図 2.6 を参照されたい。

図 2.5　エネルギー品質を統御したエネルギー生産性

示されている。そこでは比較のため、2.3 節で推計されたエネルギー品質変化のみを統御した EPI（τ_q）も描かれるが、産業構造要因の考慮によってマクロ的な EPI 測定値は大きく修正される。第 I 期（1955–73 年）における EPI では、エネルギー品質変化の考慮によって τ_q は大きく低下するが、高度成長期における産業構造変化を適切に評価した τ_* によれば、グロスの EPI に近いレベルの高い EPI 実現が見いだされる。その一方、2000 年代初めからの 10 年間では、τ および τ_q の両系列は緩やかに改善するが、産業構造要因を考慮した τ_* では停滞がみられる。それはこの期間における見かけ上の EPI が、エネルギー多消費型産業の相対的な縮小という産業構造変化によって過大評価されていることを示している。しかし、とくに東日本大震災後には、τ_* においても再び急速な上昇が見いだされる。

　第 1 章に定義した全観察期間（1955–2016 年）のうちの（戦前期を除く）4 つの期間ごとに、一国経済におけるグロスの EPI を分解したものが図 2.7 である。グロス EPI（年平均成長率）は点線によって描かれており、それはエネルギー品質変化（転換要因と高度化要因）と産業構造変化の両者を統御し

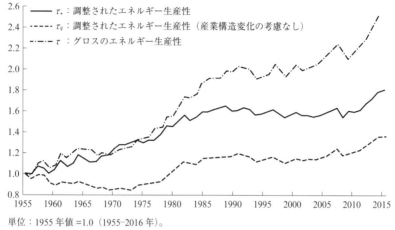

単位：1955 年値 =1.0（1955-2016 年）。

注：グロスの EPI（τ）は 2.2.1 節での(2.1)式、調整済み EPI（産業構造変化の考慮なし）（τ_q）は(2.9)式、さらに産業構造要因を統御した後の調整済み EPI（τ_*）は 2.2.2 節の(2.19)式による。

図 2.6　エネルギー品質と産業構造要因を統御したエネルギー生産性

たもとでの調整済みの EPI へと分解される[15]。各期間における産業ごとの詳細を検討する前に、こうした構造変化によって一国集計レベルのグロス EPI がどのように改定されるか、言い換えれば、マクロ的な統計から直接観察されるグロス EPI はその内にいかなる測定バイアスを持つのかを図 2.7 に基づいて考察しよう。

　第 I 期（1955-73 年）は、2.3 節にみたようにエネルギー品質の改善が顕著であり（図 2.4）、グロスの EPI（年率 1.2％）はエネルギー転換要因とエネルギー高度化要因によって、それぞれ 1.3 ポイントと 0.5 ポイント過大に評価されている。それはエネルギー品質の改善によって、真のエネルギー生産性の改善よりもグロス EPI が大きく嵩上げされていたことを示している。他方、高度経済成長を実現したこの期間の産業構造変化として、エネルギー多

---

15)　本章の測定ではマクロ的なグロス EPI の要因を産業レベルへと完全に分解するため、2.2.2 節で論じたように家計部門による自己勘定サービス生産や実質付加価値の定義など、アウトプットの定義が第 1 章とは異なっている。一国経済としての測定値の傾向は同様であるが、その計数には第 1 章と乖離があることに留意されたい。

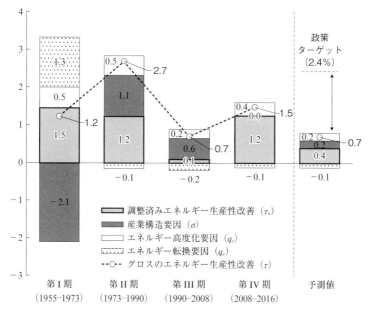

単位：%（年平均期間成長率）。

注：グロス EPI の要因分解は 2.2.2 節の (2.16) 式に基づく。アウトプット定義の相違に
より、第 1 章でのグロス EPI 測定値と計数的には乖離することに留意されたい。
なお、最右系列の予測値は 2.4.6 節で後述する（政策ターゲットとした年率 2.4％
は、パリ協定における日本の削減目標（2030 年度に 2013 年度比▲ 26％）に対応）。

図 2.7　エネルギー生産性改善の要因分解（実績値と予測値）

消費型産業が大きく拡大したことにより、グロス EPI は年率 2.1 ポイントほ
ど過小に評価されている。重工業化は真のエネルギー生産性の改善を見えづ
らいものとしている。この期間、エネルギー品質要因と産業構造要因は互い
に相殺する効果を持つが、両者を調整した真の EPI（τ_*）は年率 1.5％の改
善となり、グロス EPI（年率 1.2％）をわずかに上回る。

　第Ⅱ期では、産業構造変化による影響は（第Ⅰ期の）マイナスからプラス
へと転じている。産業構造変化とエネルギー高度化によって、グロス EPI
（年率 2.7％）はそれぞれ年率 1.1 ポイントと 0.5 ポイント過大に評価されて
おり、調整された EPI（τ_*）は年率 1.2％にまで大きく下方に改定される。
それは第Ⅰ期の水準（年率 1.5％）を下回る。グロス EPI という指標では、
その黄金期は二度のオイルショックによる影響を含む第Ⅱ期（1973-90 年）

44

にみられるが、2つの構造変化を統御して調整された真のEPIのピークはむしろ第I期（高度経済成長期）にあることが見いだされる。黄金期のEPIは、オイルショック後の重工業化の後退という産業構造変化により大きく嵩上げされているのである。

第III期（1990–2008年）には、構造変化の調整によっては年率0.1％へと真のEPI（τ_*）が大きく減速し、日本経済におけるエネルギー生産性の低迷は顕著である。後述するように省エネ法の制定は1979年であり、その後には大規模な改正が何度かおこなわれ、とくにこの期の後半（2000–08年）には気候変動問題への対応からもっとも積極的な省エネの推進がおこなわれている。こうした省エネへの支援制度によって、ミクロ的には補助金行政が有効であるような評価もされるが、一国集計レベルでは真のEPIは第II期から大きく減速する姿が見いだされる。グロスEPI（年率0.7％）は産業構造要因によって年率0.6ポイント嵩上げされており、真のEPIはわずかに年率0.1％に留まっている[16]。第I期から第III期まで続くτ_*の逓減傾向は、省エネ法の施行・改正、また経団連による環境自主行動計画（1997–2012年度）などの産業界の自主的な取り組みはあろうとも、経済合理的に利用できる安価な省エネ技術の枯渇を示唆している。

そして第IV期（2008–16年）は産業構造変化による影響はわずかであるが、真のEPIは年率1.2％となり、第II期と同様の水準へ回復する。その要因を捉えるためには、ここでの産業構造の統御のみでは不十分であり、2.4.5節で産業内における構造変化に接近する[17]。2.4.2節以降では、各期間における産業ごとの寄与度や変化について詳細に考察していこう。

16) Murtishaw and Schipper（2001a, 2001b）は米国経済におけるエネルギー生産性変化（本書でのグロスEPIに相応）の要因を分析し、1994–98年における改善は、それまでの1970年代や1980年代とは異なり、そのほとんどが構造変化によって説明されると評価している。それは、製造業のうちの（とくに情報技術関連の）軽工業シェアの拡大に加え、自動車利用の増加と暖房サービスのある延床面積の増加との2つによる。本章での構造変化要因とはその前者のみであり、後者の効果は含まれていない（真のEPIの中に含まれている）。
17) 第4章4.3.1節ではここで導かれた真のEPIの変化要因が考察される。また第5章では電力の間接的輸入という視点から、近年における日本経済の構造変化を考察する。

2.4.2　第 I 期 （1955-73 年）

　マクロ的なエネルギー消費と EPI の産業起因を観察しよう。図 2.8 では、第 I 期における品質調整済みエネルギー消費量 （E） の変化に対する産業別寄与度 （(2.7)式に基づく分解） を左図に、調整済み EPI （τ_r） に対する産業別寄与度 （(2.19)式に基づく分解） を右図に描いている。一国経済におけるエネルギー消費の変化とエネルギー生産性の変化は、それぞれの産業による貢献 （寄与度） へと分解されており、（家計部門の自己勘定サービス生産を含む） 産業ごとの寄与度の合計値がマクロの期間平均成長率と完全に合致している。またそれぞれの計数は、本章付表における表 2.4、その成長率は表 2.8 を参照されたい。

　高度経済成長期における一国全体のエネルギー消費量の急速な拡大 （年率 11.5%） に対して、非家計部門では 18. 鉄鋼業 （1.60 ポイントの寄与度） が最大の消費主体となっている。加えて、12. 化学業の 1.27 ポイント、17. 窯業土石製品製造業の 0.53 ポイント、10. 紙パルプ製品製造業の 0.33 ポイント、19. 非鉄金属製品製造業の 0.31 ポイントの 5 つのエネルギー多消費型産業の拡大 （寄与度の合計は 4.03 ポイント） によって、この期間における非家計エネルギー消費量拡大の 45% が説明される。

　エネルギー多消費型産業における EPI もまた顕著である。産業構造要因を統御した一国集計レベルでの EPI では、年率 1.5% の改善と本書の観察期間内でのピークとなるが （2.4.1 節の図 2.7）、そのもっとも大きな貢献は 0.80 ポイントもの寄与度を持つ 18. 鉄鋼業であり、12. 化学業 （0.56 ポイント）、17. 窯業土石製品製造業 （0.39 ポイント） と続く。5 つのエネルギー多消費型産業による寄与度合計でも 1.9 ポイントとなり、一国レベルの EPI 改善 （1.5%） を上回る。

　この期間、日本の鉄鋼業の EPI は年平均 4.0% ものスピードで改善した （表 2.8）。鉄鋼業の省エネ実現においてとくに効果的であった対策として、加治木 （2010） は 1） 平炉から転炉への転換 （LD 転炉の導入）、2） 連続鋳造 （continuous casting: CC）、3） 転炉ガス回収法 （oxygen converter gas recovery system: OG）、4） コークス乾式消化設備 （coke dry quenching: CDQ）、5） 高炉炉頂圧発電 （top pressure recovery turbine: TRT） の導入を挙げている。そして

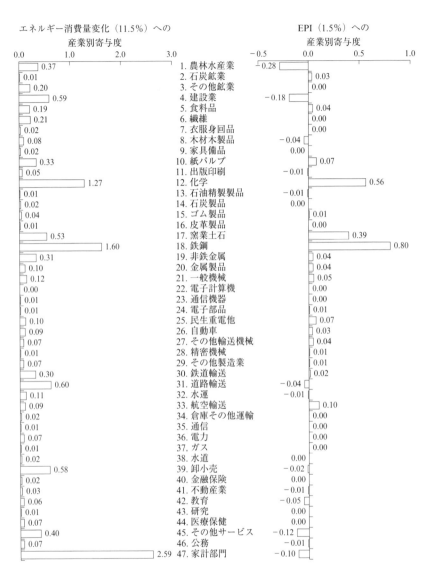

エネルギー消費量変化（11.5%）への
産業別寄与度

EPI（1.5%）への
産業別寄与度

	エネルギー消費量変化への寄与度	EPIへの寄与度
1. 農林水産業	0.37	−0.28
2. 石炭鉱業	0.01	0.03
3. その他鉱業	0.20	0.00
4. 建設業	0.59	−0.18
5. 食料品	0.19	0.04
6. 繊維	0.21	0.00
7. 衣服身回品	0.02	0.00
8. 木材木製品	0.08	−0.04
9. 家具備品	0.02	0.00
10. 紙パルプ	0.33	0.07
11. 出版印刷	0.05	−0.01
12. 化学	1.27	0.56
13. 石油精製製品	0.01	−0.01
14. 石炭製品	0.02	0.00
15. ゴム製品	0.04	0.01
16. 皮革製品	0.01	0.00
17. 窯業土石	0.53	0.39
18. 鉄鋼	1.60	0.80
19. 非鉄金属	0.31	0.04
20. 金属製品	0.10	0.04
21. 一般機械	0.12	0.05
22. 電子計算機	0.00	0.00
23. 通信機器	0.01	0.00
24. 電子部品	0.01	0.01
25. 民生重電他	0.10	0.07
26. 自動車	0.09	0.03
27. その他輸送機械	0.07	0.04
28. 精密機械	0.01	0.01
29. その他製造業	0.07	0.01
30. 鉄道輸送	0.30	0.02
31. 道路輸送	0.60	−0.04
32. 水運	0.11	−0.01
33. 航空輸送	0.09	0.10
34. 倉庫その他運輸	0.02	0.00
35. 通信	0.01	0.00
36. 電力	0.07	0.00
37. ガス	0.01	0.00
38. 水道	0.02	0.00
39. 卸小売	0.58	−0.02
40. 金融保険	0.02	−0.01
41. 不動産業	0.03	−0.01
42. 教育	0.06	−0.05
43. 研究	0.01	0.00
44. 医療保健	0.07	0.00
45. その他サービス	0.40	−0.12
46. 公務	0.07	−0.01
47. 家計部門	2.59	−0.10

単位：パーセンテージ・ポイント（一国全体の集計量への部門別寄与度）。
注：エネルギー消費（E）は(2.7)式、調整済み EPI（τ_r）は(2.19)式に基づく。

図 2.8　エネルギー消費および EPI の産業起因（第 I 期：1955-73 年）

LD 転炉や CC などの技術導入は、1952 年に制定された企業合理化促進法による合理化特別償却制度の対象期間（1952–68 年）とほぼ一致していたことを指摘している。こうした政策的な支援が有効となった背景には、高度経済成長期の旺盛な内需拡大に対して資本能力増強のための投資が求められたこと、またコスト合理性を持つ省エネ技術が利用可能であったことによる。加治木（2010）は、LD 転炉や CC の導入は全般的な生産性の向上やコスト削減を主目的としたものであり、OG 法は競合する技術に対して資本コスト面で優位性を確立したことで普及したと指摘する。

　鉄鋼業における省エネにおいてもっとも効果的であったこの 3 つの対策は、省エネそのものを主目的としたものではなく、生産能力拡大のための投資に組み込まれた技術の恩恵である。戦後ハーバード大学で経済発展論の基盤を構築したアレクサンダー・ガーシェンクロンは、途上国は海外からの輸入機械の投資などにより、意図せずとも技術進歩を享受できると指摘した。こうした「借りた技術（borrowed technology）」は、エネルギー生産性の改善としても大きな効果を持っている。省エネ技術はそれが安価になるにしたがって資本財へと体化（embodied）され、意図せずとも自ずと経済体系に組み込まれていく性格を持つ。対して、おもにオイルショック後（第 II 期）に導入された CDQ や TRT は、エネルギー価格の上昇によってはじめて省エネとしてのコスト合理性を持つに至った技術である。第 II 期においては、CDQ や TRT によるエネルギー生産性の改善もあるが鉄鋼業の EPI は年率 1.2% へと低下しており（表 2.9）、日本の鉄鋼業のもっとも高い EPI（年率 4.0%）は第 I 期に実現している。

　他方、第 I 期にエネルギー生産性を低下させた産業は、1. 農林水産業（一国経済の EPI への寄与度では▲ 0.28 ポイント）、4. 建設業（▲ 0.18 ポイント）、45. その他サービス（▲ 0.12 ポイント）である。農業では、1953 年に施行された「農業機械化促進法」や、1961 年施行の「農業基本法」により機械化が急速に推進されている。労働集約的な生産プロセスから、労働者一人あたりの農業機械装備率を高める資本深化が進行する中で、エネルギー生産性という単要素生産性は悪化している[18]。

　高度経済成長期における年率 11.5% ものエネルギー消費量（*E*）の拡大に

対し、もっとも寄与度の大きな部門は家計部門（2.59ポイント）である[19]。三種の神器と称された白黒テレビ・洗濯機・冷蔵庫は日本経済では1950年代後半において急速に普及し、そして1960年代半ばからは新・三種の神器と呼ばれたカラーテレビ・エアコン・自動車の普及も始まるなど[20]、ライフスタイルの変化によるエネルギー多消費化が急速に進行している。しかし家計部門（自己勘定サービス生産）では、この期間においてEPIは見いだされない。

2.4.3　第Ⅱ期（1973-90年）

　第Ⅱ期（1973-90年）は、二度のオイルショックの影響を受けて、グロスのEPIが年率2.7%にも達する黄金期である。この期間は、火力発電における平均的な熱効率の改善は第Ⅰ期に比して減速するが、急速に電力化が進行し（2.2.1節の図2.2）、エネルギー高度化はグロスEPIを0.5ポイント過大に評価する要因となる（図2.7）。産業構造要因はさらに大きな影響を持っている。この期間、第Ⅰ期とは対照的に、エネルギー多消費ではない産業における生産が相対的に拡大したことにより、グロスのEPI（年率2.7%）のうちの1.1ポイントが産業構造要因によって説明される。

　両者を統御した真のEPIは年率1.2%に留まり、グロス評価の半分以下に縮小する。この期間は二度のオイルショックにより、エネルギー価格は資本投入価格に比して大きく上昇したが、そうした急速な相対価格変化に直面し

---

18)　機械化は労働生産性を高め、資本生産性とエネルギー生産性を低下させる。農業部門における全体効率としての全要素生産性としては、この期間▲0.2%とわずかながらもマイナスである（第4章付表の表4.4）。

19)　表2.4のように、E_pやE_fによる寄与度ではそれぞれ1.28ポイントと1.35ポイントと相対的に小さいように、品質調整済みのエネルギー投入（E）としての家計部門の寄与度の拡大は、家計における高いエネルギー単価を反映したものである。1965年に家計部門は、エネルギー消費量では一国全体の13.5%であるが（表2.1）、エネルギーコストでは22.5%を占めている（表2.2）。

20)　内閣府「消費動向調査」によれば、白黒テレビ、洗濯機、冷蔵庫の普及率が60%に達したのはそれぞれ1961年、1963年、1966年であり、カラーテレビ、エアコン、乗用車では1972年、1989年、1982年である。また1973年では、白黒テレビ、洗濯機、冷蔵庫の普及率はそれぞれ65.4%（1968年には96.4%に達し、すでに縮小）、97.5%、94.7%であり、カラーテレビ、エアコン、乗用車は75.8%、12.9%、36.7%である。

ながらも、産業構造要因を考慮すると、真の EPI は第 I 期（年率 1.5％）か
ら減速したと評価されるのである。オイルショック後のエネルギー価格の上
昇に呼応した、いわば「意図した EPI」は、高度成長期において原油価格が
安定していたもとでの「借りた技術」の導入による「意図せざる EPI」を下
回るのである[21]。

　この期間、品質調整済みのエネルギー消費量（E）の成長率でも、第 I 期
の年率 11.5％から年率 2.5％へと大きく減速した。図 2.9 左図にみるように、
一国経済のエネルギー消費拡大におけるエネルギー多消費型産業の寄与は小
さいかマイナスとなり、最大の増加要因（寄与度では 1.22 ポイント）は
47. 家計部門による。新・三種の神器のうちエアコンや乗用車の本格的な普
及は、この第 II 期におこなわれている。家計部門でも年率 1.4％の EPI が見
いだされるが、ライフスタイルの変化によるエネルギー消費拡大のすべてを
相殺するには力不足であり、家計のエネルギー消費は年率 4.6％で増加した
（表 2.9）。

　第 II 期では、47 部門のうち半分以上の産業でエネルギー生産性が改善す
るが、最大の寄与は 12. 化学製品製造業である。同産業における調整済み
EPI（τ_r）は年率 3.1％（寄与度では 0.39 ポイント）であり、一国集計値（年率
1.2％改善）に対してその 3 割ほどを説明する。第 I 期から第 II 期にかけて、
18. 鉄鋼業の EPI は年平均 4.0％から 1.2％へ、17. 窯業土石製品製造業では
4.7％から 0.6％へ、10. 紙パルプ製品製造業では 2.3％から 1.4％へと、大規
模な省エネ技術の導入を高度経済成長期にすでに終え、エネルギー生産性の
改善スピードは第 II 期に大きく減速している。しかし 12. 化学製品製造業で
は、第 I 期の年率 3.8％改善からの減速幅はわずかなものに留まっている。

　化学業の生産する製品は多種多様であり、また結合生産物も多いことから、
個別製品のエネルギー原単位評価は困難であるが、代表的な基礎製品におい
ては技術情報に基づいた測定がおこなわれている。澤田（1998）によるエチ
レン、低密度ポリエチレン（LDPE）、ポリプロピレン（PP）、か性ソーダの
4 つの代表的な化学製品のエネルギー原単位の推移を示したものが図 2.10

---

21)　第 4 章 4.3.1 節では真の EPI の要因分解により、両者の効果を識別している。

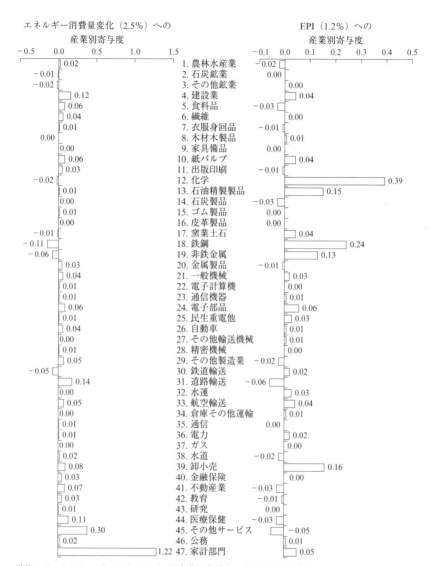

エネルギー消費量変化（2.5%）への 産業別寄与度		EPI（1.2%）への 産業別寄与度

エネルギー消費量変化（2.5%）への　産業別寄与度
-0.5　0.0　0.5　1.0　1.5

EPI（1.2%）への　産業別寄与度
-0.1　0.0　0.1　0.2　0.3　0.4　0.5

	左：エネルギー消費量	産業	右：EPI
	0.02	1. 農林水産業	-0.02
	-0.01	2. 石炭鉱業	0.00
	-0.02	3. その他鉱業	0.00
	0.12	4. 建設業	0.04
	0.06	5. 食料品	-0.03
	0.04	6. 繊維	0.00
	0.01	7. 衣服身回品	-0.01
	0.00	8. 木材木製品	0.01
	0.00	9. 家具備品	0.00
	0.06	10. 紙パルプ	0.04
	0.03	11. 出版印刷	-0.01
	-0.02	12. 化学	0.39
	0.01	13. 石油精製製品	0.15
	0.00	14. 石炭製品	-0.03
	0.01	15. ゴム製品	0.00
	0.00	16. 皮革製品	0.00
	-0.01	17. 窯業土石	0.04
	-0.11	18. 鉄鋼	0.24
	-0.06	19. 非鉄金属	0.13
	0.03	20. 金属製品	-0.01
	0.04	21. 一般機械	0.03
	0.01	22. 電子計算機	0.00
	0.01	23. 通信機器	0.01
	0.06	24. 電子部品	0.06
	0.01	25. 民生重電他	0.03
	0.04	26. 自動車	0.01
	0.00	27. その他輸送機械	0.01
	0.01	28. 精密機械	0.00
	0.05	29. その他製造業	-0.02
	-0.05	30. 鉄道輸送	0.02
	0.14	31. 道路輸送	-0.06
	0.00	32. 水運	0.03
	0.05	33. 航空輸送	0.04
	0.00	34. 倉庫その他運輸	0.01
	0.01	35. 通信	0.00
	0.01	36. 電力	0.02
	0.00	37. ガス	0.00
	0.02	38. 水道	-0.02
	0.08	39. 卸小売	0.16
	0.03	40. 金融保険	0.00
	0.07	41. 不動産業	-0.03
	0.03	42. 教育	-0.01
	0.01	43. 研究	0.00
	0.11	44. 医療保健	-0.03
	0.30	45. その他サービス	-0.05
	0.02	46. 公務	0.01
	1.22	47. 家計部門	0.05

単位：パーセンテージ・ポイント（一国全体の集計量への部門別寄与度）。

注：エネルギー消費（E）は(2.7)式、調整済み EPI（τ_*）は(2.19)式に基づく。

図2.9　エネルギー消費および EPI の産業起因（第Ⅱ期：1973-90 年）

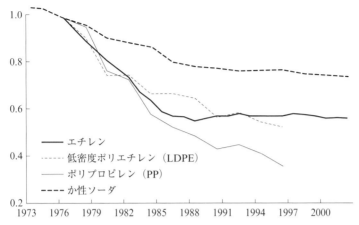

単位：1976 年 =1.0 とした指数（1973-2002 年）。
出典：1976-96 年は澤田（1998）、それ以外の年次は、日本化学工業協会「化学業界
　　　の「低炭素社会実行計画」への取り組み」（2012 年 8 月 22 日）より作成。

図2.10　化学製品製造におけるエネルギー原単位

である（資料の制約から開始年次と終了年次が異なるものの、すべて 1976 年値を
1.0 として基準化している）。

　エチレン生産のエネルギー原単位では、1976 年の 10.4 百万 kcal/t から
1986 年の 6.0 百万 kcal/t までほぼ直線的に改善し、10 年間の年平均改善率
では 5.5％にも上る[22]。しかしその後急速に改善の余地を失い、1980 年代半
ば以降からは横ばいを続けている。1976-86 年では、LDPE と PP でもそれ
ぞれ年率 4.0％および 6.4％、か性ソーダではそれを下回るものの年率 2.1％
のエネルギー原単位の改善である。工学的なアプローチによるこうした測定
は代表的な基礎化学製品に限られるが、そのエネルギー原単位の推移は第Ⅱ
期の EPI（図 2.9）ともほぼ整合する。

　第Ⅱ期において、健全な EPI が持続した化学製品製造業と、大きく EPI
が減速した鉄鋼業や窯業土石製造業との比較によれば、エネルギー価格の上

22）　澤田（1998）では、原単位改善へと寄与した対策技術として、高効率圧縮機の採用、
　　反応器出口の熱回収強化、分解炉の改造（高オレフィン収率型の採用）、ガスタービン
　　によるコジェネレーション、コンピュータ制御による最適化、蒸留プロセスの効率化
　　（多段蒸留、インテグレート化）を指摘している。

昇に直面しようとも、省エネの進行は安価に利用可能な技術の存在に大きく
制約されることを示唆している。鉄鋼業や窯業土石製造業などでは、エネル
ギー生産性を高めるための限界的な費用はこの期間にはすでに逓増してきた
と考えられる。

19. 非鉄金属製品製造業は、第Ⅰ期から第Ⅱ期にかけて EPI が年平均 0.9%
（寄与度にして 0.04 ポイント）から 5.2%（0.13 ポイント）へと大きく改善した
例外的な産業である。しかしこうした改善は、ここでの EPI 指標が 47 の産
業部門を最小単位として生産構成変化を捉えていることの限界でもある。日
本のアルミニウム製錬業は 1977 年のピーク時に 119 万トンの地金を生産し
たものの、二度のオイルショックを経た電力価格の高騰によって、1980 年
代に入って縮小を始め、1983 年には 1980 年水準の 3 分の 1 へ、そして 1980
年代後半には完全撤退へと追い込まれている。産業生産は輸入地金による圧
延工程などのみに切り替わるなかで、産業内における製品構成変化による影
響は、ここでの EPI（τ_s）の測定値に含まれており、真の EPI を過大に評価
する。

　また第Ⅱ期においては、1951 年に施行された熱管理法が全面的に改正さ
れ、1979 年 10 月に省エネ法（エネルギーの使用の合理化等に関する法律）が
施行されている。対象は工場のみから建設物と機械器具にまで拡張され、フ
ァイナンスや租税優遇措置を含む総合的な法律とされた。努力事項として細
かな「判断基準」を設定し、それが業種横断的に省エネを推進するためのガ
イドラインとして位置づけられている。しかしこの時期の省エネ法では、判
断基準はあくまで努力目標としての指標であり、報告徴収もほとんどおこな
われていない（杉山・野田・木村 2010）。第Ⅱ期の後半期（1980 年代）でも省
エネ法による EPI への影響は軽微であった。

2.4.4　第Ⅲ期（1990-2008 年）

　第Ⅲ期（1990-2008 年）には日本経済の成長率は大きく減速する。第Ⅱ期
の経済成長率（年平均 4.3%）に対して、この期間では年率 1.2% に留まった
（表 2.10）。経済成長率の低迷に伴い、グロスの EPI もまた年率 2.7% から年
率 0.7% へと大きく減速している（図 2.7）。エネルギー品質や産業構造の変

化による影響も縮小するが、産業構造変化はグロス EPI の4分の3を説明する要因となっている。第Ⅱ期に続き、第Ⅲ期にも相対的にエネルギー多消費型産業が縮小しており、そうした産業構造を統御したうえでの EPI（τ_*）は年率 0.1％とごくわずかな水準にまで低下する[23]。

　第Ⅲ期の後半期（2000–08年）は、エネルギー価格が相対的に上昇した局面にある。2000年代に入り原油価格は上昇を開始し、そのピークとなる2008年には1990年代後半に比して6倍ほどに上昇した。賃金率や一般物価におけるデフレ傾向のなかで、実質エネルギー価格の上昇としては、むしろ（二度のオイルショックを含む）第Ⅱ期を上回るものである[24]。そうした実質的なエネルギー価格の上昇に直面しようともこの期間の EPI がわずかに留まったことは、広範な産業において安価に利用可能な省エネ技術が減少してきており、エネルギー生産性を高めるための限界費用が逓増していることを示唆する。また民間企業が過剰資産を抱え投資を控えるような低成長の環境下では、資本に体化された省エネ技術の自律的な導入も進みづらい。12. 化学製品製造業における EPI は、第Ⅱ期の年平均 3.1％から第Ⅲ期には 0.8％へと大きく減速した。それは図 2.10 にみたように、代表的な化学製品におけるエネルギー原単位の改善も 1990 年代に入り大きく減速したことと整合している。

　第Ⅲ期では省エネ法が改正された。1993年改正では遵守すべき「基準部分」と努力目標としての「目標部分」に整理され、1998年改正では「基準部分」の遵守状況調査を通じた遵守担保措置が取られている。杉山・野田・木村（2010）はインタビュー調査などにより、優れたエネルギー管理をおこなっている企業では、この時期には省エネ法の規制内容を上回る対策がすでに実施済みであり、省エネ法改正の影響はほとんどなかったと指摘する。その一方、改正省エネ法による指定を契機として、熱分野など新たな対策を開始した企業、あるいは実際に対策を推進できなかった企業もあったとしている。産業レベルでの測定（図 2.11）からみれば、省エネ法改正による製造業

---

23)　英独などでは2000年頃よりグロス EPI の加速が見いだされるが、産業構造を統御して細分化することによる調整済み EPI への影響は本章補論 C を参照されたい。

24)　エネルギー投入を軸とした相対価格変化については第3章で考察される。

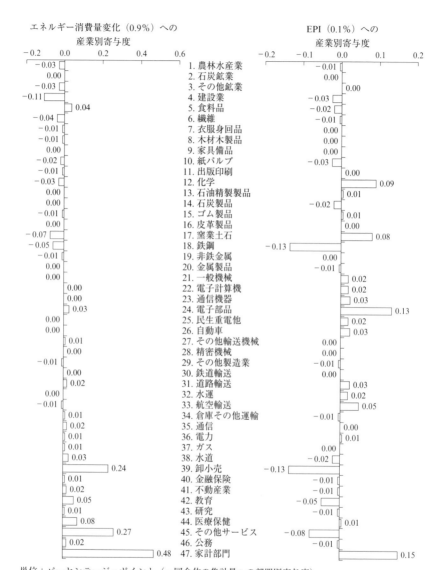

エネルギー消費量変化（0.9%）への
産業別寄与度

EPI（0.1%）への
産業別寄与度

	エネルギー消費	EPI
1. 農林水産業	−0.03	−0.01
2. 石炭鉱業	0.00	0.00
3. その他鉱業	−0.03	0.00
4. 建設業	−0.11	−0.03
5. 食料品	0.04	−0.02
6. 繊維	−0.04	−0.01
7. 衣服身回品	−0.01	0.00
8. 木材木製品	−0.01	0.00
9. 家具備品	0.00	0.00
10. 紙パルプ	−0.02	−0.03
11. 出版印刷	−0.01	0.00
12. 化学	−0.03	0.09
13. 石油精製製品	0.00	0.01
14. 石炭製品	0.00	−0.02
15. ゴム製品	−0.01	0.01
16. 皮革製品	0.00	0.00
17. 窯業土石	−0.07	0.08
18. 鉄鋼	−0.05	−0.13
19. 非鉄金属	−0.01	0.00
20. 金属製品	0.00	−0.01
21. 一般機械	0.00	0.02
22. 電子計算機	0.00	0.02
23. 通信機器	0.00	0.03
24. 電子部品	0.03	0.13
25. 民生重電他	0.00	0.02
26. 自動車	0.00	0.03
27. その他輸送機械	0.01	0.00
28. 精密機械	0.00	0.00
29. その他製造業	−0.01	−0.01
30. 鉄道輸送	0.00	0.00
31. 道路輸送	0.02	0.03
32. 水運	0.00	0.02
33. 航空輸送	−0.01	0.05
34. 倉庫その他運輸	0.01	−0.01
35. 通信	0.02	0.00
36. 電力	0.01	0.01
37. ガス	0.01	0.00
38. 水道	0.03	−0.02
39. 卸小売	0.24	−0.13
40. 金融保険	0.01	−0.01
41. 不動産業	0.02	−0.01
42. 教育	0.05	−0.05
43. 研究	0.01	−0.01
44. 医療保健	0.08	0.01
45. その他サービス	0.27	−0.08
46. 公務	0.02	−0.01
47. 家計部門	0.48	0.15

単位：パーセンテージ・ポイント（一国全体の集計量への部門別寄与度）。

注：エネルギー消費（E）は(2.7)式、調整済み EPI（τ_*）は(2.19)式に基づく。

図2.11　エネルギー消費および EPI の産業起因（第Ⅲ期：1990-2008 年）

への影響をこの時期に見出すことは困難である。

　図 2.11 の左図にみるように、エネルギー多消費型産業の多くは（マイナスの産出量変化により）この期間ではむしろエネルギー消費の減少要因となった。増加する部門は、47. 家計部門、45. その他サービス業、39. 卸小売業、44. 医療保健、42. 教育などに限定される。サービス部門におけるエネルギー消費の拡大傾向は顕著である。一国全体のエネルギー消費量の拡大（年率 0.9%）のうち 0.7 ポイントは、運輸や公務を除くサービス業による寄与である（表 2.6）。

　図 2.11 の右図におけるエネルギー生産性の変化では、製造業における最大の寄与度は 0.13 ポイント（年平均成長率で 10.6%）となる 24. 電子部品製造業である。この期間における情報通信分野の技術革新は（品質変化を統御した）産出量を急速に拡大させ[25]、エネルギー消費の拡大を十分に吸収しながら、エネルギー生産性を改善させている。

　第Ⅲ期における一国全体の EPI への最大の寄与は家計部門（寄与度で 0.15 ポイント）による。1998 年の省エネ法の改正によって、トップランナー制度が導入されている[26]。しかし家計部門の EPI は年率 0.7% であり、第Ⅱ期の 0.6% からはわずかな改善に留まり、マクロ的な効果は小さい。

2.4.5　第Ⅳ期（2008-16 年）

　第Ⅳ期（2008-16 年）では、品質調整したエネルギー消費量（E）は 44. 医療保健や 42. 教育業などを除くほとんどの部門で減少し（図 2.12）、一国全体では年平均マイナス 1.0% とはじめて減少する。同期間、グロスの EPI は年率 1.5% にまで回復した（図 2.7）。高い EPI は、（第Ⅱ期および第Ⅲ期のような）相対的にエネルギー多消費型産業を縮小させた成長パターンによって実現したものではない。むしろ第Ⅳ期には、産業構造要因は第Ⅱ期・第Ⅲ期から大きく減少し、ほぼゼロである。

---

25)　半導体や情報通信機器などにおける品質の改善は、経済統計においては（品質を統御した）「数量」（quality-adjusted quantity）の拡大として、また（品質を統御した）「価格」（quality-adjusted price）の下落として測定されている。

26)　第 1 章 1.2 節の脚注 17 を参照。

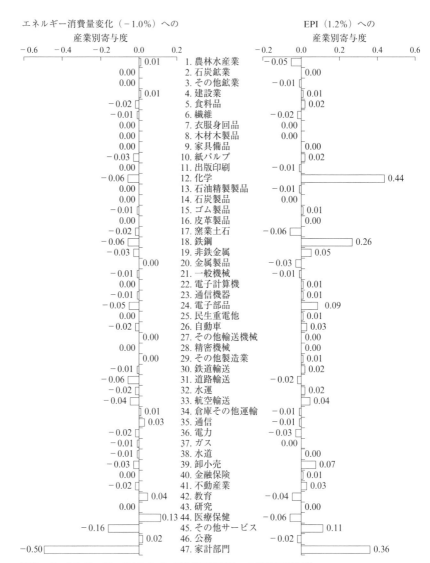

エネルギー消費量変化（−1.0%）への
産業別寄与度

EPI（1.2%）への
産業別寄与度

産業	エネルギー消費量変化寄与度	EPI寄与度
1. 農林水産業	0.01	−0.05
2. 石炭鉱業	0.00	0.00
3. その他鉱業	0.00	−0.01
4. 建設業	0.01	0.01
5. 食料品	−0.02	0.02
6. 繊維	−0.01	−0.02
7. 衣服身回品	0.00	0.00
8. 木材木製品	0.00	0.00
9. 家具備品	0.00	0.00
10. 紙パルプ	−0.03	0.02
11. 出版印刷	0.00	−0.01
12. 化学	−0.06	0.44
13. 石油精製製品	0.00	−0.01
14. 石炭製品	0.00	0.00
15. ゴム製品	−0.01	0.01
16. 皮革製品	0.00	0.00
17. 窯業土石	−0.02	−0.06
18. 鉄鋼	−0.06	0.26
19. 非鉄金属	−0.03	0.05
20. 金属製品	0.00	−0.03
21. 一般機械	−0.01	−0.01
22. 電子計算機	0.00	0.01
23. 通信機器	−0.01	0.01
24. 電子部品	−0.05	0.09
25. 民生重電他	0.00	0.01
26. 自動車	−0.02	0.03
27. その他輸送機械	0.00	0.00
28. 精密機械	0.00	0.00
29. その他製造業	0.00	0.01
30. 鉄道輸送	−0.01	0.02
31. 道路輸送	−0.06	−0.02
32. 水運	−0.02	0.02
33. 航空輸送	−0.04	0.04
34. 倉庫その他運輸	0.01	−0.01
35. 通信	0.03	−0.01
36. 電力	−0.02	−0.03
37. ガス	−0.01	0.00
38. 水道	−0.01	0.00
39. 卸小売	−0.03	0.07
40. 金融保険	0.00	0.01
41. 不動産業	−0.02	0.03
42. 教育	0.04	−0.04
43. 研究	0.00	0.00
44. 医療保健	0.13	−0.06
45. その他サービス	−0.16	0.11
46. 公務	0.02	−0.02
47. 家計部門	−0.50	0.36

単位：パーセンテージ・ポイント（一国全体の集計量への部門別寄与度）。

注：エネルギー消費（E）は(2.7)式、調整済み EPI（τ_r）は(2.19)式に基づく。

図2.12　エネルギー消費および EPI の産業起因（第Ⅳ期：2008-16年）

　一国集計レベルにおける品質調整済み EPI（τ_*）でも、第Ⅳ期は年率 1.2％となり、オイルショック後の第Ⅱ期に接近するまでの改善となった。そこで大きな貢献をした部門もまた 12. 化学業や 18. 鉄鋼業などのエネルギー多消費的な産業であり、両部門で合わせて一国全体の EPI の 6 割、非家計部門の 8 割近くを説明する（図 2.12 の右図）。一国の改善に対する大きな寄与を示すもうひとつの部門は、家計部門（寄与率にして 36％）である。この期間、世帯所得が低迷し、耐久消費財サービスの拡大も鈍化するなかで、東日本大震災による節電・省エネへの努力要請は EPI を促したものと評価される[27]。化学業や鉄鋼業では、第Ⅰ期から第Ⅲ期までさまざまな省エネ技術の導入が飽和し、EPI が逓減してきたと捉えられるのに対して、第Ⅳ期における回復をどう理解できるだろうか。

　化学業における EPI は、第Ⅰ期には年率 3.8％、第Ⅱ期 3.1％、そして第Ⅲ期には 0.8％と逓減したものの、第Ⅳ期には再び 3.6％と大きく改善している。澤田（1998）は、エチレンでは 1990 年代後半においても「極限に近い段階まで省エネルギー化が進んでいる」と評価しており、1980 年代半ば以降では技術的なエネルギー原単位の改善も見いだせない（図 2.10）。省エネの進行したひとつの要因は、米国のシェールガス由来の安価な汎用化学品が日本へと流入することを意識して、2014 年頃からエチレン事業の再編が進んでいることである。それは産業としての稼働率の改善には寄与するものの、この期間に観察される年率 3.6％もの高い EPI を説明する要因ではない。

　化学製品製造業の内部における製品構成の変化を考察しよう。図 2.13 は、産業連関表で定義されている 27 の化学製品ごとに細分化した分析として、横軸にベンチマーク年（2011 年）におけるエネルギー生産性水準（エネルギー消費量あたりの付加価値額）の自然対数値、縦軸には第Ⅳ期における各製品の実質粗生産額の年平均成長率をとっている。また各バブルの大きさは 2011 年における付加価値の大きさを示す（各製品の名称における括弧内には、2011 年における各製品の付加価値シェアとエネルギー消費シェアを示している）。

27）　ここでの家計部門における EPI には、家計による自家用車利用の抑制や冷暖房する住環境エリアの縮小など、エネルギー・サービス自体を抑制する行動変化も含まれている（2.2.1 節の脚注 9）。

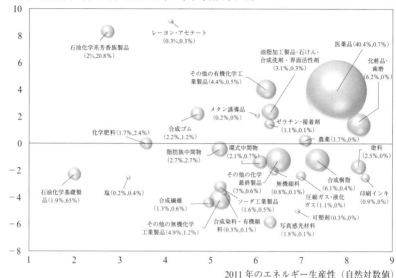

国内生産変化率（第IV期：2008-16 年の年平均成長率、%）

2011 年のエネルギー生産性（自然対数値）

出典：「2011 年産業連関表」（総務省）および「物量表（付帯表）」、「国民経済計算」（内閣府経済社会総合研究所）、「工業統計」（経済産業省）、「国内企業物価指数」（日本銀行）などより作成。

注：図中におけるバブルの大きさは各製品製造における 2011 年における付加価値であり、製品名称の括弧内は同年の（付加価値シェア、エネルギー消費シェア）を示している。

図 2.13　化学製品のエネルギー生産性と生産量変化（第IV期：2008-16 年）

2011 年の 12. 化学製品製造業における最大の付加価値シェアとなる部門は医薬品であり、化学全体の粗付加価値総額の 40.4％を占めている。他方、エネルギー消費の視点からみれば、石油化学基礎製品が化学業全体の 65.0％を占める。対照的に、医薬品のエネルギー消費シェアはわずか 0.7％であり、石油化学基礎製品の付加価値シェアは 1.9％に過ぎない。こうした際立った対照は、化学業全体としてのエネルギー生産性の変化率に対して大きな影響を与える源泉となっている。

　第IV期における、粗生産額の年平均実質成長率では、医薬品と石油化学基礎製品ではそれぞれプラス 3.9％とマイナス 2.3％である。エネルギー消費シェアの 3 分の 2 を占める石油化学基礎製品がマイナス成長となり、付加価値シェア最大の医薬品がプラス成長となることで、化学業全体としてのエネ

国内生産変化率（第IV期：2008-16年の年平均成長率、％）

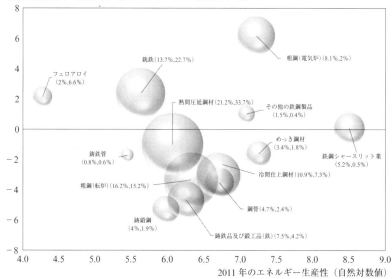

出典：図2.13と同様。

図2.14　鉄鋼製品のエネルギー生産性と生産量変化（第IV期：2008-16年）

ルギー生産性指標では見かけ上の改善を生じさせている。図2.13の計数に基づき簡易的な試算をおこなえば、化学業におけるエネルギー生産性の成長率3.6％のうちの2.6ポイントは、こうした化学製品の構成変化によって説明される。そのもとでは、化学業としての調整されたEPIは年率1.0％にまで低下し、同産業による一国経済のEPIへの寄与度（0.44ポイント）も0.12ポイントへと縮小する。

　鉄鋼業のEPIの年平均成長率は、第I期4.0％、第II期1.2％、そして第III期にはマイナス1.2％と減速したが、第IV期には再び2.4％へと回復した。それは第IV期における一国全体のEPI（1.2％）の21％を説明する。化学製品における図2.13と同様に、鉄鋼業における13の製品レベルでエネルギー生産性水準および産出量の成長率を比較したものが図2.14である。

　日本の産業連関表では投入産出関係を明示的に描写するため、銑鉄など必ずしも最終製品とはならない中間財に関しても投入産出構造が分離して計上されており、仮想的ながら付加価値も推計されている。2011年において銑

鉄は鉄鋼業の付加価値全体の13.7％を占め、その工程におけるエネルギー消費シェアは22.7％である。同年における最大の付加価値シェアは21.2％を占める熱間圧延鋼材であるが、エネルギー消費シェアでも33.7％と多消費的である。化学製品製造業とは異なり、鉄鋼業ではその製品レベルでの付加価値とエネルギー消費シェアに著しい乖離はなく、またエネルギー多消費的な製品が相対的に低成長となる傾向もこの期間には見いだされない。低炭素社会実行計画の実績報告（日本鉄鋼連盟 2018）によれば、2005年度から2016年度にかけての鉄鋼業内における生産構成の変化を考慮すれば、むしろエネルギー多消費的な財の生産が相対的に拡大する方向へと変化している[28]。

　鉄鋼業における高いEPIは、エネルギー生産性の分子を粗生産ではなく実質付加価値とする、本書でのアウトプットの定義（2.2.2節）にも依存している。第Ⅳ期における鉄鋼業の産出量（実質付加価値）の成長率（表2.11での年率1.2％）に対し、実質粗生産の成長率では▲2.0％である。エネルギー消費量の変化は▲1.2％であるから、粗生産ベースでみれば、鉄鋼業のエネルギー生産性はむしろ年率▲0.8％で悪化したと評価される。当該期間における名目値では、鉄鋼業の粗生産額は年率▲4.9％、付加価値額でも▲0.7％であり、ともに減少している。本書の（実質付加価値による）産出量におけるプラス成長は、粗生産量よりも中間投入量がより大きく減少したことによる。それは、対事業所サービスなどを含めた中間投入全体による生産性が改善したことを示唆する[29]。2012年10月に経営統合した新日鐵住金（2019年4月より日本製鉄）など、国内重複部門の統廃合による合理化の実現は、実質付加価値の拡大によりエネルギー生産性を改善させてきたと解される。し

---

28)　日本鉄鋼連盟（2018）では、コークス炉の耐火煉瓦の劣化（東日本大震災による影響と考えられる）によるエネルギー生産性の悪化が指摘されている。本書での産業分類ではコークス炉は14.石炭製品製造業に格付けされており、18.鉄鋼業ではその影響を含んでいない。

29)　第Ⅳ期において、鉄鋼業では粗産出量成長率の▲2.0％に対し、集計中間投入量では▲3.2％であり、中間投入全体による生産性では年率1.2％の改善となっている。なお資本と労働投入量の変化を考慮した全要素生産性としては、年率0.8％の改善を示している（第4章付表の表4.11）。

かしそれは一時的な要因であり、高い EPI を将来に持続させることは難し
いだろう。

　サービス業においても、45. その他サービス業、33. 航空輸送業、39. 卸小
売業は一国レベルの EPI を 0.04-0.11 ポイント改善させる要因となっている
（図 2.14 の右図）。日本政府観光局によれば、訪日外国人旅行者数では 2008
年の 835 万人から 2011 年には 622 万人へと減少したが、2013 年には 1036
万人、2016 年には 2404 万人にまで大きく拡大した。それは旅行業や飲食宿
泊業（ここでは 45. その他サービス業に含まれる）や航空輸送業における稼働
率の改善となり、エネルギー生産性を改善させている。こうした産業の EPI
は景気変動に大きく依存しており、景気後退期にはエネルギー生産性の大幅
な悪化を導く。

　39. 卸小売業では年率 1.3％の EPI となり、一国全体の EPI の 6％を説明
する。2010 年 4 月には省エネ法が改正された。改正省エネ法では、「業務そ
の他部門（サービス業・店舗・病院など）」における適用対象範囲が拡大され、
企業全体での取り組みを促すものとなっている。従来は年 1500kl（原油換
算）以上消費する工場・事業場単位を対象としていたが、それは事業者単位
へと変更され、個々の工場や支店などが対象とならずとも事業者の合計値と
して、またフランチャイズチェーンを運営する企業では加盟店も含めた合計
値として、省エネ法の適用を受けることとなった。

　この期間、流通部門においては照明用電力消費などを中心として順調に省
エネが進行してきたと考えられるが[30]、市場の構造変化も見いだされる。経
済産業省（2017）によれば、日本国内の消費者向け電子商取引（BtoC-EC）
の市場規模は 2010 年の 7.8 兆円（うち物販系分野での EC 化率は 2.84％）から
2016 年には 15.1 兆円（5.43％）へと拡大している[31]。こうした電子商取引の
拡大は、一般にエネルギー生産性を改善させるとも考えられるが、その過渡

---

30)　低炭素社会実行計画では流通部門の多くがエネルギー原単位を目標指標とするが、
　　その進捗報告によれば、2020 年・2030 年目標は 2015 年にはすでに達成されている。
31)　資料の制約により開始年次は異なるが、経済産業省（2017）によれば BtoB-EC での
　　市場規模でも、狭義に捉えても 2012 年の 178 兆円（EC 化率では 17.5％）から 2016 年
　　には 202 兆円（19.2％）へと拡大している。

期にある現在では影響は軽微である。とくに小売業では電子商取引にシェア
を奪われようとも、リアルな店舗におけるエネルギー消費量は営業時間など
に応じて減少させることが難しく、むしろ過渡的には、小売業としての重複
投資によりエネルギー生産性を悪化させる可能性も大きい。

2.4.6 将来見通し

簡易な試算ではあるが、第Ⅳ期（2008-16年）に観察された産業別エネル
ギー生産性の寄与度を基準として、2030年に向けたEPIのベースラインと
しての予測をおこなう。第Ⅳ期のEPIにもっとも寄与した12. 化学業では、
上述のように化学製品構成変化を統御することによって、一国全体のEPI
は0.32ポイント縮小（図2.7では、その縮小分だけ産業構造要因が拡大）する
と評価される。18. 鉄鋼業では、この期間の経営統合などによる合理化の影
響が一時的であるとすれば、中間投入の縮小を持続させることは困難であろ
う。鉄鋼業における中間投入全体の生産性では、この期間における改善（脚
注29における年率1.2％）に対して、第Ⅲ期においては▲0.7％の悪化である。
その差分を合理化による効果とみれば、それを取り除いたもとでは鉄鋼業の
エネルギー生産性の改善はわずかなものとなる。他方、将来には高機能鋼材
のさらなるシェア拡大も見込まれ、鉄鋼業におけるEPIのベースライン推
計値としてはゼロ成長と想定する。

第Ⅳ期において寄与度が大きいもうひとつの部門は、47. 家計部門である。
年率1.5％のEPI、そして一国集計レベルのEPIへの0.36ポイントの寄与度
は、東日本大震災後の節電・省エネ努力を反映したものと捉えられるが、将
来的なその持続可能性には疑問が残る。簡易に第Ⅲ期の寄与度（0.15ポイン
ト）をベースラインとすれば、縮小幅は0.21ポイントとなる。この3部門
を合わせて0.79ポイントの縮小となり、第Ⅳ期における年率1.2％のEPIか
ら導かれる、将来のベースライン推計値は年率0.46％ほどとなる。

また低炭素社会実行計画・改正省エネ法などが、それ以前にあまり省エネ
対策を意識していなかった事業者などに対して効果があったとしても、今後
は省エネのための費用は逓増していくことが予想される。LED電球の利用
といった照明における省エネが一巡すれば、EPIは急速に減速する可能性も

ある。他方、電子商取引の拡大や将来の技術革新による不確実性も大きい。第Ⅳ期に観測される航空輸送業、卸小売業、その他サービス業、建設業の 4 部門での EPI 寄与度の合計は 0.23 ポイントであり、それは第Ⅰ期▲ 0.22、第Ⅱ期 0.19、第Ⅲ期には▲ 0.19 と、上下に 0.2 ポイントほどの変動幅を持っている。それを需要要因による変動幅として想定する。第Ⅳ期は景気回復局面にあることから、0.46％より少し低下させた年率 0.4％ほどをベースライン推計値としよう。そのもとで景気変動に伴う変動幅を考慮して、調整済み EPI（τ_*）のベースライン推計値は年率 0.2–0.6％と評価される。

　そのうえでグロスの EPI 見通しには、構造変化要因を考慮しなければならない。再エネの推進に伴う発電および需給調整や系統増強のためのコスト拡大を受けた電力価格上昇を考慮すれば、第Ⅳ期のエネルギー高度化指数の改善（年率 0.4％）は半減ほどへの減少を余儀なくされるだろう。エネルギー転換要因はマイナス 0.1％が継続し、産業構造要因によっては年率 0.2 ポイントほどを想定すれば、調整済み EPI（τ_*）としてのベースライン推計値（年率 0.2–0.6％）に対して、一国集計レベルでのグロス EPI（τ）のベースライン推計値は年率 0.5–0.9％ほどとなる。

　その中央値となる予測値（0.7％）は、2.4.1 節に示した図 2.7 において過去の実績と比較されている。2030 年に向けたパリ協定時における政府目標（年率 2.4％ほど）に対し、ここでの楽観的な予測値（0.9％）でもその半分に達しない。将来に向けても持続的な EPI は予測されるが、政策ははるかに野心的な目標をターゲットとしている。2021 年 4 月、米国バイデン大統領が開催した「気候変動に関する首脳会談（サミット）」において、菅義偉首相はパリ協定における 2030 年度の削減目標を 2013 年度比▲ 26％から▲ 46％まで大幅に上積みし、省エネ目標においてもさらなる深掘りを目指すとした。技術的な裏付けなしに省エネに対する規制的な性格を強めれば、両者の歪みは生産拠点のさらなる海外移転によって補われるだろう。むろん、それは真のエネルギー生産性の改善ではなく、見かけ上の改善に過ぎない。

2.5 　本章の結び

　戦後の日本経済が持続的に実現してきたエネルギー生産性改善の経験から
何を学ぶことができるだろうか。こうした問いへと接近するため、マクロ的
に観察されるエネルギー生産性改善（EPI）のグロス指標（第1章）から、本
章ではエネルギー品質と産業構造における変化を統御した調整済みの EPI
指標を構築してきた。その測定結果によれば、次のことが導かれる。

　第一に、日本経済における持続的な EPI の実現においても、調整済みの
真の EPI 指標によれば、その改善スピードは長期的に大きく逓減してきた
と言える。マクロレベルでの見かけ上のグロス EPI の黄金期は二度のオイ
ルショックを含む第Ⅱ期（1973-90年）にみられるが、エネルギー品質や産
業構造における変化を統御すれば、真の EPI としては年率1.5％を記録する
第Ⅰ期（1955-73年）がもっとも高く、第Ⅱ期には年率1.2％、そして第Ⅲ期
（1990-2008年）には年率0.1％へと大きく減速している。

　オイルショック後には、資本／労働サービス投入の価格よりもエネルギー
投入価格の上昇のほうが上回っている[32]。そうして実質エネルギー価格の上
昇によって誘導された第Ⅱ期の「意図した EPI」は、原油価格が安定してい
た高度成長期の生産拡張を目的とした投資による「借りた技術」の導入がも
たらした第Ⅰ期の「意図せざる EPI」の効果を下回るのである。安価になっ
た省エネ技術は、生産拡張や更新投資などの機会に、意図せずとも資本に織
り込まれていく。

　また第Ⅲ期には、気候変動問題への意識の高まりにより、省エネ法の改正
によるトップランナー制度の導入といった政策強化や、経団連による環境自
主行動計画などの企業努力がおこなわれた。しかし、一国経済としての EPI
はわずかなものに留まっている。省エネの実現は、コスト合理的に利用可能

---

[32]　第3章ではエネルギーを軸とした相対価格の変化を分析する。オイルショック後の
　　実質エネルギー価格の上昇は、1973-95年では資本投入価格に対するエネルギー価格の
　　上昇により、1995年以降では労働投入価格に対するエネルギー価格の上昇によって加
　　速していることが見いだされる（3.4.2節の図3.7）。

な技術の存在が前提となる。1950 年代からの半世紀における EPI の減速は、利用できる技術が限定的となり、省エネのための限界的な費用の逓増を示唆している。安価である技術導入が一巡すれば、その限界費用は不連続に高まり、EPI のスピードは急速に減速しうる。

第二に、戦後の日本経済において、マクロレベルでは長期にわたり持続的な EPI が観察されるものの、その産業起因は期間ごとに大きく変化している。生産プロセスの異なる産業では、利用可能な技術に依存して省エネ技術導入のタイミングもまた異なる。個別産業を 10 年ほどの期間でみれば、ある一時期に EPI が盛り上がろうとも、次の 10 年には大きくブレーキがかかるなど、省エネ技術の存在量をポテンシャルとして、それを織り込んでいくプロセスとして理解される。

このことは、省エネ政策の貢献としてみなされている成果は、いずれ時間をかけて経済に織り込まれるはずであった技術が「前倒し」して導入されるに過ぎない可能性を示唆している[33]。省エネ技術における将来のさらなる革新やコスト低下の可能性を考慮すれば、前倒しの効果はときにマイナスとなる懸念も大きい[34]。

---

[33] トップランナー制度の評価として資源エネルギー庁（2015）では、制度導入から 10 年ほどが経過し多くの機器が目標年度を迎えるなかで、乗用自動車での改善の実績は 48.8％（当初見込み 22.8％）、冷蔵庫では 43.0％（同 21.0％）、電子計算機では 85.0％（同 77.9％）など、当初見込み以上の成果が出ていると評価している。ただし、これは制度なくしても導入されたであろう「前倒し」や「成りゆき」の影響を含んでいる。また市場全体がトップランナー近くまで到達すると、制度の効果は出にくいことも指摘される（Kimura 2013）。政策の効率性は急速に失われていく。

[34] ひとつの事例としては 2009 年 5 月、世界金融危機による経済危機対策と合わせて省エネ機器の普及促進を実施しようとした家電エコポイント制度の失敗がある（拙稿「技術革新を促す政府の役割──グリーン・イノベーションに向け多様性ある技術政策の導入を」『日経 BP エコマネジメント』2010 年 8 月 23 日）。制度の導入時、市場に出回っていたソニーの 40 型液晶テレビ（KDL-40F5 ／ 4 月 24 日発売）の年間消費電力は 175kWh ／年とされている。その後にエコポイント制度による普及促進が始まるが、翌年 2 月 25 日にソニーが発売を開始した新製品（KDL-40EX700）では高発光効率の LED バックライトを使用することによりその消費電力は 108kWh ／年へ、実に 40％ものエネルギー効率の改善が達成されている。同様に日立が 3 月 15 日に発売した液晶テレビでも、年間消費電力量は従来機に比して 48％も削減された。家電エコポイントによる推進（前倒し）はかえって効率の悪い機器を固定化させてしまったのである。

　第三に、第Ⅳ期（2008-16年）では、真のEPIのスピードも年率1.2%にまで改善している。産業レベルでの測定ではこの要因は見えないが、製品レベルにまで細分化すれば、化学製品製造業では生産される製品構成として、エネルギー多消費的な化学基礎製品の国内生産が縮小されるように変化したことによる影響が見いだされる[35]。カーボンニュートラル宣言やグリーン成長の名のもとに、国内における排出削減を強いれば、日本経済に停滞をもたらす懸念は大きい。問題は、そうした静かな変化はマクロや産業レベルの測定によっては見えずに、むしろエネルギー生産性が改善したかのように演出されることである。

　第四に、多くの製造業で安価な省エネ技術の導入が飽和することで、近年における一国全体のエネルギー生産性の変化は、エネルギー需要の生産弾性が小さい（生産量の変化に依存せずにエネルギー消費量が硬直的となる傾向のある）サービス業における変化へと、より強く依存するものとなっている。その結果、好景気下ではエネルギー生産性が改善し、景気低迷に伴って今度は一気に悪化するというように、マクロレベルでもエネルギー生産性の変動幅が大きくなると予想される。マクロ的なエネルギー生産性は単年度などの変化に捉われず、中長期的な変化によって評価することが求められる。

　簡易ながらも本章での中長期エネルギー生産性の将来見通しによれば、日本経済におけるマクロレベルでのグロスEPIとしてのベースライン推計値は年率0.5-0.9%ほどである。それは2030年に向けた政府目標（年率2.4%ほど）の半分にも達しない。政府は省エネ政策としての規制的な性格を強め、安易な補助金政策をさらに拡大させようとしている。それは社会的な投資効率を低下させ、将来の事業環境の変化に対応して企業が戦略的に経営資源を配分するための柔軟性を失わせる。マクロ的には一時の需要創出効果はあろうとも、安易な低収益投資の拡大誘導は成長のダイナミズムを削ぐだろう。

---

35)　基礎製品を国内生産から輸入へと切り替えることで、見かけ上のエネルギー生産性は改善するが、（輸入財の拡大により）中間投入による生産性は低下する。生産における全体効率への影響は第4章で評価される。

補論 B　エネルギー分析用の生産性勘定

　本書での産業別エネルギー消費量は、1955 年を開始年次とする長期産業別生産性統計（KDB）における長期時系列産業連関表（供給使用表：KDB-SUT）と整合して構築された、エネルギー消費表（KDB-E）に基づいている[36]。一般に、経済統計では電力など二次エネルギーへの転換のためのエネルギー消費と最終消費されるそれが識別されておらず、エネルギー消費構造の分析における障害となっている。また数％のコストシェアしか持たないエネルギーでは、名目値を制約として変動の大きな価格指数から実質値を評価するようなアプローチでは、エネルギー生産性の測定指標が大きく荒れてしまう。改善のためには、エネルギーの分類を細分化したうえで、物量と価格指数から名目金額を先決するような生産性勘定の構築が求められる。

　エネルギー統計ではエネルギー消費構造が詳細に描写されるが、そのアウトプットである産出量との関係性、また同時に利用される別のインプットである資本や労働との関係性など、生産過程の全体としての把握はできない。またエネルギー統計はもっぱら物量であり、その背景にある価格やコストとしての理解へと接近することもできない。経済統計の中に織り込むことにより、エネルギー消費を経済成長の文脈のもとで理解することが可能となる。

　しかし、両統計における産業分類概念の相違も大きい。KDB-E では、産業分類を経済統計における活動分類に基づきながら、同時にエネルギー統計における物量・熱量としての詳細な消費構造との整合性を可能なかぎり維持しつつ、名目値としての KDB-SUT とのバランスを保持している。利用するエネルギー統計は、「総合エネルギー統計」（経済産業省）および『EDMC エネルギー・経済統計要覧』（日本エネルギー経済研究所計量分析ユニット 2020）、また「産業連関表」（総務省）付帯表の「物量表」である。

　KDB-E は、高炉ガスや転炉ガス、自家蒸気など副産物の発生と投入を含

---

36)　その概要は第 1 章補論 A を参照されたい。

む、エネルギー転換部門における中間消費（37 のエネルギー種別）とすべての部門における最終消費（27 のエネルギー種別）の名目金額表（以下の A 表）、物量表（B 表）および熱量表（C 表および D 表）から構成されている。エネルギー統計と経済統計の接合のため、いくつかの調和がおこなわれている。たとえば、経済統計では日本の経済主体が消費した国際航空輸送や外洋輸送なども国内生産として含まれ、そのために海外で消費（特殊貿易（輸入））したエネルギー消費も計上されている。「総合エネルギー統計」ではそれを含まないため、KDB-E の最終エネルギー消費量のほうが大きな値となる。

　また自家蒸気の投入に関しては、日本のベンチマーク産業連関表においては明示的な金額評価がされていない。しかし KDB-E では、「総合エネルギー統計」に計上される産出と投入における主体の差異を考慮し、最終エネルギー消費としての自家蒸気の投入についても金額評価をおこなっている。そうした概念変更によって、現行の産業連関表に対して、自家蒸気の産出主体における粗生産額が増加し自家消費（中間投入）されることによって付加価値率は低下する傾向となる。長期時系列 KDB-SUT ではそうした調整をおこなうことで、エネルギー統計との整合性が保持されている。

A. 金額表
（単位：100 万円）

エネルギー種（i）		産業（i）の中間需要 1. 農業…36. 電力…46. 公務	最終需要（f）					52. 国内生産
			47. 家計消費 (H)	48. 在庫純増 (Z)	49. 輸出 (E)	50.(控除)輸入 (M)	51. 輸入品商品税 (TM)	
［転換部門］中間消費（T）	1. 原油 ・・・ 34. 自家蒸気（発生） 35. 水力 36. 原子力 37. その他再エネ	$P_{it}E^{T}_{ij}$ ── 0		0		$P_{it}E^{T}_{if}$ ── 0		$P_{i}E^{T}_{i}$
最終消費（C）	1. 原油 ・・・ 27. 自家蒸気（投入）	$P_{it}E^{C}_{ij}$		$P_{it}E^{C}_{if}$				$P_{i}E^{C}_{i}$

B. 物量表
(単位：エネルギー種別固有単位)

	産業 (i) の中間需要 1.農業…36.電力…46.公務	最終需要 (f) 47.家計消費 (H)	48.在庫純増 (Z)	49.輸出 (E)	50.(控除)輸入 (M)	51.輸入品商品税 (TM)	52.国内生産
[転換部門] 1.原油 ⋮ 34.自家蒸気（発生） 35.水力 36.原子力 37.その他再エネ 中間消費 (T)	E^T_{ij}		0	E^T_{if}	0		E^T_i
最終消費 (C) 1.原油 ⋮ 27.自家蒸気（投入）	E^C_{ij}			E^C_{if}			E^C_i

(エネルギー種 (i) を左側に縦書き)

C. 熱量表
(単位：10^{10}kcal)

	産業 (i) の中間需要 1.農業…36.電力…46.公務	最終需要 (f) 47.家計消費 (H)	48.在庫純増 (Z)	49.輸出 (E)	50.(控除)輸入 (M)	51.輸入品商品税 (TM)	52.国内生産
[転換部門] 1.原油 ⋮ 34.自家蒸気（発生） 35.水力 36.原子力 37.その他再エネ 中間消費 (T)	$c_i E^T_{ij}$		0	$c_i E^T_{iM}$	0		$c_i E^T_i$
最終消費 (C) 1.原油 ⋮ 27.自家蒸気（投入）	$c_i E^C_{ij}$	$c_i E^C_{iH}$		$c_i E^C_{if}$			$c_i E^C_i$

D. 熱量表（一次エネルギー換算）
(単位：10^{10}kcal)

	産業 (i) の中間需要 1.農業…36.電力…46.公務	最終需要 (f) 47.家計消費 (H)	48.在庫純増 (Z)	49.輸出 (E)	50.(控除)輸入 (M)	51.輸入品商品税 (TM)	52.国内生産
[転換部門] 1.原油 ⋮ 34.自家蒸気（発生） 35.水力 36.原子力 37.その他再エネ 中間消費 (T)	$\varepsilon_i c_i E^T_{ij}$		0	$\varepsilon_i c_i E^T_{iM}$	0		$\varepsilon_i c_i E^T_i$
最終消費 (C) 1.原油 ⋮ 27.自家蒸気（投入）	$\varepsilon_i c_i E^C_{ij}$	$\varepsilon_i c_i E^C_{if}$		$\varepsilon_i c_i E^C_{if}$			$\varepsilon_i c_i E^C_i$

補論 C　英独における見かけ上の EPI

　英国では 2000 年以降にはエネルギー生産性の改善が年率 3.1％ となり、それは 1990 年代の年率 1.6％ からの倍速となった。その定義は第 1 章 1.2 節で観察されるグロスの EPI にほぼ相応するが、加速する英国の EPI（年率 3.1％）は日本経済の第Ⅱ期（1973–90 年）におけるグロス EPI の黄金期（年率 2.7％）にも類似する。またドイツの EPI では、英国に比して穏やかではあるが、2000–14 年におけるグロス EPI は年率 1.5％ となり、同期間における日本のグロス EPI（年率 1.4％）と同水準にある。ここでは英独の産業構造要因による影響を分析しながら、本章での日本経済の経験を補足しよう[37]。

　産業集計度の相違によって、測定される EPI の感度をシミュレーションしてみよう。はじめに集計レベルの異なる産業分類として、⓪一国経済レベルでのマクロ、①英独共通 7 産業分類、②英独共通 24 産業分類、そして③各国の基本分類（英国 105 産業、独国 45 産業）を設定する。そのうえで、それぞれの産業分類に基づいて産業別エネルギー生産性を定義し、それを一国レベルにまで集計することでマクロの EPI を測定している。⓪（グロス EPI）に対して、①では 7 つの産業分類が統御され、その 7 分類を超える産業構造変化が与えるグロス EPI への影響は、①に測定される EPI では除かれる（7 分類内における産業構造変化の影響は測定される EPI に含まれる）。

　同様に、②ではさらに 24 分類まで統御することで、①の 7 分類の測定ではその内に含まれ、24 分類による測定では産業構造変化による要因として統御される部分は、②に測定される EPI では除かれる。②から③も同様である。このように⓪から③までの産業分類水準ごとの EPI 推計値に関する、英独両国でのシミュレーション結果が図 2.15 である。

　英国では、一国集計レベルで観測されるグロス EPI の年率 3.1％ から、①

---

37)　ここでの補論は、拙稿（2017）「英独におけるエネルギー生産性の改善は持続可能か」RCGW Discussion Paper, No.64（日本政策投資銀行 設備投資研究所 地球温暖化研究センター）に基づいている。

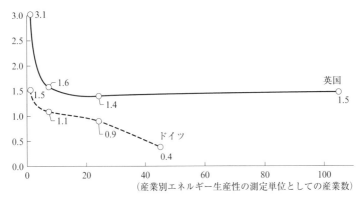

単位：%（年平均期間成長率：2000–14年）。
出典：脚注37を参照。

図2.15　英独における産業細分化によるグロスEPIの改定

共通7産業分類での測定では1.6％、②共通24産業分類では1.4％、そして
③基本分類では1.5％となる。①から③までの産業統御によって必ずしも単
調に逓減するわけではないが、この期間のグロスEPIのおよそ半分は産業
構造要因によって説明される。

　ドイツでは、直接観察されるグロスのEPI（年率1.5％）から、①から③ま
での産業統御によってそれぞれ1.1％、0.9％、そして0.4％へと逓減してい
る。ドイツは「効率性ファースト」というモットーを掲げ、長期の温室効果
ガス削減目標を実現する政策として、EPIに第一の優先順位を置く（第1章
1.1節）。しかし、この期間のグロスEPIの3分の2以上は産業構造要因によ
ると評価される。45ほどの産業分類の統御によっても、真のエネルギー生
産性の改善はその見かけ上の計数に比してだいぶ小さなものである。日本と
同様に、ドイツのエネルギー環境政策も脆弱な実証的基盤のもとにある。

付表

表2.1 産業別エネルギー消費量シェア

	1955	1965	1973	1980	1990	2000	2008	2016
1. 農林水産業	2.9	3.7	2.7	2.8	2.6	2.1	1.7	1.7
2. 石炭鉱業	3.0	0.7	0.2	0.1	0.0	0.0	0.0	0.0
3. その他鉱業	1.5	1.5	1.1	1.1	0.8	0.4	0.2	0.2
4. 建設業	0.9	2.3	2.5	2.4	3.0	2.4	1.2	1.5
5. 食料品	1.3	1.5	1.4	1.6	1.9	1.9	2.3	2.2
6. 繊維	3.6	2.4	1.7	1.5	1.7	1.1	0.8	0.7
7. 衣服身回品	0.2	0.1	0.2	0.2	0.2	0.1	0.1	0.1
8. 木材木製品	0.6	0.5	0.5	0.4	0.3	0.2	0.2	0.2
9. 家具備品	0.1	0.1	0.1	0.1	0.1	0.1	0.1	0.1
10. 紙パルプ	3.1	3.2	3.4	3.2	3.7	3.2	3.1	2.9
11. 出版印刷	0.3	0.3	0.3	0.3	0.5	0.4	0.3	0.3
12. 化学	12.0	15.3	15.8	12.5	11.9	11.4	11.3	12.2
13. 石油精製製品	0.0	0.1	0.2	0.2	0.2	0.1	0.1	0.1
14. 石炭製品	0.2	0.1	0.2	0.3	0.2	0.2	0.1	0.2
15. ゴム製品	0.3	0.3	0.3	0.3	0.4	0.3	0.3	0.3
16. 皮革製品	0.1	0.1	0.0	0.0	0.1	0.0	0.0	0.0
17. 窯業土石	10.4	7.3	5.9	6.3	5.0	3.2	2.6	2.6
18. 鉄鋼	15.6	19.0	22.5	19.7	14.1	10.7	11.1	11.7
19. 非鉄金属	3.5	3.2	3.4	2.7	1.5	1.2	1.2	1.0
20. 金属製品	0.7	0.9	0.9	0.6	1.1	0.9	0.8	0.8
21. 一般機械	0.7	1.2	1.0	0.9	1.4	1.0	1.0	0.9
22. 電子計算機	0.0	0.0	0.0	0.0	0.1	0.1	0.1	0.0
23. 通信機器	0.1	0.1	0.1	0.1	0.2	0.3	0.3	0.2
24. 電子部品	0.0	0.1	0.1	0.3	1.0	1.4	1.3	0.9
25. 民生重電他	0.5	1.1	0.9	0.6	0.8	0.5	0.6	0.5
26. 自動車	0.2	0.7	0.6	0.7	1.1	0.9	1.0	0.8
27. その他輸送機械	1.2	0.8	0.7	0.5	0.6	0.6	0.7	0.8
28. 精密機械	0.1	0.1	0.1	0.1	0.2	0.2	0.2	0.2
29. その他製造業	0.3	0.5	0.6	0.8	1.3	1.1	0.9	1.0
30. 鉄道輸送	12.3	5.5	2.5	2.0	1.0	0.9	0.9	0.9
31. 道路輸送	1.4	2.7	3.4	3.9	5.1	5.2	5.0	4.9
32. 水運	0.7	1.3	1.4	1.3	1.3	1.3	1.1	1.0
33. 航空輸送	0.5	1.0	1.7	1.9	2.2	3.1	2.6	2.5
34. 倉庫その他運輸	0.4	0.2	0.3	0.2	0.3	0.3	0.4	0.5
35. 通信	0.1	0.1	0.1	0.1	0.1	0.3	0.3	0.5
36. 電力	0.4	0.3	0.2	0.1	0.4	0.3	0.3	0.2
37. ガス	0.0	0.0	0.0	0.0	0.0	0.0	0.1	0.1
38. 水道	0.0	0.1	0.1	0.2	0.3	0.5	0.7	0.6
39. 卸小売	2.1	3.0	3.5	4.1	3.3	3.7	5.6	5.5
40. 金融保険	0.1	0.1	0.1	0.2	0.4	0.4	0.4	0.4
41. 不動産業	0.1	0.1	0.2	0.3	0.7	0.9	0.7	0.7
42. 教育	0.6	0.5	0.7	1.0	0.9	1.4	1.4	1.7
43. 研究	0.2	0.1	0.1	0.1	0.2	0.3	0.3	0.3
44. 医療保健	0.9	0.6	0.6	1.0	1.6	2.6	2.2	3.1
45. その他サービス	2.8	2.6	3.2	4.5	5.9	8.3	8.5	7.4
46. 公務	1.1	0.9	0.6	0.7	0.5	0.8	0.8	0.8
47. 家計部門	12.5	13.5	13.9	17.6	19.9	23.6	24.9	24.7
一国経済	100.0	100.0	100.0	100.0	100.0	100.0	100.0	100.0
うち製造業 （5-27 部門）	55.3	59.1	60.8	54.2	49.5	41.3	40.5	40.7
うち運輸業 （30-34 部門）	15.3	10.6	9.3	9.4	9.9	10.8	10.0	9.7
うち他サービス業 （39-45 部門）	6.9	7.1	8.5	11.3	12.9	17.6	19.2	19.2

単位：％（最終エネルギー消費量（一次エネルギー換算値）$E_{p,i}$の産業部門別シェア：s_i）。
注：自家輸送は各産業および家計部門に含まれている。

表2.2　産業別エネルギーコストシェア

	1955	1965	1973	1980	1990	2000	2008	2016
1. 農林水産業	4.1	4.5	3.0	2.9	1.9	1.5	1.8	1.7
2. 石炭鉱業	2.2	0.6	0.2	0.1	0.0	0.0	0.0	0.0
3. その他鉱業	1.4	2.0	1.7	1.4	0.8	0.4	0.2	0.2
4. 建設業	1.7	3.9	5.2	4.2	4.8	4.2	2.4	3.0
5. 食料品	1.6	1.6	1.5	1.7	1.7	1.8	2.0	2.1
6. 繊維	3.5	2.4	1.7	1.6	1.8	1.1	0.6	0.6
7. 衣服身回品	0.1	0.2	0.2	0.2	0.3	0.1	0.1	0.1
8. 木材木製品	0.7	0.8	0.6	0.5	0.4	0.2	0.2	0.2
9. 家具備品	0.1	0.2	0.2	0.2	0.1	0.1	0.1	0.1
10. 紙パルプ	2.1	2.6	2.7	2.6	2.6	2.2	2.0	1.9
11. 出版印刷	0.3	0.4	0.4	0.4	0.6	0.5	0.3	0.3
12. 化学	9.4	10.6	10.6	12.0	8.0	6.6	10.2	7.6
13. 石油精製製品	0.0	0.1	0.1	0.2	0.1	0.1	0.1	0.1
14. 石炭製品	0.2	0.1	0.2	0.2	0.1	0.1	0.1	0.1
15. ゴム製品	0.4	0.4	0.3	0.3	0.4	0.3	0.2	0.2
16. 皮革製品	0.1	0.1	0.1	0.1	0.1	0.0	0.0	0.0
17. 窯業土石	7.7	5.3	4.1	4.6	3.4	2.0	1.7	1.6
18. 鉄鋼	13.9	12.5	14.6	13.1	8.3	5.0	5.9	5.4
19. 非鉄金属	2.5	2.4	2.7	2.4	1.2	0.9	0.8	0.7
20. 金属製品	0.7	0.9	0.7	0.6	1.0	0.9	0.6	0.7
21. 一般機械	0.7	1.0	0.8	0.8	1.2	1.0	0.8	0.8
22. 電子計算機	0.0	0.0	0.0	0.0	0.1	0.1	0.1	0.0
23. 通信機器	0.0	0.1	0.1	0.1	0.2	0.3	0.2	0.1
24. 電子部品	0.0	0.1	0.1	0.1	1.0	1.4	1.1	0.9
25. 民生重電他	0.5	0.8	0.6	0.5	0.6	0.5	0.4	0.5
26. 自動車	0.3	0.7	0.7	0.7	1.0	0.8	0.8	0.7
27. その他輸送機械	1.0	0.7	0.6	0.5	0.5	0.5	0.5	0.6
28. 精密機械	0.1	0.1	0.1	0.1	0.2	0.2	0.2	0.2
29. その他製造業	0.3	0.5	0.7	0.8	1.2	1.0	0.7	0.9
30. 鉄道輸送	9.4	4.9	2.8	2.4	1.3	1.1	0.8	1.0
31. 道路輸送	2.7	4.6	5.1	4.5	4.5	5.9	6.9	6.1
32. 水運	0.6	0.8	0.9	1.1	0.7	0.6	1.0	0.7
33. 航空輸送	0.3	0.6	0.7	1.0	0.9	0.8	2.3	1.7
34. 倉庫その他運輸	0.3	0.1	0.3	0.2	0.2	0.3	0.3	0.5
35. 通信	0.1	0.1	0.1	0.1	0.2	0.4	0.3	0.7
36. 電力	0.7	0.6	0.7	0.8	0.7	0.9	0.8	0.8
37. ガス	0.1	0.1	0.1	0.1	0.1	0.1	0.2	0.1
38. 水道	0.0	0.1	0.1	0.2	0.4	0.6	0.6	0.6
39. 卸小売	2.6	4.1	5.3	5.6	4.1	5.1	6.7	7.8
40. 金融保険	0.1	0.1	0.2	0.3	0.6	0.6	0.5	0.6
41. 不動産業	0.2	0.2	0.3	0.5	1.2	1.6	1.0	1.1
42. 教育	0.6	0.6	0.7	1.1	0.9	1.6	1.4	2.1
43. 研究	0.2	0.1	0.1	0.2	0.4	0.4	0.3	0.4
44. 医療保健	0.8	0.7	0.7	1.2	1.9	3.1	2.4	4.0
45. その他サービス	3.0	3.2	3.8	5.4	6.5	9.5	8.7	8.9
46. 公務	1.3	1.1	0.6	0.8	0.6	0.9	1.0	1.2
47. 家計部門	21.2	22.5	23.0	21.4	31.3	32.6	30.7	30.3
一国経済	100.0	100.0	100.0	100.0	100.0	100.0	100.0	100.0
うち製造業　（5–27 部門）	46.2	44.5	44.4	44.4	36.2	27.7	29.5	26.6
うち運輸業　（30–34 部門）	13.4	11.0	9.8	9.2	7.6	8.8	11.3	10.0
うち他サービス業（39–45 部門）	7.6	9.1	11.1	14.3	15.4	21.9	21.1	24.8

単位：％（エネルギーコストシェア：w_j）。

注：自家輸送は各産業および家計部門に含まれている。

表 2.3　調整済みエネルギー生産性

	EPI			構造要因				エネルギー消費			産出
	τ_*	τ_q	τ	σ	q_*	q_c	q_s	E	E_f	E_p	X
1955	1.00	1.00	1.00	1.00	1.00	1.00	1.00	1.00	1.00	1.00	1.00
1956	1.01	0.95	0.98	0.94	1.04	1.04	1.00	1.14	1.14	1.10	1.08
1957	1.07	0.99	1.10	0.93	1.10	1.06	1.04	1.21	1.15	1.09	1.20
1958	1.05	0.99	1.13	0.95	1.13	1.07	1.05	1.31	1.21	1.14	1.29
1959	1.01	0.91	1.06	0.91	1.15	1.10	1.04	1.58	1.50	1.36	1.44
1960	1.04	0.90	1.09	0.87	1.20	1.15	1.05	1.88	1.78	1.55	1.69
1961	1.13	0.93	1.20	0.83	1.28	1.19	1.07	2.11	1.94	1.62	1.95
1962	1.07	0.92	1.15	0.87	1.23	1.20	1.03	2.38	2.27	1.90	2.18
1963	1.11	0.91	1.21	0.84	1.29	1.21	1.07	2.64	2.40	1.99	2.41
1964	1.19	0.93	1.25	0.80	1.31	1.23	1.06	2.95	2.71	2.21	2.76
1965	1.15	0.90	1.24	0.81	1.33	1.23	1.08	3.27	2.94	2.40	2.96
1966	1.12	0.88	1.23	0.81	1.35	1.26	1.07	3.74	3.38	2.69	3.30
1967	1.12	0.86	1.18	0.79	1.34	1.25	1.07	4.32	3.92	3.15	3.73
1968	1.16	0.87	1.21	0.76	1.36	1.26	1.08	4.91	4.45	3.53	4.26
1969	1.18	0.85	1.18	0.73	1.36	1.26	1.08	5.67	5.15	4.07	4.82
1970	1.24	0.86	1.20	0.71	1.36	1.26	1.08	6.26	5.68	4.49	5.39
1971	1.28	0.86	1.24	0.70	1.38	1.27	1.08	6.72	5.98	4.68	5.81
1972	1.28	0.86	1.24	0.70	1.38	1.25	1.10	7.39	6.47	5.13	6.34
1973	1.30	0.85	1.25	0.69	1.40	1.27	1.10	7.93	6.90	5.40	6.75
1974	1.32	0.89	1.33	0.71	1.42	1.26	1.12	7.82	6.69	5.26	6.98
1975	1.30	0.89	1.35	0.73	1.43	1.25	1.14	7.99	6.67	5.29	7.14
1976	1.32	0.91	1.35	0.73	1.40	1.22	1.15	8.28	6.86	5.57	7.51
1977	1.32	0.92	1.44	0.75	1.47	1.27	1.16	8.54	6.97	5.46	7.86
1978	1.38	0.93	1.44	0.73	1.44	1.23	1.17	8.91	7.18	5.77	8.31
1979	1.46	0.98	1.54	0.72	1.47	1.24	1.18	8.95	7.12	5.69	8.75
1980	1.45	1.01	1.56	0.75	1.43	1.22	1.17	8.80	7.01	5.73	8.92
1981	1.51	1.07	1.65	0.77	1.41	1.20	1.17	8.65	6.81	5.63	9.28
1982	1.56	1.11	1.74	0.78	1.43	1.21	1.18	8.64	6.71	5.50	9.60
1983	1.50	1.10	1.72	0.81	1.42	1.21	1.17	9.03	7.02	5.77	9.90
1984	1.54	1.10	1.74	0.79	1.44	1.23	1.17	9.43	7.33	5.93	10.33
1985	1.59	1.14	1.86	0.80	1.47	1.26	1.16	9.59	7.46	5.89	10.94
1986	1.59	1.15	1.91	0.81	1.48	1.28	1.15	9.77	7.62	5.90	11.27
1987	1.61	1.16	1.91	0.81	1.47	1.26	1.17	10.10	7.73	6.10	11.68
1988	1.63	1.16	1.91	0.81	1.45	1.26	1.15	10.71	8.24	6.52	12.42
1989	1.65	1.16	1.99	0.80	1.51	1.28	1.18	11.43	8.56	6.68	13.31
1990	1.60	1.17	1.97	0.83	1.49	1.24	1.20	12.04	8.85	7.13	14.07
1991	1.60	1.19	2.03	0.84	1.50	1.24	1.21	12.39	9.05	7.26	14.73
1992	1.63	1.19	2.01	0.84	1.46	1.22	1.19	12.54	9.11	7.41	14.88
1993	1.61	1.17	2.01	0.84	1.47	1.24	1.19	12.87	9.28	7.48	14.99
1994	1.57	1.12	1.91	0.84	1.45	1.22	1.19	13.40	9.60	7.86	15.04
1995	1.57	1.13	1.93	0.84	1.46	1.22	1.19	13.74	9.88	8.03	15.46
1996	1.59	1.15	1.95	0.85	1.45	1.22	1.19	14.00	10.06	8.23	16.04
1997	1.62	1.16	2.02	0.85	1.47	1.22	1.20	14.11	10.00	8.14	16.40
1998	1.58	1.14	2.00	0.86	1.46	1.21	1.21	14.29	9.91	8.16	16.30
1999	1.54	1.11	1.93	0.86	1.46	1.21	1.20	14.58	10.16	8.39	16.15
2000	1.56	1.13	1.98	0.87	1.46	1.22	1.20	14.63	10.13	8.34	16.51
2001	1.59	1.15	2.04	0.87	1.48	1.23	1.20	14.51	10.00	8.15	16.62
2002	1.56	1.13	1.99	0.88	1.46	1.22	1.20	14.65	10.14	8.34	16.62
2003	1.56	1.14	2.02	0.88	1.47	1.22	1.21	14.70	10.15	8.34	16.81
2004	1.54	1.14	2.03	0.89	1.48	1.22	1.22	15.01	10.23	8.40	17.08
2005	1.56	1.15	2.07	0.89	1.49	1.22	1.22	15.04	10.16	8.37	17.36
2006	1.58	1.17	2.11	0.89	1.50	1.22	1.23	15.07	10.13	8.35	17.64
2007	1.61	1.21	2.16	0.90	1.50	1.19	1.25	14.82	9.85	8.28	17.91
2008	1.63	1.24	2.24	0.92	1.50	1.20	1.25	14.17	9.33	7.84	17.54
2009	1.54	1.18	2.15	0.94	1.50	1.20	1.25	13.86	9.09	7.61	16.40
2010	1.60	1.20	2.10	0.90	1.45	1.16	1.25	14.18	9.33	8.07	16.96
2011	1.59	1.22	2.16	0.93	1.46	1.16	1.26	13.81	8.99	7.79	16.82
2012	1.61	1.23	2.23	0.93	1.49	1.19	1.26	13.78	9.01	7.60	16.95
2013	1.67	1.28	2.30	0.92	1.48	1.18	1.26	13.62	8.91	7.58	17.41
2014	1.71	1.31	2.41	0.93	1.52	1.20	1.27	13.45	8.74	7.30	17.62
2015	1.78	1.35	2.51	0.92	1.53	1.20	1.27	13.19	8.53	7.11	17.83
2016	1.80	1.36	2.52	0.92	1.53	1.18	1.29	13.11	8.39	7.09	17.87

単位：1955 年値 =1.0。

注：τ_* は調整済みの真の EPI（(2.16)式）、τ_q は産業構造変化の考慮なき調整済み EPI（(2.9)式）、τ はグロスの EPI。構造要因は(2.16)式および(2.14)式を参照。E は品質調整済みエネルギー投入量、E_f は最終エネルギー消費量、E_p は最終エネルギー消費量（一次エネルギー換算値）。

表 2.4　EPI 関連指標における産業別寄与度（第 I 期：1955–73 年）

	EPI		構造要因			エネルギー消費			産出
	$\tau_{*,j}$	τ_j	σ_j	$q_{c,j}$	$q_{k,j}$	E_j	$E_{f,j}$	$E_{p,j}$	X_j
1. 農林水産業	−0.28	−0.22	0.07	−0.01	0.01	0.37	0.41	0.31	0.09
2. 石炭鉱業	0.03	0.07	−0.03	0.04	0.02	0.01	−0.01	−0.05	0.02
3. その他鉱業	0.00	−0.02	−0.07	0.04	0.01	0.20	0.15	0.11	0.09
4. 建設業	−0.18	0.15	0.27	−0.02	0.08	0.59	0.30	0.28	0.43
5. 食料品	0.04	0.24	0.18	0.03	−0.01	0.19	0.17	0.15	0.38
6. 繊維	0.00	0.04	−0.04	0.07	0.01	0.21	0.16	0.13	0.17
7. 衣服身回品	0.00	0.08	0.07	0.00	0.00	0.02	0.01	0.01	0.09
8. 木材木製品	−0.04	0.00	0.02	0.01	0.01	0.08	0.04	0.04	0.04
9. 家具備品	0.00	0.04	0.04	0.00	0.00	0.02	0.01	0.01	0.05
10. 紙パルプ	0.07	−0.17	−0.35	0.12	−0.01	0.33	0.31	0.32	0.15
11. 出版印刷	−0.01	0.08	0.07	0.01	0.01	0.05	0.02	0.03	0.10
12. 化学	0.56	−0.99	−1.76	0.56	−0.35	1.27	1.91	1.54	0.55
13. 石油精製製品	−0.01	0.05	0.06	0.00	0.00	0.01	0.02	0.02	0.07
14. 石炭製品	0.00	0.00	0.00	0.00	0.00	0.02	0.02	0.02	0.01
15. ゴム製品	0.01	0.03	0.01	0.01	0.00	0.04	0.03	0.03	0.06
16. 皮革製品	0.00	0.01	0.01	0.00	0.00	0.01	0.00	0.00	0.02
17. 窯業土石	0.39	−0.32	−0.93	−0.01	0.23	0.53	0.64	0.54	0.21
18. 鉄鋼	0.80	−1.66	−2.50	−0.07	0.11	1.60	2.37	2.20	0.53
19. 非鉄金属	0.04	−0.16	−0.31	0.03	0.08	0.31	0.27	0.30	0.14
20. 金属製品	0.04	0.15	0.09	0.04	0.01	0.10	0.11	0.09	0.24
21. 一般機械	0.05	0.22	0.16	0.01	0.01	0.12	0.13	0.12	0.34
22. 電子計算機	0.00	0.03	0.03	0.00	0.00	0.00	0.00	0.00	0.04
23. 通信機器	0.00	0.03	0.02	0.00	0.00	0.01	0.01	0.01	0.04
24. 電子部品	0.01	0.12	0.11	0.00	0.00	0.01	0.01	0.01	0.13
25. 民生重電他	0.07	0.27	0.20	0.00	0.00	0.10	0.16	0.12	0.39
26. 自動車	0.03	0.38	0.34	0.00	0.01	0.09	0.09	0.08	0.46
27. その他輸送機械	0.04	0.05	−0.01	0.00	0.01	0.07	0.06	0.06	0.11
28. 精密機械	0.01	0.07	0.06	0.00	0.00	0.02	0.02	0.01	0.08
29. その他製造業	0.02	0.12	0.10	0.00	0.00	0.07	0.05	0.04	0.18
30. 鉄道輸送	0.02	0.09	−0.26	0.04	0.32	0.30	0.04	0.03	0.12
31. 道路輸送	−0.04	−0.01	0.04	−0.01	−0.01	0.60	0.48	0.36	0.35
32. 水運	−0.01	0.01	0.02	0.00	0.00	0.11	0.21	0.16	0.16
33. 航空輸送	0.10	−0.12	−0.20	0.00	−0.02	0.09	0.20	0.15	0.03
34. 倉庫その他運輸	0.00	0.01	0.00	0.01	0.01	0.02	0.02	0.02	0.03
35. 通信	0.00	0.20	0.19	0.00	0.00	0.01	0.01	0.01	0.21
36. 電力	0.00	0.15	0.13	0.00	0.02	0.07	0.02	0.02	0.16
37. ガス	0.00	0.02	0.02	0.00	0.00	0.01	0.00	0.00	0.02
38. 水道	0.00	0.02	0.03	0.00	0.00	0.02	0.01	0.01	0.04
39. 卸小売	−0.02	1.09	1.04	0.08	0.00	0.58	0.39	0.34	1.44
40. 金融保険	0.00	0.38	0.37	0.00	0.00	0.02	0.01	0.01	0.39
41. 不動産業	−0.01	0.20	0.20	0.01	0.00	0.03	0.02	0.02	0.21
42. 教育	−0.05	0.03	0.07	0.00	0.01	0.06	0.05	0.05	0.08
43. 研究	0.00	0.00	0.00	0.00	0.00	0.01	0.01	0.01	0.01
44. 医療保健	0.00	0.14	0.12	0.00	0.02	0.07	0.05	0.04	0.18
45. その他サービス	−0.12	0.44	0.48	0.11	−0.04	0.40	0.32	0.27	0.71
46. 公務	−0.01	0.26	0.26	0.00	0.00	0.03	0.01	0.01	0.31
47. 家計部門	−0.10	−0.33	−0.48	0.27	−0.01	2.59	1.35	1.28	0.95
一国経済	1.5	1.2	−2.1	1.3	0.5	11.5	10.7	9.4	10.6
うち製造業　（5–27 部門）	2.1	−1.3	−4.3	0.8	0.1	5.3	6.6	5.9	4.6
うち運輸業　（30–34 部門）	0.1	0.0	−0.4	0.0	0.3	1.1	0.9	0.7	0.7
うち他サービス業（39–45 部門）	−0.2	2.3	2.3	0.2	0.0	1.2	0.8	0.7	3.0

単位：パーセンテージ・ポイント（年平均寄与度）。

注：$\tau_{*,j}$ は一国集計レベルでの真の EPI に対する産業別寄与度（(2.19)式）、τ_j はグロス EPI の産業別寄与度。構造要因の定義は(2.16)式および(2.14)式を参照。

表 2.5　EPI 関連指標における産業別寄与度（第Ⅱ期：1973–90 年）

	EPI		構造要因			エネルギー消費			産出
	$\tau_{*,j}$	τ_j	σ_j	$q_{c,j}$	$q_{s,j}$	E_j	$E_{f,j}$	$E_{p,j}$	X_j
1. 農林水産業	− 0.02	− 0.04	− 0.01	0.00	− 0.01	0.02	0.04	0.04	− 0.01
2. 石炭鉱業	0.00	0.00	0.00	0.00	0.00	− 0.01	0.00	− 0.01	− 0.01
3. その他鉱業	0.00	0.00	0.00	0.00	0.00	− 0.02	− 0.01	− 0.01	− 0.01
4. 建設業	0.04	0.27	0.23	0.01	− 0.01	0.12	0.09	0.07	0.35
5. 食料品	− 0.03	− 0.02	0.01	0.00	0.00	0.06	0.05	0.06	0.04
6. 繊維	0.00	0.01	− 0.01	0.00	0.00	0.04	0.02	0.03	0.04
7. 衣服身回品	− 0.01	0.01	0.01	0.00	0.00	0.01	0.00	0.01	0.01
8. 木材木製品	0.01	0.02	0.01	0.00	0.00	0.00	0.00	0.00	0.02
9. 家具備品	0.00	0.00	0.00	0.00	0.00	0.00	0.00	0.00	0.00
10. 紙パルプ	0.04	− 0.05	− 0.10	0.00	0.00	0.06	0.07	0.08	0.03
11. 出版印刷	− 0.01	0.00	0.01	0.00	0.00	0.03	0.01	0.02	0.02
12. 化学	0.39	0.11	− 0.30	− 0.01	0.03	− 0.02	− 0.03	− 0.02	0.09
13. 石油精製製品	0.15	0.15	− 0.01	0.00	0.01	0.01	0.00	0.00	0.15
14. 石炭製品	− 0.03	− 0.02	0.00	0.00	0.00	0.00	0.00	0.00	− 0.01
15. ゴム製品	0.00	0.00	0.00	0.00	0.00	0.01	0.01	0.01	0.01
16. 皮革製品	0.00	0.00	0.00	0.00	0.00	0.00	0.00	0.00	0.00
17. 窯業土石	0.04	− 0.03	− 0.02	− 0.01	− 0.04	0.01	0.02	0.03	0.00
18. 鉄鋼	0.24	0.24	− 0.07	− 0.05	0.12	− 0.11	− 0.27	− 0.22	0.01
19. 非鉄金属	0.13	0.10	− 0.05	0.01	0.01	− 0.06	− 0.06	− 0.08	0.02
20. 金属製品	− 0.01	− 0.01	0.00	0.00	0.00	0.03	0.01	0.03	0.02
21. 一般機械	0.03	0.12	0.08	− 0.01	0.02	0.04	0.02	0.04	0.16
22. 電子計算機	0.00	0.09	0.08	0.00	0.00	0.01	0.00	0.01	0.09
23. 通信機器	0.01	0.01	0.01	0.00	0.00	0.01	0.01	0.01	0.03
24. 電子部品	0.06	0.10	0.05	0.00	0.00	0.06	0.04	0.06	0.16
25. 民生電他	0.03	0.11	0.08	− 0.01	0.02	0.01	− 0.01	0.00	0.16
26. 自動車	0.01	0.12	0.11	− 0.01	0.01	0.04	0.03	0.04	0.16
27. その他輸送機械	0.01	0.01	0.01	0.00	0.00	0.00	0.00	0.00	0.01
28. 精密機械	0.00	0.02	0.02	0.00	0.00	0.01	0.00	0.01	0.03
29. その他製造業	− 0.02	− 0.01	0.01	0.00	0.00	0.04	0.04	0.06	0.04
30. 鉄道輸送	0.02	0.06	0.01	0.00	0.02	− 0.05	− 0.03	− 0.07	− 0.01
31. 道路輸送	− 0.06	− 0.11	− 0.03	0.00	− 0.02	0.14	0.22	0.17	0.06
32. 水運	0.03	0.01	− 0.02	0.00	0.00	0.00	0.02	0.02	0.02
33. 航空輸送	0.04	− 0.04	− 0.15	0.01	0.06	0.05	0.09	0.07	0.02
34. 倉庫その他運輸	0.01	0.01	0.00	0.00	0.00	0.00	0.00	0.00	0.01
35. 通信	0.00	0.07	0.07	0.00	0.00	0.01	0.00	0.01	0.07
36. 電力	0.02	0.06	0.06	0.00	− 0.02	0.01	0.02	0.02	0.08
37. ガス	0.00	0.01	0.01	0.00	0.00	0.00	0.00	0.00	0.01
38. 水道	− 0.02	0.00	0.01	0.00	0.00	0.02	0.01	0.02	0.00
39. 卸小売	0.16	0.62	0.46	− 0.01	0.02	0.08	0.04	0.05	0.67
40. 金融保険	0.00	0.27	0.27	0.00	0.00	0.03	0.01	0.02	0.29
41. 不動産業	− 0.03	0.07	0.09	0.00	0.01	0.07	0.03	0.04	0.11
42. 教育	− 0.01	0.07	0.07	− 0.01	0.02	0.03	0.02	0.02	0.10
43. 研究	0.00	0.00	0.00	0.00	0.00	0.01	0.01	0.01	0.01
44. 医療保健	− 0.03	0.08	0.11	− 0.01	0.01	0.11	0.07	0.08	0.16
45. その他サービス	− 0.05	0.24	0.28	− 0.03	0.04	0.30	0.21	0.24	0.48
46. 公務	0.01	0.17	0.15	− 0.01	0.02	0.02	0.00	0.02	0.17
47. 家計部門	0.05	− 0.18	− 0.44	− 0.01	0.20	1.22	0.65	0.67	0.49
一国経済	1.2	2.7	1.1	− 0.1	0.5	2.5	1.5	1.6	4.3
うち製造業　（5–27 部門）	1.1	1.1	− 0.1	− 0.1	0.2	0.3	0.0	0.2	1.2
うち運輸業　（30–34 部門）	0.0	− 0.1	− 0.2	0.0	0.0	0.1	0.3	0.2	0.1
うち他サービス業（39–45 部門）	0.0	1.3	1.3	− 0.1	0.1	0.6	0.4	0.5	1.8

単位：パーセンテージ・ポイント（年平均寄与度）。

注：$\tau_{*,j}$ は一国集計レベルでの真の EPI に対する産業別寄与度（(2.19)式）、τ_j はグロス EPI の産業別寄与度。構造要因の定義は(2.16)式および(2.14)式を参照。

表2.6　EPI関連指標における産業別寄与度（第Ⅲ期：1990–2008年）

	EPI		構造要因			エネルギー消費			産出
	$\tau_{*,j}$	τ_j	σ_j	$q_{c,j}$	$q_{s,j}$	E_j	$E_{f,j}$	$E_{p,j}$	X_j
1. 農林水産業	−0.01	0.00	0.01	−0.01	0.01	−0.03	−0.05	−0.04	−0.03
2. 石炭鉱業	0.00	0.00	0.00	0.00	0.00	0.00	0.00	0.00	0.00
3. その他鉱業	0.00	0.02	0.02	0.00	0.00	−0.03	−0.03	−0.03	−0.01
4. 建設業	−0.03	−0.16	−0.16	−0.01	0.02	−0.11	−0.09	−0.08	−0.24
5. 食料品	−0.02	0.02	0.00	0.01	0.01	0.04	0.03	0.04	0.02
6. 繊維	−0.01	0.03	0.04	0.00	0.00	−0.04	−0.04	−0.04	−0.01
7. 衣服身回品	0.00	−0.02	−0.02	0.00	0.00	−0.01	0.00	−0.01	−0.03
8. 木材木製品	0.00	0.00	0.00	0.00	0.00	−0.01	−0.01	−0.01	0.00
9. 家具備品	0.00	−0.01	−0.01	0.00	0.00	−0.01	0.00	−0.01	−0.01
10. 紙パルプ	−0.03	0.01	0.05	0.00	−0.01	−0.02	−0.02	−0.02	−0.01
11. 出版印刷	0.00	0.00	−0.01	0.00	0.00	−0.01	0.00	−0.01	−0.01
12. 化学	0.09	−0.02	−0.05	0.01	−0.07	−0.03	0.04	0.03	0.01
13. 石油精製製品	0.01	0.00	0.01	0.00	0.00	0.00	0.00	0.00	0.00
14. 石炭製品	−0.02	−0.01	0.01	0.00	0.00	0.00	0.00	0.00	0.00
15. ゴム製品	0.01	0.00	0.00	0.00	0.00	−0.01	0.00	−0.01	0.00
16. 皮革製品	0.00	0.00	0.00	0.00	0.00	0.00	0.00	0.00	0.00
17. 窯業土石	0.08	0.10	0.01	0.00	0.00	−0.07	−0.12	−0.11	0.00
18. 鉄鋼	−0.13	0.07	0.19	0.03	−0.01	−0.05	−0.08	−0.10	−0.03
19. 非鉄金属	0.00	0.01	0.01	0.00	0.00	−0.01	−0.01	−0.01	0.00
20. 金属製品	−0.01	−0.01	0.01	0.00	0.00	−0.01	0.00	−0.01	−0.02
21. 一般機械	0.02	0.04	0.01	−0.01	0.00	0.00	−0.01	0.00	0.03
22. 電子計算機	0.02	0.08	0.06	0.00	0.00	0.00	0.00	0.00	0.08
23. 通信機器	0.03	0.04	0.01	0.00	0.00	0.00	0.00	0.00	0.04
24. 電子部品	0.13	0.12	−0.01	0.00	0.00	0.03	0.02	0.02	0.15
25. 民生重電他	0.02	0.05	0.03	−0.01	0.01	0.00	0.00	0.00	0.04
26. 自動車	0.03	0.06	0.00	0.00	−0.01	0.00	0.00	0.00	0.06
27. その他輸送機械	0.00	−0.01	−0.01	0.00	0.00	0.01	0.01	0.01	0.00
28. 精密機械	0.00	0.00	0.00	0.00	0.00	0.00	0.00	0.00	0.00
29. その他製造業	−0.01	−0.01	0.00	0.00	0.00	−0.01	−0.01	−0.01	−0.02
30. 鉄道輸送	0.00	0.00	0.00	0.00	0.00	0.00	0.00	0.00	0.00
31. 道路輸送	0.03	0.00	−0.02	−0.02	0.02	0.02	0.02	0.03	0.03
32. 水運	0.02	0.01	−0.01	0.00	0.00	0.00	−0.01	0.00	0.01
33. 航空輸送	0.05	−0.03	−0.05	0.00	−0.03	−0.01	0.04	0.04	0.01
34. 倉庫その他運輸	−0.01	−0.01	0.00	0.00	0.01	0.00	0.00	0.00	0.00
35. 通信	0.00	0.11	0.11	0.00	0.00	0.02	0.01	0.01	0.12
36. 電力	0.01	0.05	0.04	0.00	0.01	0.01	0.00	0.00	0.05
37. ガス	0.00	0.00	0.00	0.00	0.00	0.01	0.01	0.01	0.01
38. 水道	−0.02	−0.02	0.00	0.00	0.00	0.03	0.01	0.02	0.00
39. 卸小売	−0.13	0.05	0.14	−0.05	0.09	0.24	0.08	0.14	0.19
40. 金融保険	−0.01	−0.02	−0.01	0.00	0.01	0.01	0.00	0.00	−0.01
41. 不動産業	−0.01	−0.02	−0.01	0.00	0.01	0.02	0.00	0.01	−0.02
42. 教育	−0.05	−0.02	0.01	−0.01	0.03	0.05	0.02	0.03	0.02
43. 研究	−0.01	−0.01	0.00	0.00	0.00	0.01	0.01	0.01	0.01
44. 医療保健	0.01	0.12	0.09	−0.01	0.03	0.08	0.04	0.05	0.16
45. その他サービス	−0.08	0.15	0.16	−0.05	0.12	0.27	0.12	0.18	0.33
46. 公務	−0.01	0.09	0.10	0.00	0.00	0.02	0.02	0.02	0.11
47. 家計部門	0.15	−0.17	−0.24	−0.03	−0.05	0.48	0.33	0.38	0.21
一国経済	0.1	0.7	0.6	−0.2	0.2	0.9	0.3	0.5	1.2
うち製造業　（5–27部門）	0.2	0.7	0.4	0.0	−0.1	−0.2	−0.2	−0.2	0.3
うち運輸業　（30–34部門）	0.1	0.0	−0.1	0.0	0.0	0.1	0.1	0.1	0.0
うち他サービス業（39–45部門）	−0.3	0.3	0.4	−0.1	0.3	0.7	0.3	0.4	0.7

単位：パーセンテージ・ポイント（年平均寄与度）。

注：$\tau_{*,j}$ は一国集計レベルでの真の EPI に対する産業別寄与度（(2.19)式）、τ_j はグロス EPI の産業別寄与度。構造要因の定義は(2.16)式および(2.14)式を参照。

表 2.7　EPI 関連指標における産業別寄与度（第IV期：2008-16 年）

	EPI		構造要因			エネルギー消費			産出
	$\tau_{*,j}$	τ_j	σ_j	$q_{c,j}$	$q_{s,j}$	E_j	$E_{f,j}$	$E_{p,j}$	X_j
1. 農林水産業	−0.05	−0.01	0.01	0.01	0.02	0.01	−0.01	−0.02	−0.03
2. 石炭鉱業	0.00	0.00	0.00	0.00	0.00	0.00	0.00	0.00	0.00
3. その他鉱業	−0.01	0.00	0.01	0.00	0.00	0.00	0.00	0.00	0.00
4. 建設業	0.01	0.03	0.04	0.01	−0.03	0.01	0.04	0.02	0.05
5. 食料品	0.02	0.00	0.01	−0.02	0.03	−0.02	−0.05	−0.04	−0.01
6. 繊維	−0.02	0.01	0.03	0.01	0.00	−0.01	−0.02	−0.02	−0.01
7. 衣服身回品	0.00	0.00	0.00	0.00	0.00	0.00	0.00	0.00	0.00
8. 木材木製品	0.00	0.00	0.00	0.00	0.00	0.00	0.00	0.00	0.00
9. 家具備品	0.00	0.00	0.00	0.00	0.00	0.00	0.00	0.00	0.00
10. 紙パルプ	0.02	0.05	0.02	0.00	0.01	−0.03	−0.05	−0.06	−0.01
11. 出版印刷	−0.01	−0.01	−0.01	0.00	0.00	0.00	−0.01	−0.01	−0.02
12. 化学	0.44	0.11	−0.29	0.00	−0.03	−0.06	−0.05	−0.05	0.07
13. 石油精製製品	−0.01	−0.02	−0.01	0.00	0.00	0.00	0.00	0.00	−0.02
14. 石炭製品	0.00	0.00	0.00	0.00	0.00	0.00	0.00	0.00	0.00
15. ゴム製品	0.01	0.01	0.00	0.00	0.00	−0.01	−0.01	−0.01	0.00
16. 皮革製品	0.00	0.00	0.00	0.00	0.00	0.00	0.00	0.00	0.00
17. 窯業土石	−0.06	0.01	0.07	0.00	0.00	−0.02	−0.04	−0.03	0.01
18. 鉄鋼	0.26	0.09	−0.12	−0.17	0.11	−0.06	−0.26	−0.07	0.02
19. 非鉄金属	0.05	0.04	−0.01	−0.01	0.01	−0.03	−0.04	−0.04	0.00
20. 金属製品	−0.03	−0.02	0.00	0.01	0.00	0.00	−0.01	−0.01	−0.03
21. 一般機械	−0.01	−0.04	−0.04	0.01	0.01	−0.01	−0.02	−0.03	−0.06
22. 電子計算機	0.01	0.01	0.00	0.00	0.00	0.00	0.00	0.00	0.01
23. 通信機器	0.01	0.02	0.01	0.00	0.00	−0.01	−0.01	−0.01	0.01
24. 電子部品	0.09	0.08	−0.01	0.00	0.00	−0.05	−0.05	−0.06	0.02
25. 民生重電他	0.01	0.03	0.01	0.01	0.00	0.00	0.00	0.00	0.01
26. 自動車	0.03	0.06	0.02	−0.01	0.02	−0.02	−0.04	−0.03	0.03
27. その他輸送機械	0.00	0.00	−0.01	0.00	0.00	0.00	0.00	0.00	0.00
28. 精密機械	0.00	0.00	0.00	0.00	0.00	0.00	0.00	0.00	0.00
29. その他製造業	0.01	0.01	0.00	0.00	0.00	0.00	−0.01	−0.01	0.00
30. 鉄道輸送	0.02	0.02	0.00	0.00	0.00	−0.01	−0.01	−0.02	0.01
31. 道路輸送	−0.02	0.04	0.02	0.02	0.02	−0.06	−0.07	−0.07	−0.04
32. 水運	0.02	0.03	0.01	0.00	0.00	−0.02	−0.03	−0.03	0.00
33. 航空輸送	0.04	0.04	0.02	0.00	−0.01	−0.04	−0.06	−0.04	0.00
34. 倉庫その他運輸	−0.01	0.00	0.01	0.00	0.00	0.01	0.00	0.00	0.00
35. 通信	−0.01	0.05	0.06	0.00	0.01	0.03	0.01	0.01	0.07
36. 電力	−0.03	−0.05	−0.03	0.00	0.01	−0.02	−0.02	−0.02	−0.07
37. ガス	0.00	0.00	0.00	0.00	0.00	−0.01	−0.01	0.00	−0.01
38. 水道	0.00	0.01	0.00	0.00	0.00	−0.01	−0.01	−0.01	0.00
39. 卸小売	0.07	0.19	0.05	−0.02	0.07	−0.03	−0.08	−0.08	0.10
40. 金融保険	0.01	0.07	0.06	0.00	0.00	0.00	−0.01	−0.01	0.07
41. 不動産業	0.03	0.09	0.06	0.01	−0.01	−0.02	0.00	−0.01	0.08
42. 教育	−0.04	−0.03	0.01	0.00	0.00	0.04	0.02	0.02	0.00
43. 研究	0.00	0.00	0.00	0.00	0.00	0.00	−0.01	−0.01	0.00
44. 医療保健	−0.06	0.04	0.07	0.00	0.03	0.13	0.07	0.08	0.12
45. その他サービス	0.11	0.15	−0.04	0.02	0.06	−0.16	−0.19	−0.23	−0.08
46. 公務	−0.02	0.00	0.00	0.00	0.02	0.02	0.01	0.01	0.00
47. 家計部門	0.36	0.31	0.02	0.00	−0.07	−0.50	−0.32	−0.33	−0.01
一国経済	1.2	1.5	0.0	−0.1	0.4	−1.0	−1.3	−1.3	0.2
うち製造業（5-27 部門）	0.8	0.5	−0.3	−0.2	0.2	−0.3	−0.7	−0.5	0.2
うち運輸業（30-34 部門）	0.0	0.1	0.0	0.0	0.0	−0.1	−0.2	−0.2	0.0
うち他サービス業（39-45 部門）	0.1	0.5	0.2	0.0	0.0	0.0	−0.2	−0.2	0.3

単位：パーセンテージ・ポイント（年平均寄与度）。

注：$\tau_{*,j}$ は一国集計レベルでの真の EPI に対する産業別寄与度（(2.19)式）、τ_j はグロス EPI の産業別寄与度。構造要因の定義は(2.16)式および(2.14)式を参照。

表 2.8　産業別 EPI とエネルギー消費成長率（第 I 期：1955-73 年）

	EPI		エネルギー消費			産出
	$\tau_{*,j}$	τ_j	E_j	$E_{f,j}$	$E_{p,j}$	X_j
1. 農林水産業	−8.0	−8.0	8.9	8.5	8.9	0.9
2. 石炭鉱業	0.8	5.8	−1.8	−6.5	−6.8	−1.0
3. その他鉱業	0.1	4.0	11.8	11.0	7.9	11.9
4. 建設業	−9.4	−6.7	17.5	14.0	14.8	8.1
5. 食料品	2.4	3.8	11.2	11.6	9.7	13.5
6. 繊維	−0.1	2.6	7.9	7.5	5.2	7.8
7. 衣服身回品	0.8	5.2	14.0	11.3	9.6	14.8
8. 木材木製品	−6.7	−3.6	10.8	9.2	7.6	4.1
9. 家具備品	−2.6	1.3	13.6	13.9	9.8	11.0
10. 紙パルプ	2.3	5.8	13.3	13.6	9.8	15.6
11. 出版印刷	−4.4	0.7	13.2	9.5	8.1	8.9
12. 化学	3.8	5.6	12.6	15.1	10.9	16.4
13. 石油精製製品	−11.1	−9.7	22.2	21.6	20.9	11.1
14. 石炭製品	0.9	2.2	10.8	12.0	9.5	11.7
15. ゴム製品	3.5	4.4	9.7	10.4	8.8	13.2
16. 皮革製品	3.9	6.6	8.4	7.8	5.6	12.2
17. 窯業土石	4.7	6.9	8.4	6.0	6.2	13.1
18. 鉄鋼	4.0	4.3	11.7	11.1	11.4	15.7
19. 非鉄金属	0.9	4.1	12.3	9.9	9.1	13.3
20. 金属製品	4.4	6.0	12.2	11.0	10.7	16.6
21. 一般機械	4.3	5.8	12.5	12.0	11.0	16.8
22. 電子計算機	2.3	5.0	20.3	19.5	17.6	22.5
23. 通信機器	5.5	9.7	14.9	14.7	10.7	20.4
24. 電子部品	11.0	15.0	21.7	22.3	17.7	32.7
25. 民生重電他	7.0	6.8	12.9	13.1	13.2	20.0
26. 自動車	4.6	6.5	16.6	14.5	14.7	21.2
27. その他輸送機械	2.5	4.8	8.5	6.9	6.2	11.0
28. 精密機械	4.9	5.4	11.7	11.2	11.1	16.5
29. その他製造業	2.6	3.7	14.6	14.5	13.6	17.2
30. 鉄道輸送	0.0	5.1	5.6	−0.5	0.5	5.6
31. 道路輸送	−0.8	−1.6	13.6	13.7	14.3	12.8
32. 水運	−0.9	−1.1	13.3	13.1	13.5	12.4
33. 航空輸送	9.9	8.7	15.0	15.8	16.2	24.8
34. 倉庫その他運輸	−1.3	3.5	11.9	9.2	7.1	10.6
35. 通信	1.4	4.2	11.4	9.7	8.7	12.8
36. 電力	−0.5	6.1	12.1	6.6	5.6	11.6
37. ガス	2.2	4.2	6.1	9.7	4.2	8.4
38. 水道	−5.7	−1.9	18.7	18.9	14.9	13.0
39. 卸小売	−0.8	2.1	15.1	15.3	12.3	14.3
40. 金融保険	0.0	4.1	13.2	12.3	9.2	13.2
41. 不動産業	−6.0	−2.9	14.7	16.8	11.6	8.7
42. 教育	−9.3	−7.8	11.8	9.8	10.3	2.5
43. 研究	−1.9	2.0	9.5	10.8	5.5	7.5
44. 医療保健	0.1	4.0	11.2	7.7	7.2	11.3
45. その他サービス	−4.3	−1.6	12.9	14.4	10.1	8.6
46. 公務	−0.1	0.1	6.4	6.2	6.2	6.3
47. 家計部門	−0.9	1.1	12.0	12.1	9.9	11.1
一国経済	1.5	1.2	11.5	10.7	9.4	10.6

単位：％（年平均成長率）。

注：$\tau_{*,j}$ は真の産業別 EPI（(2.15)式）、τ_j はグロスの産業別 EPI。

表 2.9　産業別 EPI とエネルギー消費成長率（第 II 期：1973-90 年）

	EPI		エネルギー消費			産出
	$\tau_{*,j}$	τ_j	E_j	$E_{f,j}$	$E_{p,j}$	X_j
1. 農林水産業	−1.0	−1.5	0.9	1.4	1.5	0.0
2. 石炭鉱業	−1.0	−0.7	−7.6	−6.7	−7.8	−8.6
3. その他鉱業	0.4	−0.7	−1.4	−0.8	−0.3	−1.0
4. 建設業	1.7	1.7	2.7	3.1	2.7	4.4
5. 食料品	−1.5	−1.6	3.4	3.2	3.4	1.8
6. 繊維	0.2	1.0	2.5	1.6	1.7	2.7
7. 衣服身回品	−2.3	−1.6	3.9	2.2	3.1	1.6
8. 木材木製品	2.8	2.3	−1.0	−0.7	−0.5	1.9
9. 家具備品	−1.1	−1.5	1.4	1.3	1.8	0.3
10. 紙パルプ	1.4	1.5	2.3	2.3	2.2	3.7
11. 出版印刷	−3.3	−3.4	5.1	5.4	5.3	1.8
12. 化学	3.1	3.2	0.1	−0.1	0.0	3.2
13. 石油精製品	69.5	71.9	3.2	0.9	0.9	72.7
14. 石炭製品	−10.1	−9.7	1.2	0.2	0.9	−8.8
15. ゴム製品	−0.2	−0.2	3.7	3.3	3.7	3.5
16. 皮革製品	−3.4	−3.9	2.0	2.8	2.6	−1.3
17. 窯業土石	0.6	−0.1	−0.1	0.5	0.7	0.5
18. 鉄鋼	1.2	1.6	−0.7	−1.3	−1.1	0.5
19. 非鉄金属	5.2	5.5	−2.8	−2.7	−3.1	2.4
20. 金属製品	−1.1	−0.5	3.5	1.3	2.8	2.4
21. 一般機械	3.3	3.9	4.0	1.9	3.4	7.3
22. 電子計算機	5.4	6.1	18.5	16.8	17.8	23.9
23. 通信機器	4.6	5.4	9.0	8.3	8.2	13.6
24. 電子部品	11.8	12.7	14.1	13.2	13.2	25.9
25. 民生重電他	3.8	4.8	1.7	−1.1	0.7	5.5
26. 自動車	1.9	1.8	5.1	3.9	5.2	7.0
27. その他輸送機械	0.9	1.2	0.9	−0.2	0.5	1.7
28. 精密機械	1.5	2.2	5.2	3.0	4.6	6.7
29. その他製造業	−2.1	−2.4	5.4	5.7	5.7	3.3
30. 鉄道輸送	1.8	2.7	−2.8	−3.1	−3.7	−0.9
31. 道路輸送	−1.5	−2.0	3.4	3.9	3.9	1.9
32. 水運	2.6	2.3	1.0	1.3	1.3	3.6
33. 航空輸送	1.8	5.2	6.7	3.5	3.3	8.5
34. 倉庫その他運輸	4.8	4.6	0.5	2.3	0.7	5.3
35. 通信	−1.4	−0.2	6.1	3.7	4.9	4.7
36. 電力	6.2	1.9	1.2	4.9	5.5	7.4
37. ガス	3.9	4.3	2.6	2.2	2.2	6.4
38. 水道	−7.7	−7.2	7.9	6.0	7.4	0.2
39. 卸小売	4.4	4.4	1.4	0.9	1.3	5.7
40. 金融保険	−1.0	0.1	8.4	7.4	7.3	7.5
41. 不動産業	−6.6	−5.3	9.9	8.0	8.6	3.3
42. 教育	−1.0	0.0	3.6	1.8	2.6	2.6
43. 研究	−2.7	−2.4	6.2	5.6	5.8	3.4
44. 医療保健	−2.6	−1.7	8.3	6.8	7.5	5.7
45. その他サービス	−1.5	−1.1	5.6	4.6	5.2	4.1
46. 公務	0.7	2.2	2.3	−0.2	0.8	3.0
47. 家計部門	0.6	1.5	4.6	3.8	3.8	5.2
一国経済	1.2	2.7	2.5	1.5	1.6	4.3

単位：%（年平均成長率）。

注：$\tau_{*,j}$ は真の産業別 EPI（(2.15)式）、τ_j はグロスの産業別 EPI。

表 2.10　産業別 EPI とエネルギー消費成長率（第Ⅲ期：1990–2008 年）

	EPI		エネルギー消費			産出
	$\tau_{*,j}$	τ_j	E_j	$E_{f,j}$	$E_{p,j}$	X_j
1. 農林水産業	0.0	0.1	−1.9	−2.2	−1.9	−1.8
2. 石炭鉱業	−17.7	−17.6	−16.1	−16.4	−16.2	−33.8
3. その他鉱業	1.2	1.1	−7.0	−7.0	−6.9	−5.8
4. 建設業	−0.4	0.5	−3.4	−4.6	−4.4	−3.8
5. 食料品	−0.9	−0.8	2.0	1.5	1.8	1.0
6. 繊維	−0.6	−0.8	−4.1	−3.9	−4.0	−4.7
7. 衣服身回品	−3.8	−3.6	−4.6	−5.1	−4.8	−8.3
8. 木材木製品	−0.6	−0.8	−2.8	−3.4	−3.1	−3.4
9. 家具備品	−2.9	−2.6	−2.1	−2.5	−2.4	−5.0
10. 紙パルプ	−0.9	−1.2	−0.9	−0.6	−0.6	−1.8
11. 出版印刷	1.0	1.1	−2.1	−1.4	−2.1	−1.0
12. 化学	0.8	0.3	0.2	0.3	0.3	0.5
13. 石油精製製品	4.7	2.9	−2.8	−2.4	−0.9	2.0
14. 石炭製品	−10.0	−10.1	−1.1	−0.8	−1.1	−11.1
15. ゴム製品	2.1	1.7	−2.0	−1.2	−1.6	0.1
16. 皮革製品	1.9	2.2	−7.1	−7.2	−7.4	−5.2
17. 窯業土石	2.3	2.3	−3.2	−3.2	−3.2	−0.9
18. 鉄鋼	−1.2	−1.1	−0.6	−0.5	−0.8	−1.9
19. 非鉄金属	−0.8	−0.7	−0.8	−0.7	−0.9	−1.6
20. 金属製品	−0.8	−0.4	−0.7	−1.4	−1.1	−1.5
21. 一般機械	1.6	2.4	−0.3	−1.7	−1.1	1.3
22. 電子計算機	19.8	20.1	0.0	−0.4	−0.4	19.8
23. 通信機器	11.7	11.7	0.9	0.9	0.9	12.5
24. 電子部品	10.6	10.7	2.4	2.5	2.3	13.0
25. 民生重電他	2.9	3.7	−0.5	−2.4	−1.3	2.4
26. 自動車	3.1	3.0	−0.3	0.2	−0.2	2.8
27. その他輸送機械	−1.1	−0.8	2.2	1.7	1.9	1.1
28. 精密機械	−1.4	−0.7	1.4	0.6	0.7	0.0
29. その他製造業	−1.0	−0.7	−0.9	−1.0	−1.2	−1.9
30. 鉄道輸送	−0.2	0.2	0.1	−0.4	−0.2	0.0
31. 道路輸送	0.5	0.6	0.6	0.2	0.5	1.1
32. 水運	2.1	1.8	−0.7	−0.6	−0.4	1.4
33. 航空輸送	1.4	0.4	0.3	1.2	1.3	1.7
34. 倉庫その他運輸	−3.1	−1.9	4.1	2.0	3.0	1.0
35. 通信	0.5	1.1	5.8	3.8	5.2	6.3
36. 電力	2.1	4.3	1.5	−1.4	−0.7	3.6
37. ガス	−2.7	−8.7	6.9	13.0	12.9	4.2
38. 水道	−3.9	−3.5	4.6	3.8	4.2	0.7
39. 卸小売	−2.9	−1.9	4.5	2.3	3.5	1.5
40. 金融保険	−1.9	−1.3	1.6	1.6	1.0	−0.3
41. 不動産業	−1.8	−1.1	1.3	0.4	0.7	−0.4
42. 教育	−3.9	−2.7	4.3	2.1	3.1	0.5
43. 研究	−2.9	−3.4	3.6	4.5	4.2	0.8
44. 医療保健	0.4	1.2	3.3	2.2	2.5	3.7
45. その他サービス	−1.2	−0.3	3.4	2.0	2.6	2.2
46. 公務	−1.6	−0.9	3.4	2.3	2.7	1.8
47. 家計部門	0.7	0.3	1.4	1.6	1.8	2.1
一国経済	0.1	0.7	0.9	0.3	0.5	1.2

単位：％（年平均成長率）。

注：$\tau_{*,j}$ は真の産業別 EPI（(2.15)式）、τ_j はグロスの産業別 EPI。

表 2.11　産業別 EPI とエネルギー消費成長率（第Ⅳ期：2008-16 年）

	EPI		エネルギー消費			産出
	$\tau_{\bullet,j}$	τ_j	E_j	$E_{f,j}$	$E_{p,j}$	X_j
1. 農林水産業	− 2.7	− 1.3	0.5	− 0.6	− 1.0	− 2.2
2. 石炭鉱業	12.4	14.1	− 5.0	− 5.4	− 6.7	7.4
3. その他鉱業	− 5.6	− 4.0	0.0	− 0.7	− 1.6	− 5.6
4. 建設業	0.7	− 0.3	0.3	2.4	1.4	1.0
5. 食料品	0.9	1.5	− 1.2	− 2.6	− 1.9	− 0.4
6. 繊維	− 2.1	− 2.1	− 2.1	− 2.4	− 2.1	− 4.2
7. 衣服身回品	− 1.8	− 0.5	− 0.6	− 1.3	− 2.0	− 2.4
8. 木材木製品	− 0.1	0.6	− 0.5	− 0.8	− 1.2	− 0.6
9. 家具備品	2.1	3.2	− 2.9	− 3.6	− 3.9	− 0.8
10. 紙パルプ	0.5	0.8	− 1.6	− 1.9	− 1.9	− 1.1
11. 出版印刷	− 1.6	− 0.9	− 1.2	− 2.1	− 1.9	− 2.8
12. 化学	3.6	3.3	− 0.7	− 0.4	− 0.4	2.9
13. 石油精製製品	− 4.8	− 5.3	− 1.1	− 0.6	− 0.5	− 5.9
14. 石炭製品	− 3.0	− 3.1	− 0.3	0.1	− 0.2	− 3.3
15. ゴム製品	2.7	2.7	− 3.3	− 3.5	− 3.3	− 0.6
16. 皮革製品	1.0	1.8	− 5.0	− 5.8	− 5.8	− 4.1
17. 窯業土石	− 2.4	− 2.3	− 1.1	− 1.3	− 1.3	− 3.5
18. 鉄鋼	2.4	1.8	− 1.2	− 2.1	− 0.7	1.2
19. 非鉄金属	4.4	4.5	− 3.4	− 4.0	− 3.4	1.1
20. 金属製品	− 3.5	− 2.7	− 0.1	− 0.8	− 0.8	− 3.5
21. 一般機械	− 1.0	− 0.1	− 1.7	− 2.9	− 2.6	− 2.7
22. 電子計算機	10.7	13.8	− 8.9	− 9.5	− 12.0	1.7
23. 通信機器	5.7	5.9	− 3.9	− 4.3	− 4.1	1.8
24. 電子部品	7.7	8.1	− 5.0	− 5.7	− 5.4	2.7
25. 民生重電他	1.9	3.8	− 0.3	− 0.9	− 2.2	1.6
26. 自動車	3.2	4.5	− 2.1	− 4.3	− 3.4	1.1
27. その他輸送機械	0.0	0.3	0.5	0.4	0.3	0.5
28. 精密機械	2.1	3.2	− 2.8	− 4.4	− 3.8	− 0.7
29. その他製造業	0.9	1.6	0.5	− 0.3	− 0.2	1.4
30. 鉄道輸送	2.1	2.5	− 1.4	− 1.6	− 1.8	0.7
31. 道路輸送	− 0.4	0.3	− 0.8	− 1.2	− 1.5	− 1.3
32. 水運	1.7	2.2	− 2.1	− 2.3	− 2.6	− 0.4
33. 航空輸送	1.5	1.1	− 2.2	− 1.6	− 1.7	− 0.6
34. 倉庫その他運輸	− 1.7	− 0.7	1.8	1.4	0.8	0.1
35. 通信	− 2.6	− 0.9	5.6	4.1	3.8	2.9
36. 電力	− 7.2	− 2.8	− 2.1	− 5.8	− 6.6	− 9.3
37. ガス	0.2	1.0	− 3.1	− 4.1	− 3.9	− 2.9
38. 水道	0.6	1.1	− 1.6	− 1.5	− 2.1	− 1.0
39. 卸小売	1.3	2.3	− 0.5	− 1.7	− 1.5	0.8
40. 金融保険	1.7	3.4	− 0.2	− 1.4	− 1.9	1.5
41. 不動産業	4.1	4.0	− 1.8	− 0.5	− 1.6	2.3
42. 教育	− 2.4	− 1.6	2.3	1.7	1.4	− 0.1
43. 研究	0.5	4.2	0.1	− 3.8	− 3.6	0.6
44. 医療保健	− 2.1	− 1.0	3.9	2.8	2.8	1.8
45. その他サービス	1.4	2.4	− 1.9	− 2.7	− 2.9	− 0.5
46. 公務	− 2.0	0.9	1.9	− 0.6	− 1.0	0.0
47. 家計部門	1.5	1.2	− 1.6	− 1.3	− 1.3	− 0.1
一国経済	1.2	1.5	− 1.0	− 1.3	− 1.3	0.2

単位：％（年平均成長率）。

注：$\tau_{\bullet,j}$ は真の産業別 EPI（(2.15) 式）、τ_j はグロスの産業別 EPI。

第 3 章
エネルギー価格高騰に対する耐性

3.1　はじめに

　エネルギー安全保障の分析課題は、化石燃料の供給障害などによる価格高騰リスクの評価と、それによる経済的な影響評価の 2 つの側面へと分離される。第一の課題においては、中東情勢の緊迫化によるリスク増大を指摘する声が近年高まっている[1]。その背景には、米国でのシェール革命（shale revolution）がある。OPEC やロシアは、米国シェール企業を撤退へと追い込むため、原油価格を非常に安価な水準へと誘導するよう協調的な増産をおこなってきた。しかし、肉を切らせて骨を断つ戦略は、米国の石油生産をわずかに縮小させるだけに終わった[2]。もはや米国は天然ガスの輸出国となり、米国エネルギー情報局（EIA 2018）によれば 2029 年には石油でも純輸出国へと転換しうるという。Royal（2018）は、米国でのシェール革命による経済的自由の獲得を歓迎しながらも、同時に中東地域の秩序維持への関心が低下することにより生じる地政学的な反作用に注視すべきとしている。2020年の COVID-19 によるパンデミックは需要激減と原油価格の暴落を導いた

---

1)　豊田正和「危機に備え自給率を高める必要がある」SankeiBiz（2019 年 7 月 25 日）は、日量 1000 万バーレル（世界の石油需要の 1 割ほど）もの原油供給が途絶する事象も生じうるとし、危機感を持つべきだと警鐘を鳴らしている。
2)　Lack（2018）はこうした試みはむしろ米国シェール企業におけるさまざまなイノベーションを誘発し、価格競争力の改善をもたらしてきたと指摘する。OPEC は 2016 年9 月には当初の狙いを断念し、原油価格は再び上昇に向かっている。

が、中東地域における構造的な問題はくすぶっている。

エネルギー安全保障における第二の課題に対しては、エネルギー価格高騰に対する経済の耐性が分析される。第一次オイルショック後、日本経済は原油価格高騰に対する耐性を大きく改善してきた。それは2000年代半ばに直面した原油高という自然の手による実験によっても、オイルショック時に比して日本経済への影響は相対的に軽微となることが確認されている。当時の『エネルギー白書 2007』（資源エネルギー庁 2008）は、長期時系列産業連関表による価格波及分析に基づき、石油代替エネルギーへの転換や省エネの進行によって、日本経済では原油高に対する耐性が強化されたと評価する[3]。しかし近年、こうした耐性への懸念は再び高まっている。

欧州委員会の報告書（European Commission 2014）では、1995-2009年を観察期間として、その期間には世界的に実質単位エネルギーコスト（real unit energy cost: RUEC）における緩やかな上昇傾向が見いだされることを指摘している。その定義の詳細は後述（3.2節）されるが、RUEC は生産する付加価値額に占める名目エネルギーコストのシェアであり、エネルギー価格高騰による経済体系への影響の度合いを総合的に評価する指標となる。世界的に見いだされる RUEC の上昇は、実質エネルギー価格の上昇がエネルギー生産性の改善（EPI）を上回り、価格高騰に対する経済としての耐性が脆弱化したことを意味する。同報告書によれば、欧州（EU27）の製造業では、この期間に年率 4.5% ものスピードで RUEC が上昇した。欧州製造業における EPI は同期間に年率 1.5% の改善を示すが、それは実質エネルギー価格の上昇率（年率 6.1%）を相殺するにはまったく不十分であった。欧州委員会は、エネルギー価格の変動に対する脆弱性の増大に対して警笛を鳴らしている。

同様な傾向は日米両国にもみられる。同報告書（European Commission 2014）によれば、米国製造業では 2009 年ほどからシェール革命による価格低下の恩恵が出始めるものの、観察期間（1995-2009年）の実質エネルギー

---

3) 『エネルギー白書 2007』での分析は筆者によるものであるが、そこでは原油価格の影響のみを評価している。最終エネルギー全体を含んで捉えれば、産業連関モデルによる直接・間接の波及効果を考慮したうえでマクロ的に集計された影響評価は、後述（3.4.1節）する RUEC の時系列比較（図 3.5）とおおむね整合する。

価格の上昇率では年率7.4％となるなど、むしろ欧州をも上回っている。しかしながら米国では相対的に高いEPI（年率2.5％）により、RUECの上昇率は4.7％と、欧州と同レベルまで抑制されている。また日本の製造業は、同期間に年率7.9％というより高い実質エネルギー価格の上昇に直面する一方、EPIは欧米を下回る低水準（年率1.1％）に留まり、高いRUECの上昇（年率6.8％）を余儀なくされている。それは欧米に比して年率2ポイントほども上回り、日本のエネルギー価格高騰に対する耐性の脆弱化はより顕著である。

　エネルギー安全保障上の2つの課題に対し、日本経済の抱えるリスクはその双方で増大している。国内における再エネの拡大は前者のリスク軽減に寄与すると期待されるが[4]、後者においてはRUECを上昇させる危惧が大きい。本章は、エネルギー価格変動に対する経済の耐性について分析をおこなう。脆弱性の評価指標としてのRUECは、その指標の水準自体よりも、国際比較としての格差率や時系列比較による変化率など、相対的な評価が重要である。はじめに3.2節では、RUECや実質エネルギー価格に関する測定フレームワークを整理する。3.3節では、日米比較の視点から1955年から2015年までの長期にわたる生産要素の投入価格差とRUEC格差を分析し、エネルギー投入を軸とした日本経済の構造的な課題を考察していく。2010年代の測定値を含むことで、米国でのシェール革命によるRUEC低下の進行がより明確に観察され、近年の日米RUEC格差は戦後60年間のピークに達するほど拡大したことが示される。

　3.4節では日本経済におけるRUEC上昇要因の分解をおこなう。3.2節に示されるように、RUECの変化はエネルギー生産性の変化と実質エネルギー価格の変化という、大きく2つの要因へと分解される。エネルギー生産性という数量側の分析（第2章と第4章）に対し、本章のフォーカスは価格側の分析にある。エネルギー価格変化による影響評価は、その名目価格によるよりも、実質価格による評価が望ましい。3.4.2節では実質エネルギー価格として、集計産出価格に対する相対価格とともに、とくに資本や労働といっ

---

4)　ただし間欠性のある自然変動再エネの拡大に伴い、リスク軽減効果は急速に逓減していくと考えられる。

た他の生産要素との代替関係を想定して、エネルギーと資本・労働との相対価格としての変化へと分解する。1990 年代半ば以降では、二度のオイルショックを含む期間（1973-95 年）に比して名目エネルギー価格の上昇率は 3 分の 1 ほどに縮小されたが、実質エネルギー価格の上昇率はむしろ高まったことが見いだされる。3.5 節では一国経済における RUEC の変化における産業起因について分析する[5]。3.6 節は本章の結びとする。

3.2　フレームワーク

エネルギーコスト分析のため、一国経済における価格関数を以下のように想定する。

$$(3.1)\quad P^X = f(P^K, P^L, P^E, T).$$

ここで P^X は、産業別産出量のトランスログ指数によって定義される集計産出量（X）から、インプリシットに定義される集計産出価格である[6]。右辺の P^K、P^L、P^E はそれぞれ資本（K）、労働（L）、エネルギー（E）の品質調整済み集計投入価格であり[7]、T は技術状態を表す指標である。一国経済では次の名目バランスが成立している。

$$(3.2)\quad V^X(= P^X X) = \sum_\theta V^\theta (= P^\theta \theta), \quad (\theta = KLE)$$

V^θ は θ を資本、労働、エネルギーとしたとき（ここでは「KLE 投入要素」と呼ぶ）、それぞれの名目コストをまとめた表記である（たとえばエネルギー投入（$\theta = E$）では、名目コスト V^E がその価格 P^E と数量 E の積であることを(3.2)

---

5)　3.3 節および 3.5 節の測定は、エネルギー投入構造の分析のために拡張された生産性勘定に基づいている。生産性勘定の概要は第 1 章補論 A、エネルギー消費表の概要は第 2 章補論 B を参照されたい。また一国経済と産業部門との完全な分解のため、家計もひとつの産業部門として内生的に扱われている。産出およびエネルギー消費における家計部門の内生化については、第 2 章 2.2.2 節を参照されたい。
6)　エネルギーコスト分析のため、ここでの産業別産出量は、付加価値量とエネルギー投入量から定義されている（第 4 章 4.2.1 節）。
7)　資本・労働の細分化については、第 4 章 4.2.1 節の脚注 5 を参照されたい。

式右辺で表している）。KLE 名目コストのうち、ここではエネルギーコスト（V^E）におけるエネルギー投入の価格（P^E）と消費量（E）への分解について定式化しよう。第 2 章 2.2.1 節と同様に、エネルギー投入量の測定量として、エネルギー種間の相対価格により品質の相違を考慮した集計量を次のように定式化する。

$$(3.3)\quad \Delta \ln E = \sum_{i,j} \bar{v}_{ij}\, \Delta \ln E_{f,ij},$$

ここで$E_{f,ij}$はエネルギー種（i）ごとの産業部門（j）別の最終エネルギー消費量であり、Δ は連続する二期間の差分として、$\Delta \ln E_{f,ij}$はそれぞれのエネルギー消費量の成長率を示している。その成長率を最終エネルギー消費総額におけるエネルギー種別部門別コストシェアの二期間平均値（$\bar{v}_{ij}$）をウェイトとして集計している（$\sum_{i,j} \bar{v}_{ij}=1$）。熱量あたりの単価はエネルギー種ごとに異なる。$P^E$ は、V^E と (3.3) 式によって測定される「品質調整済みエネルギー投入量（quality-adjusted energy input）」である E により、インプリシットに定義される。

　こうした変数定義のもと、「名目単位エネルギーコスト（nominal unit energy cost: NUEC）」は、一単位の生産量あたりの最終エネルギー消費コストとして次のように定義される。

$$(3.4)\quad NUEC = V^E/X.$$

(3.4)式での名目単位エネルギーコスト（NUEC）を、集計産出価格（P^X）によってデフレートした指標は「実質単位エネルギーコスト（real unit energy cost: RUEC）」と呼ばれている。RUEC は、経済システム全体としてのエネルギー価格高騰への脆弱性を評価するために有効な指標である。

$$(3.5)\quad RUEC = NUEC/P^X = V^E/V^X.$$

(3.5)式のように、RUEC は名目産出額に占めるエネルギーコストの名目シェアとしても解される。ここで一国経済におけるグロスのエネルギー生産性を最終エネルギー消費量（一次エネルギー換算値：E_p）あたりの産出量によって定義し、その成長率（τ）を第 2 章 2.2.1 節の(2.1)式と同様に

(3.6)　$\tau = \Delta\ln X - \Delta\ln E_p,$

とする。また実質エネルギー価格（real energy price）の成長率（π）を

(3.7)　$\pi = \Delta\ln P^E - \Delta\ln P^X,$

として定義しよう。このもとで(3.5)式の RUEC 成長率を次のように表記する。

(3.8)　$\Delta\ln RUEC = \pi - \tau + \Delta\ln q.$

RUEC の変化率は、実質エネルギー価格変化（π）、グロス EPI（τ）、そしてエネルギー品質変化（$\Delta\ln q$）に分離される。ここで q は

(3.9)　$q = E/E_p,$

として定義されており、最終エネルギー消費量（一次エネルギー換算値）あたりの品質調整済みエネルギー投入量としての指数であり、エネルギーの品質変化を評価する指標である[8]。

　いま π がゼロであれば、EPI（τ の改善）は RUEC を低下させ、エネルギー価格高騰に対する耐性は強化される。また π が正のもとでは RUEC は上昇し、耐性は脆弱化に向かう。その一方では、π の上昇によっても EPI が誘発される。その比率 τ/π はエネルギー生産性の価格弾性である。π 上昇が RUEC を高める直接的な効果は、誘発された τ の改善分だけ緩和される。しかし、技術水準が一定のもとではその弾性値は逓減し、こうした緩和効果は縮小していく。

　一国経済で定義されるグロス EPI である(3.6)式の τ は、産業での省エネ投資などによって実現した狭義の EPI に加えて、エネルギー多消費型産業における生産の相対的な拡大や縮小など、産業構造変化の影響も含まれている。第 2 章（2.2.2 節）の(2.16)式では、その成長率（τ）を産業構造要因（structural change effect: σ）、エネルギー品質要因（energy quality effect: q_e）、そ

---

8)　エネルギー品質の詳細は第 2 章 2.2.1 節を参照されたい。エネルギー品質指数はそこでの(2.8)式のように、エネルギー転換指数とエネルギー高度化指数へと分解される。

して調整済みエネルギー生産性（adjusted energy productivity）の変化率（τ_*）へと分解している。

(3.10)　$\tau = \Delta \ln \sigma + \Delta \ln q_* + \tau_*.$

ここでτ_*は、エネルギー品質変化による要因（q_*）や産業構造変化による要因（σ）を考慮したうえで測定される、調整済みのエネルギー生産性指標である。なお、ここでのq_*と(3.9)式での品質指標qとは、集計ウェイトの相違によりわずかに乖離している。(3.8)式に(3.10)式を代入して、

(3.11)　$\Delta \ln RUEC = \pi - \Delta \ln \sigma - \tau_* + \mu,$

のように、RUEC の変化は実質エネルギー価格変化（右辺第一項）、産業構造変化（第二項）、それを調整したうえでのエネルギー生産性改善（第三項）へと分解される。エネルギー多消費的な産業が拡大するような産業構造変化によっては、$\Delta \ln \sigma$はマイナス値となり、一国経済の RUEC を上昇させる。逆に経済におけるサービス化の進行など、エネルギー多消費型産業の相対的な縮小は RUEC を低下させる。なお右辺第四項は、上記のウェイトの相違を反映したエネルギー品質の集計バイアス（μ）であり、

(3.12)　$\mu = \Delta \ln q - \Delta \ln q_*,$

として定義されている。後述する 3.4.1 節では、(3.11)式に基づき日本経済における RUEC の変化要因を分析していく。

また(3.11)式の実質エネルギー価格（π）における集計産出価格（P^X）は、KLE 投入要素の価格と技術水準に依存している。(3.1)式の集計価格関数において、規模に関する収穫一定と完全競争を仮定して、一国経済における全要素生産性（TFP）の成長率をトランスログ指数によって定義する。

(3.13)　$\tau^T = \sum_\theta \bar{v}_\theta \Delta \ln P^\theta - \Delta \ln P^X \quad (\theta = KLE).$

ここで$\bar{v}_\theta$は KLE 投入要素それぞれの名目コストシェア（V^θ / V^X）の二期間平均値である（$\bar{v}_K + \bar{v}_L + \bar{v}_E = 1.0$）。(3.13)式を(3.7)式へと代入して、(3.11)式における実質エネルギー価格の成長率（π）は次のように分解される。

$$(3.14) \quad \pi = \bar{v}_K \pi^K + \bar{v}_L \pi^L + \tau^T.$$

ここで π^K および π^L は、それぞれ資本と労働サービスの投入価格を基準として実質化されたエネルギー価格の変化率であり、

$$(3.15) \quad \pi^K = \Delta \ln P^E - \Delta \ln P^K$$

および

$$(3.16) \quad \pi^L = \Delta \ln P^E - \Delta \ln P^L$$

として定義される。(3.14)式は実質エネルギー価格の変化率を、資本投入価格（資本サービス価格）変化による寄与（右辺第一項）、労働投入価格（労働サービス価格）変化による寄与（第二項）、そして TFP による寄与（第三項）の3つの要因へと分解している。後述する 3.4.2 節では、(3.14)式に基づいて日本経済における実質エネルギー価格変化の構造について考察する。

3.3　日米比較

3.3.1　日米エネルギー価格差

　日米格差の視点から、エネルギー消費の価格差における長期傾向を観察しよう[9]。もしエネルギー消費における内外価格差が存在せず、国際市況におけるエネルギー価格変動を両国が等しく受けるのであれば、エネルギー価格高騰による国際競争力への影響は基本的には中立である。しかし現実には、日米間のエネルギー消費には内外価格差が存在しており、それは本節での観察のように長期的に安定している。またエネルギー消費における内外価格差が資本や労働といった他の生産要素における価格差と等しいならば、両国は

---

9)　3.3 節の日米比較は両国の産業別生産性勘定（Jorgenson, Nomura and Samuels 2016）に基づくが、エネルギー種別としての細分化の程度や、エネルギー転換や最終消費に関する定義などが統一されていないことから、ここでは産業集計レベル（家計部門を除く）での測定である。また 3.3 節でのアウトプットは実質付加価値であり、そこにエネルギーコストを加える 3.4 節での日本経済の分析とは異なることに留意されたい。

KLE 投入要素に対して同じ相対価格体系に直面していることになる。もし
エネルギー消費における内外価格差が大きく、その価格差は資本サービス投
入の価格差を上回れば、その経済は省エネ投資を増加させ、よりエネルギー
節約的な技術を採用するものとなろう。それはエネルギー消費の価格差のす
べてを相殺せずとも、部分的に RUEC 格差を緩和させる効果を持つ。しか
し技術水準が一定で限界費用が逓増するもとでは、こうした緩和効果も徐々
に限定的なものとなろう。

　国際価格差の測定は、世界銀行など国際機関や各国統計局の参加のもと国
際比較研究プロジェクト（international comparison program: ICP）における購
買力平価（purchasing power parity: PPP）として構築されてきた（Eurostat-
OECD 2012; World Bank 2014）。ICP では最終需要項目の商品別購入者価格
差のデータを収集し、それに基づき一国集計レベルでの GDP の PPP が構
築されている。しかしそれは最終需要に限られていることから、中間財はそ
の対象ではなく、また付加価値項目における資本投入や労働投入における価
格差も推計されない。こうした問題を補うため、日米国際産業連関表のフレ
ームワークに基づき、産業の中間消費における詳細な商品レベルでの日米価
格差体系が構築されてきた（Nomura, Miyagawa and Samuels 2019）。また資本
サービスと労働サービスの日米共通分類を構築したうえで、資本・労働投入
における産業別日米価格差も測定される（Jorgenson, Nomura and Samuels
2016）。本節ではこうした推計値に基づき、日米両国におけるエネルギー実
質価格差と RUEC 格差を考察する。

　一国集計指標としての KLE 投入要素の価格水準指数（price level index:
PLI）として、1955–2015 年における長期推移を示したものが図 3.1 である。
PLI は PPP を各年の年平均為替レートで除した指数であり、各年次におい
て米国の価格を基準とした内外価格差を意味する。図 3.1 において PLI が
1.0 を下回るのであれば、米国に比して日本の価格が安価であることを示し
ている。

　相対的に安価な日本の労働は、とくに高度経済成長期には日本の価格競争
力の主要な源泉であった。過度の円高が進行した 1990 年代半ばを除き、こ
こでのすべての観察期間において日本の労働サービス価格は米国の水準を下

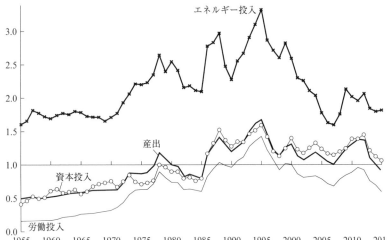

単位：各年におけるそれぞれの米国価格を 1.0 と基準化（1955-2015 年）。
注：日米格差となる PLI（価格水準指数）は、Jorgenson, Nomura and Samuels（2016）の産出、
　　エネルギー・資本・労働投入の購買力平価を各年の年平均為替レートで除した指数。

図 3.1　エネルギー、資本・労働投入価格の日米格差

回っている。日本の資本サービス価格は高度経済成長期には相対的に安価で
あったものの、1985 年のプラザ合意を転機として米国よりも 10-50％ほど高
い水準へ変化している[10]。それに対してエネルギー価格では、観察期間のす
べてにおいて日本経済は米国に比して 1.5-3.0 倍ほど高い価格に直面してい
る。

　エネルギー消費価格における日米格差がもっとも拡大したピークは 1995
年である。集計産出価格（GDP の PLI）を基準とすれば、1995 年の年平均
為替レートは 67％も過大であると評価されるほどの円高となった（図 3.1）。
それは円建てによる一次エネルギーの輸入価格を低下させるものの、電力や
石油製品など二次エネルギーの国内生産価格は一次エネルギー価格ほどには
低下せず、エネルギー消費における日米価格差をむしろ拡大させた。ピーク

---

10)　1980 年代前半は産出価格の PLI が 1 を下回っており、その為替水準のもとでは日本
　　経済の価格競争力が高く評価されているが、プラザ合意後にはそうした円安修正を大き
　　く超えた円高の進行により、日本経済の停滞をもたらす要因となっている。

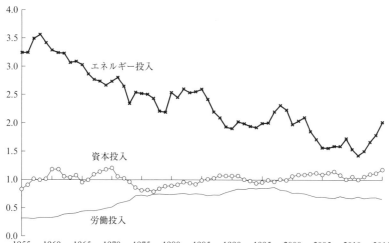

単位：各年におけるそれぞれの米国実質価格を 1.0 と基準化（1955-2015 年）。
注：図 3.1 より算定。

図 3.2　エネルギー、資本・労働投入実質価格の日米格差

となる 1995 年には、日本経済は米国に比して 3.3 倍もの高い国内エネルギー価格での競争を余儀なくされている。その後、エネルギーの PLI は緩やかに低下するものの、民主党政権の末期となる 2011-12 年には為替レートは 37％ほど過大に評価されている。その為替水準では、日本の労働サービス投入における価格競争力上の優位性すらも消失してしまう（図 3.1）。この時期、エネルギー消費における日米価格差も再び 2.0 倍の水準へと拡大している。

　KLE 投入要素の PLI をアウトプットの PLI によって除した指標は、それぞれの実質価格としての日米格差となる（図 3.2）。図 3.1 での PLI による内外価格差は為替レートの変動による影響を含むが、図 3.2 ではそれを含まずにより安定的な傾向を持つ[11]。実質エネルギー価格によって評価すれば、名目エネルギー価格差（図 3.1）とは大きく推移が異なり、内外価格差のピー

11）　ここでの両国の資本サービスには土地（農業用地、工業用地、商業用地、住宅用地）を含んでいる。資本ストックに占める土地のシェアは日本では米国より大きいが、図 3.2 にみるようにその資本サービス価格（使用者コスト）の実質価格としての日米格差はこの長期の観察期間においてわずかな乖離幅に収まっている。

クはここでの観測期間の始まりとなる 1950 年代後半期である。その時期に
おける実質エネルギー価格としての 3.5 倍もの日米格差は、半世紀をかけて
緩やかに縮小してきた。二度のオイルショックを挟み、名目エネルギー価格
での価格差の上昇期もあるものの、長期的には集計産出価格の上昇トレンド
によって、実質エネルギー価格における格差は縮小する方向へ推移している。
しかし近年においてその転換点となるのは 2011 年であり、その後には実質
エネルギー価格における日米格差は再び拡大へと転じている。米国はシェー
ル革命による恩恵を受けたが、日本では東日本大震災後の原発稼働の停止や、
再生可能エネルギーの固定価格買取制度（FIT）による太陽光発電の推進な
どにより電力価格が上昇した[12]。

3.3.2 日米 RUEC 格差

　エネルギー価格高騰に対する経済としての耐性を総合的に評価するために
は、RUEC という指標が有効である。エネルギー価格が高騰しようとも、
もしそれを国内産出価格へと完全に転嫁できるような状況にあれば、経済へ
の影響は相殺される。またエネルギー価格とは独立に、競争力のある日本の
生産物への海外需要の高まりなどにより国内産出価格が上昇するのであれば、
エネルギー価格高騰に対する耐性もまた強化される。逆に日本経済の競争力
喪失から生産物が陳腐化し、その産出価格が低下を余儀なくされるような状
況では、名目エネルギー価格が一定であろうとも、実質エネルギー価格は高
まる。技術力の喪失は RUEC を高め、エネルギー安全保障としてのリスク
を増大させる。

　図 3.3 は日米両国における RUEC の推移を比較している。日米両国とも
に、二度のオイルショックは RUEC をおおむね倍増させる影響を持つが、
それにより露呈した脆弱性は、1980 年代から 1990 年代初めまでの 10 年間
で、両国ともに大幅に緩和させることに成功している。1970 年代初めから
1990 年代初めまでの 20 年間、RUEC の水準においても日米両国間の乖離は
わずかである。図 3.4 では両国の RUEC の格差指数とともに、その格差の

---

12)　FIT 制度導入による太陽電池モジュールの価格に対する影響は本章補論 D を参照。

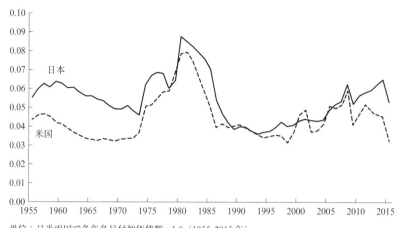

単位：日米両国で各年名目付加価値額 =1.0（1955–2015 年）。
注：Jorgenson, Nomura and Samuels（2016）より算定。

図3.3 日米両国の RUEC

要因分解を示している[13]。この 20 年間に日米 RUEC 格差がわずかなもので
あることは、日本が米国の 2 倍を超える実質エネルギー価格（図 3.2）の影
響を、米国に比して 2 倍以上に高いエネルギー生産性水準が十分に緩和して
きたことを示している[14]。

　欧州委員会（European Commission 2014）による製造業での測定値と同様
に、1995 年から 2000 年代後半までの RUEC は日米両国ともに上昇傾向に
ある（図 3.3）。2000 年代に入ってからの上昇は原油高の影響が大きいが、
RUEC 水準は二度のオイルショック期のピークに比して、およそその半分

13）　ここでの分解は 3.2 節の(3.8)式に相応するが、エネルギー生産性はエネルギー品質
　　（q）の影響を含んでいる。
14）　エネルギー消費に関する日米両国の生産性統計における概念差もあり、ここでのエ
　　ネルギー生産性指標は両国での産業構造の相違を考慮していない。後述する 3.4 節では
　　日本の産業構造要因を統御するが、もし日米両国の構造要因による格差を推計できれば、
　　両国のエネルギー生産性格差は大きく縮小すると考えられる。日本がより高い実質エネ
　　ルギー価格に直面することにより断念せざるをえなかったエネルギー多消費的な生産の
　　存在は、グロスのエネルギー生産性格差として、日本の優位性を大きくみせるような影
　　響を持っている。また時系列的な変化においても、産業構造変化による寄与度のタイミ
　　ングは日米それぞれに異なると考えられ、米国でも Murtishaw and Schipper（2001a,
　　2001b）は 1994–98 年に観察されるグロス EPI の多くは構造変化によると分析している。

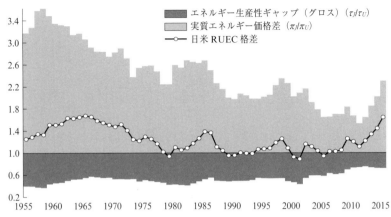

単位：各年の米国水準 =1.0（1955-2015 年）。

注：Jorgenson, Nomura and Samuels（2016）の測定値より算定。

図 3.4　日米 RUEC 格差の要因

ほどの水準に過ぎない。『エネルギー白書 2007』での分析によれば、原油高による国内物価への影響度は 1970 年代初めに比して、おおむね半分程度にまで縮小したことが指摘される（資源エネルギー庁 2008）。本章での RUEC はエネルギー消費全体の価格を包括するため、その対象は原油に限らないが、おおむねその耐性強化の傾向は整合している。しかし電力、天然ガス・石炭を含めたエネルギーコスト全体では、RUEC における上昇傾向は 1990 年代半ばより始まっている。

　2009-10 年および 2014-15 年における二度の原油価格低下による変動はあるが、2009 年ほどから米国ではシェール革命の恩恵が表れている。図 3.4 における日米 RUEC 格差でみれば、日米格差は 2015 年には 60％ほどまで拡大している。日本の RUEC 水準はオイルショック時のピークほどには高まっていないが（図 3.3）、国際競争力の観点から日米格差として評価すれば、拡大した近年の格差水準は高度経済成長期のピークに匹敵する水準である。

　2010 年代における格差拡大の要因は、実質エネルギー価格における価格差の拡大とともに、日本が優位性を有していた日米エネルギー生産性格差の縮小である（図 3.4）。日本経済におけるエネルギー生産性改善への努力は継続している（省エネ政策としては強化されてきた）ものの、EPI のスピードは

米国経済の半分以下である。安価となっていく省エネ技術は資本財へと自ず
と体化され、必ずしも省エネ投資自体を意図せずとも、更新投資のタイミン
グなどにより経済体系へ組み込まれていく。1995 年には 60％ほどあった日
本のエネルギー生産性水準における優位性は、2015 年にはその半分にまで
縮小している[15]。

3.4　日本経済の RUEC

3.4.1　エネルギーコスト上昇の要因

　日本経済における RUEC 変化要因として、図 3.5 は実質エネルギー価格
とエネルギー生産性の推移を示している（その計数は本章付表の表 3.1 を参照）。
高度経済成長期には、実質エネルギー価格（π）が低下するにもかかわらず、
生産拡張投資に伴い、意図せずとも「借りた技術」としての省エネ効果が織
り込まれてきた[16]。そのことはエネルギー生産性のグロス指標（τ）には表
れないが、調整された真の EPI 指標（τ_*）における改善傾向として見いださ
れる（第 2 章 2.2.2 節）。

　第一次オイルショック後には、急速な実質エネルギー価格の上昇に誘発さ
れて高い EPI が実現している。しかし、1980 年代半ば以降に実質エネルギ
ー価格が大きく下落したフェーズにおいては、とくにエネルギー生産性が低
下する傾向は見いだされず、エネルギー生産性は（τ_* および τ の両指標とも
に）ほぼ横ばいである。こうした非対称性はエネルギー生産性変化における
ひとつの特性である。

　一般に、エネルギー生産性の変化は、省エネ投資などを含む資本財や耐久

---

15)　米国エネルギー効率経済協議会（American Council for an Energy-Efficient Economy）
　　はエネルギー効率に関する国別ランキングを発表しており、2015 年の総合評価（国家
　　努力、建築物、産業、輸送の 4 分野）として独国を 1 位に、日本を 2 位、英国を 5 位、
　　そして米国を 8 位と位置付けている（Kallakuri et al. 2016）。
16)　産業別にみても、Konishi and Nomura（2015）では資本や労働など他の生産要素を
　　明示的に取り扱いながら、フレキシブルな価格関数の推計により、高度経済成長期では
　　生産拡張投資などに伴って多くの産業でエネルギー節約的（energy-saving）な技術が自
　　律的に組み込まれていたことが見いだされている。

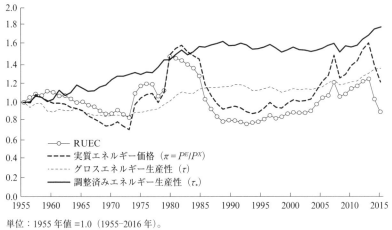

単位：1955年値=1.0（1955-2016年）。
注：グロスのEPI（τ）は第2章2.2.1節での(2.1)式、調整済みの真のEPI（τ*）は第2章2.2.2
　　節の(2.19)式、RUECは3.2節の(3.5)式による。

図3.5　日本経済のRUEC、実質エネルギー価格とEPI

消費財における効率性（ストック効果）によるものと、その稼働状況による
もの（フロー効果）の大きく2つに分けられる。実質エネルギー価格の低下
時においては、たとえばエアコンの利用頻度や空調レベルを高めるなどによ
り多くのエネルギー・サービス[17]が消費され、そのフロー効果によってエネル
ギー生産性は悪化していく[17]。その一方、かつての実質エネルギー価格の高
騰期にトップランナー企業や環境意識の高い家計に普及した資本財や耐久消
費財は、その価格低下を通じて、未導入であるフォロワー型の企業の更新投
資や家計の買い替え需要に伴い経済体系へと組み込まれる。こうした普及プ
ロセスによって経済全体としてのエネルギー生産性は改善していく。1980
年代の横ばいは、その両者が相殺された姿として捉えられる[18]。後の3.4.3
節では資本とエネルギーの関係を特掲して考察する。

　また1990年代半ばから2000年代後半までのエネルギー価格上昇によって
もエネルギー生産性としての改善は見いだされないが、東日本大震災後にな

17)　エネルギー・サービス量は（エネルギー投入量とは異なり）経済測定では一般的で
　　はないが、本書でのエネルギー生産性との関係性に関する詳細は第2章2.2.1節の脚注
　　9を参照されたい。

って再び上昇がみられる（図3.5）。それは2015年以降における実質エネルギー価格の低下期にも継続する。その改善は震災後に求められた家計などにおける一過的な省エネ・節電による効果を含むが、第2章ではその主要な改善要因となる化学製品製造業では産業内における製品構成変化の影響が大きいことを指摘してきた。こうした産業内における影響は産業レベルでの測定値に含まれており、図3.5における真のEPI（τ_*）にもグロス的な性格が残っている。

　資本の硬直性、産業内における普及プロセス、エネルギー価格変動による影響の非対称性を考慮し、その観察期間内において実質エネルギー価格の上昇期と下降期の両者を含むように、本章での分析期間として、

第Ⅰ期　　　高度経済成長期　　　（1955–73年）

第Ⅱ期　　　オイルショック後　　（1973–95年）

第Ⅲ期　　　RUEC上昇期　　　　（1995–2016年）

の3つの期間へと分離しよう。それはEPIの変化要因を考察する第2章および第4章での第Ⅲ期（1990–2008年の実質エネルギー価格上昇期）と第Ⅳ期（2008–16年の価格変動と下降期）を合わせるなど、本章での分析期間はより長期に定義されていることに留意されたい。

　図3.6はこの期間平均値としてRUECの変化要因を分解している。RUECの年平均成長率では、第Ⅰ期の▲1.0％と第Ⅱ期の▲0.2％から、第Ⅲ期には0.6％の上昇へと転じている。欧州委員会による報告書（European Commission 2014）は製造業に限った分析であるが、世界的にRUECの上昇傾向がみられる1990年代半ばは、戦後日本経済の長期トレンドからみてもRUECが上昇へと転じた転換期として評価される。

　RUEC変化における1990年代半ばの転換期は、大きく3つのトレンド変化を反映している。第一に実質エネルギー価格（π）の上昇である。それは

---

18)　星野（2012）は、エネルギー多消費型産業において、価格上昇期には下降期よりも大きな価格弾力性となるような非対称性を測定している。それは資本など他の生産要素の価格変動を考慮したエネルギー価格効果の測定ではないが、エネルギーのみでみればその価格上昇と下降期の価格弾力性は長期的に安定しており、価格弾性の時系列変化はこうした非対称的な価格変動の混在した影響によるものである可能性を指摘している。

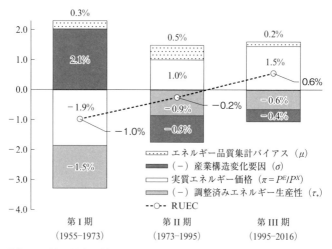

図3.6　日本経済のRUEC変化要因

単位：％（年平均成長率）。
注：RUECの要因分解は3.2節の(3.11)式による。

第Ⅰ期の▲1.9％（アウトプット価格の上昇によってエネルギー価格は相対的には低下）から、第Ⅱ期にはプラス1.0％へと転じ、そして第Ⅲ期にはさらに1.5％へと上昇幅を拡大させている。こうした変化要因の詳細は3.4.2節において後述しよう。二度のオイルショックを含む第Ⅱ期に比して、第Ⅲ期では名目エネルギー価格の上昇は大きく抑制されるが、実質エネルギー価格の上昇率はむしろ高まったことが見いだされる。

　第二に、実質エネルギー価格の上昇率が逓増しているにもかかわらず、産業構造変化要因を統御したEPI（τ_*）によれば、第Ⅰ期の1.5％改善から第Ⅱ期0.9％へ、そして第Ⅲ期には0.6％へとその改善率は逓減している。実質エネルギー価格によるエネルギー生産性の弾性値として評価すれば、第Ⅱ期の▲0.84から第Ⅲ期には▲0.44へと半減している。安価に利用できる省エネ技術が枯渇していくなかで、実質エネルギー価格の上昇を、エネルギー生産性の改善によって相殺する効果は減衰したものと解される。

　第三に、第Ⅱ期には一国経済におけるエネルギー多消費型産業の相対的な縮小により、産業構造変化要因（σ）は一国経済のRUECを年率0.9％低下

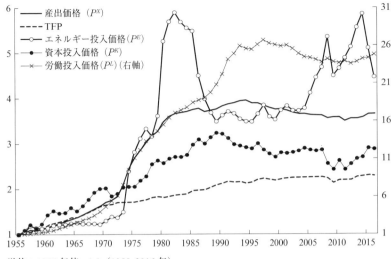

単位：1955 年値 =1.0（1955-2016 年）。
注：各価格指数および TFP 指数は 3.2 節の (3.14) 式などによる。

図 3.7　産出価格および KLE 投入価格と TFP

させているが、第 III 期にはそれはおおむね半減している。サービス化の進行
など産業構造変化は、RUEC 上昇を緩和させる効果を持つが、そうした構
造変化要因も 1990 年代半ば以降は縮小している。

3.4.2　実質エネルギー価格

　日本経済において推計された集計産出価格、KLE 投入要素価格指数、そ
して TFP 指数は図 3.7 のとおりである（その計数は本章付表の表 3.1）。3.2 節
で論じたように、名目価格指数はそれぞれの内部構成や品質の相違を統御し
たもとでの集計価格として定義され、品質調整済みの価格指数として測定さ
れている。なお労働投入価格のみ、観察期間における上昇幅が大きく異なる
ため、その単位は図 3.7 の右軸による。KLE 投入要素価格のうち、エネル
ギー価格はもっとも変動が大きいことから、その傾向の把握は分析期間の設
定に大きく依存するが、長期のトレンドとしてそれは上昇傾向にある。日本
経済では、資本投入価格では 1990 年代初めより、労働投入価格では 1990 年
代後半より安定から低下傾向を示すことと対照的である。

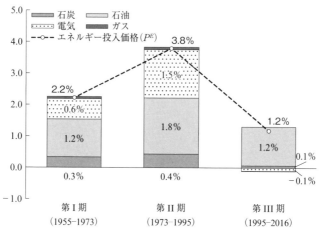

単位：％（年平均成長率）。
注：資料は KDB-E（第2章補論 B）による。

図3.8　エネルギー価格変化率に対するエネルギー種別寄与

　名目エネルギー価格変化率に対するエネルギー種別寄与度は図3.8に与えられている。ここでは最終エネルギー消費ベースで捉えているため、発電に用いた化石燃料は二次エネルギーとしての電力による寄与度として含まれている[19]。おおむね20年ほどの期間ごとにみれば、エネルギーの価格変動をもたらす大きな要因は依然として石油であり、第Ⅰ期と第Ⅱ期ではその半分ほどの寄与度となり、第Ⅲ期ではほとんどすべての価格上昇要因となっている。その寄与度では1.2–1.8ポイントと長期トレンドとして安定的である。

　石炭やガスによる集計エネルギー価格の上昇に対する寄与は、いずれの期間でも限定的である。電力による名目エネルギー価格上昇率への寄与度は、第Ⅰ期の0.6％から第Ⅱ期の1.5％（その寄与率は40％ほど）へと拡大するが、第Ⅲ期には2011年の震災後の価格上昇はあるものの、1990年代半ばからの2000年代前半までの電力価格低下と相殺して、期間平均値としての影響は軽微である。そうした推移を反映して、第Ⅲ期の名目エネルギー価格の上昇

---

19)　エネルギー消費データ（KDB-E）は第2章補論 B を参照されたい。図3.8はエネルギー種別最終エネルギー消費価格をトランスログ指数によって4つのグループへと集計している。

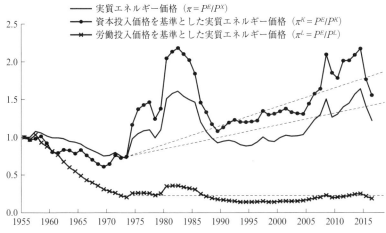

単位：1955 年値 =1.0（1955–2016 年）。

注：実質エネルギー価格（π）は、資本投入価格を基準とした価格（π^K）と労働投入価格を基準とした価格（π^L）および TFP からなる（3.2 節の(3.14)式から(3.16)式）。

図 3.9　実質エネルギー価格

率は、第 II 期の 3 分の 1 にまで低下している。

　図 3.7 での価格指数より、(2.14)式および(2.15)式で定義した資本と労働投入価格を基準とした実質エネルギー価格（π^K と π^L の両指数）の推移を描いたものが図 3.9 である（その計数は表 3.1 を参照）。戦後日本経済におけるエネルギー価格としてのピークは 1982 年と 2014 年である。2 つのピーク時では、その名目価格は 1955 年比で最大 6 倍ほどに（図 3.7）、実質価格（π）では 1.7 倍ほどに上昇している。

　労働投入価格や TFP による影響を取り除き、資本投入価格を基準とした実質エネルギー価格（π^K）として評価すれば、そのピークは 1955 年比の 2.2 倍である。このようなエネルギー価格高騰期における π^K の上昇は、省エネ投資のためのインセンティブを十分に高めるだろう。しかし図 3.9 にみるように、エネルギー価格高騰が持続する期間は 2 つのピーク時ともにおおむね 10 年間ほどであり、それは主要な資本財の実効耐用年数よりもだいぶ短い。エネルギー生産性を高める投資の判断は、現在におけるより高い資本コストと、将来において不確実でありながらも抑制されうるエネルギーコストの現

在価値とに依存する（Gillingham, Newell and Palmer 2009）。短期的なエネルギー価格高騰を受けても、それが長期化しないという期待は、拙速な省エネ投資の実施を民間企業に躊躇させよう。拙速な導入は、長期的には資本コストの負担のみとなり、競争力を毀損しかねない。

　価格高騰期を含む実質エネルギー価格の長期トレンドをみよう。図 3.9 では 1973 年を開始点とする長期トレンドを点線によって評価している。資本投入価格を基準とした実質エネルギー価格（π^K）による評価では、1973–2016 年に 2.1 倍ほどの上昇であり、年平均 1.7% の上昇である。産出価格を基準とした実質エネルギー価格（π）による評価では年率 1.3% の上昇であり、労働投入価格を基準としたエネルギー実質価格（π^L）ではほぼ横ばいである。人類史におけるエネルギーの役割を論じたバーツラフ・シュミル教授は、そのひとつの特徴としてエネルギー価格の長期的な低下傾向を掲げている（Smil 2017）。しかし第一次オイルショック後は、過去数百年のトレンドとは異なる例外的な期間とも言えるかもしれない。そして低炭素／脱炭素への世界的な意識の高まりは、将来においてもこうした傾向を少なくとも数十年は持続させる可能性が大きい。

　エネルギーの名目価格（P^E）は、第 I 期の年率 2.2% の上昇から、二度のオイルショックを含む第 II 期には年率 3.8% にまで拡大し、そして第 III 期には 1.2% まで大きく低下している（図 3.8）。しかし実質エネルギー価格（π）でみれば、第 I 期における▲ 1.9% から、第 II 期には 1.0% 上昇、そして第 III 期には 1.5% 上昇へと逓増している。図 3.10 は (3.14) 式に基づく π の要因分解を示している。第 I 期に実質エネルギー価格がむしろ年率 1.9% の低下となった最大の要因は、エネルギー価格上昇を上回る労働投入価格（P^L）の上昇である。それは 4.1 ポイントほど実質エネルギー価格を低下させる寄与となり、この期間の TFP 改善によるプラスの寄与度（3.0%）を相殺するに十分なものとなっている[20]。

20）完全競争市場のもとでは、(3.14) 式にみるように TFP の改善はアウトプット価格（P^Y）を低下させ、実質エネルギー価格（π）を上昇させる。

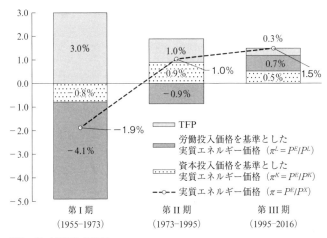

単位：%（年平均成長率）。

注：実質エネルギー価格（π）の分解は 3.2 節の (3.14) 式による。

図 3.10　実質エネルギー価格の変化要因

3.4.3　エネルギーに対する資本深化

　実質エネルギー価格がプラスへと転じた第 II 期（1973-95 年）には、エネルギー価格の上昇が資本投入価格の上昇を上回るように π^K（$=P^E/P^K$）がプラスへ転じている（図 3.10）。第 II 期以降の π^K 上昇は、エネルギー消費を節約するような資本投入の拡大（省エネ投資）を促すだろう。エネルギーと資本の代替関係としての視点から、日本経済の経験を描いたものが図 3.11 である。ここでは横軸に資本投入価格を基準とした実質エネルギー価格（π^K）、縦軸にエネルギーに対する資本投入量の比率（K/E）の推移を描いている。ともに 1955 年値を 1.0 と基準化している。

　エネルギー投入を軸として、本書では K/E の上昇（一単位の資本サービス投入量に必要なエネルギー投入量が少なくなるような技術変化）を「エネルギーに対する資本深化」（capital deepening to energy）と呼ぼう[21]。資本財の稼働（アウトプット）のためにエネルギーが使用（インプット）されるという意味において、K/E は資本サービスを提供するためのエネルギー生産性とも理

---

21)　資本深化や労働浅化（3.4.4 節）について、その産業レベルでの定式化と分析は第 4 章でおこなう。

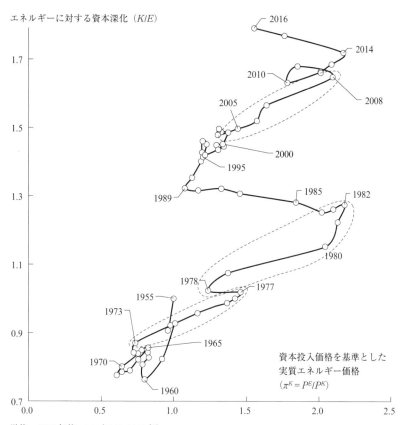

エネルギーに対する資本深化（*K*/*E*）

単位：1955 年値 =1.0（1955–2016 年）。
注：横軸の資本投入価格を基準とした実質エネルギー価格（π^K）は 3.2 節の(3.15)式による。

図 3.11　エネルギーに対する資本深化

解される。

　1990 年代後半からの情報通信技術の導入期など、より多くの電力使用に依存したコンピュータ制御された機械設備やデータセンターなどの資本蓄積の拡大によって、短期的には資本深化の逆行（*K*/*E* の低下）をもたらすかもしれない。図 3.11 でも 1995–2005 年などではわずかながらもその逆行や、総じて資本深化の停滞が見いだされる。しかし情報通信機器における省エネ性能の改善などにより、その停滞後には再び資本深化が進行している。ここでの全観察期間におけるより長期的な視点でみれば、第一次オイルショック

以降のわずかな例外期を除き、図 3.11 において左下から右上へと階段状に各ステージを昇っていくように、日本経済ではエネルギーに対する資本深化が進行している。1990 年代半ば以降の情報通信投資の拡大期を含めても[22]、一単位のエネルギー投入によってより多くの資本を稼働させるような技術変化がみられる[23]。

　日本経済のエネルギーに対する資本深化の長期傾向は、生産拡張や更新投資に伴って安価な省エネ技術が体化された資本財が導入されていく「意図せざる EPI」と、資本投入価格に対するエネルギー価格の上昇を反映した省エネ投資の拡大による「意図した EPI」の両者による。両者は明確に分離されるものではないが、とくに資本投入価格に対してエネルギー価格が上昇しながら資本深化が進行した典型的な「意図した EPI」の時期として、図 3.11 で右上がりとなる楕円で囲んだ 3 つの期間が見いだされる。それぞれの期間における事後的な資本・エネルギー間の代替の弾力性は、1973-77 年には 0.230、1978-82 年には 0.389、2004-08 年には 0.230 と評価される。興味深いことは、こうした相対価格変化によって代替（「意図した EPI」）が進行した後のエネルギー価格の低下（π^K の低下）期には、対称的に資本深化が逆行（K/E が低下）するものではなく、トップランナーをフォローする他の経済主体における省エネ技術の普及プロセス（「意図せざる EPI」）を経て、むしろわずかながらも資本深化が進行していることである。エネルギーと資本の代替においては、資本深化の逆行の歯止めと見えるこうしたラチェット効果が見いだされる。

3.4.4　エネルギーに対する労働浅化

　RUEC が上昇を始める第 III 期（1995-2016 年）は、名目エネルギー価格

---

22)　日本の設備投資（総固定資本形成）に占める情報通信資本のシェアの推移は第 5 章 5.3.3 節の図 5.5 を参照。

23)　ここでの資本サービス投入量は土地による資本サービスが含まれる。日本経済における 1960-2000 年では土地を含んだ資本サービスの年平均成長率は 5.9％であり、土地を除く固定資産へと限定した測定値（年率 7.6％）よりも 1.7 ポイント小さい（野村 2004）。図 3.11 のエネルギーに対する資本深化の長期傾向としては、エネルギー投入の視点から土地を除いた資本サービスとすれば、さらに顕著なものとなる。

(P^E) の上昇率は第Ⅱ期（1973–95 年）の 3 分の 1 にまで抑制されたが（図 3.8）、日本経済における 1990 年代後半からの労働投入価格（P^L）の低下により（図 3.7）、労働投入価格を基準とした実質エネルギー価格（π^L）もまた上昇へと転じている[24]。第Ⅲ期以降の π^L 上昇は、第Ⅰ期および第Ⅱ期にみられる一単位の労働投入量あたりのエネルギー消費量が拡大していく長期的な傾向から転じ、むしろ逆にそれが低下する、奇妙ともとれる技術代替を促している。

　エネルギーと労働投入の価格代替を描いた図 3.12 では、戦後日本経済成長における基調として、労働投入価格を基準とした実質エネルギー価格（π^L）の低下とともに、一単位の労働がより多くのエネルギー投入を必要とするような技術変化（L/E の低下）として定義される「エネルギーに対する労働浅化」（labor shallowing to energy）が見いだされる。図 3.11 における資本深化とは対照的に、図 3.12 において右上から左下へと変化する労働浅化は、1950 年代後半からの高度経済成長期においてとくに顕著となっている。

　それは高い労働生産性の改善を実現する原動力であった。すでに 1952 年には、英国電気技術者協会（Institute of Electrical Engineers）のコーネル・リーソン会長は比喩的な表現ながらも、「労働者の手にある 1kWh の増加はその能力を 10 倍にする」と表現した[25]。労働浅化は、外部からのエネルギー利用（インプット）を拡大することによって、労働サービスの提供（アウトプット）の品質を高めるような技術変化である[26]。経済成長のプロセスにおいて進行するこうした労働浅化は、労働投入から資本投入への代替、そして資本を稼働させるためのエネルギー投入の拡大という、資本を仲介とした 2

---

24)　この期間には女性就業者や短時間労働者の拡大があり、一人あたり賃金率ではさまざまな影響を含むが、学歴や年齢、就業形態など労働者の質的な相違を統御した品質調整済み労働投入価格指数の測定値によれば（第 1 章補論 A）、日本経済における労働投入価格の低下が 1997 年から 2012 年までの 15 年間継続している。それは先進国における経済成長の経験からも極めて特殊な事例である。

25)　"Electricity's Role in Industry–Contribution to Raising Productivity," *Financial Times*, October 30, 1952. における Colonel B. H. Leeson 氏のコメント。

26)　労働サービス量（アウトプット）の測定量には、エネルギー利用（インプット）拡大による質的変化は反映されず、L/E という意味でのエネルギー生産性は低下していく。しかし、それは X/L という労働生産性を大きく高めることに寄与するのである。

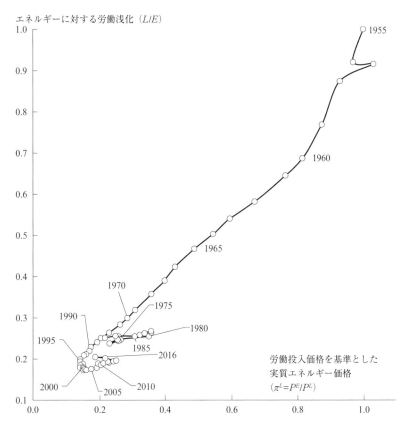

エネルギーに対する労働浅化（*L/E*）

単位：1955 年値 =1.0（1955-2016 年）。
注：横軸の労働投入価格を基準とした実質エネルギー価格（π^L）は 3.2 節の(3.16)式による。
図 3.12　エネルギーに対する労働浅化

つの技術変化の結果としても捉えられる[27]。

　日本経済における労働浅化の例外となる期間は 1973-87 年であり、実質エネルギー価格（π^L）が上昇することで労働浅化は停滞している。その後わずかな π^L の低下傾向でも労働浅化が再び進行するが、もうひとつの転換点は 2002/03 年にある。そこでは日本経済のデフレ傾向をもたらした賃金率低下を反映して、π^L がむしろ相対的に上昇し、それを受けて「労働浅化の逆行」

---

27)　こうした 2 つの技術変化による生産性指標に対する影響は、第 4 章 4.2.2 節の表 4.1 における Case-3 として数値例が与えられている。

（L/E の上昇）が見いだされる。π^L が上昇しても L/E が上昇しないような、（図 3.11 の資本深化にみられた）ラチェット効果は見いだされない。労働者は相対的に高価となる国内におけるエネルギー価格を反映して、その利用するエネルギー投入量を減じているのである。

　エネルギー消費を節約しても労働投入を拡大するような現象は、直接的には企業における省エネ担当者の設置・増員や省エネ診断士の増加、顧客の光熱水費などの経費削減実績から対価を得るような ESCO 事業などの拡大に相応すると捉えられる。しかし労働浅化という現象の多くは、長期化するデフレ経済のもとで労働投入から資本投入へと代替する技術変化の停滞を反映するものと考えられる。労働サービスの提供において利用するエネルギーを減少せざるをえなければ、リーソン氏による 60 年前の観察と対応して、労働生産性の改善は停滞ないし退行するものとなろう。2000 年代後半以降に加速する日本経済の EPI には（第 1 章 1.2 節や第 2 章 2.4.5 節）、もっとも重要な労働生産性の改善を犠牲としたエネルギー生産性改善の効果が含まれている[28]。

3.5　産業レベルの脆弱性評価

　本章の最後に、一国経済における RUEC 変化の産業起因を分析しよう[29]。本章での測定において一国経済を形成する 47 産業部門のうち、ここではエネルギー転換部門（13. 石油製品製造業、14. 石炭製品製造業、36. 電力業、37. ガス業）を除く 43 部門において、第Ⅲ期（1995–2016 年）における RUEC 平均値を基準として、43 産業を 4 つのパネルへと分割する。表 3.2 は 4 つのパネルごとの産業を示している。なお各パネル内における産業分類は、RUEC の 2016 年値を基準としてソートされている。その時系列推移はパネルごと

---

[28]　労働浅化による EPI への影響は、第 4 章 4.2.1 節の (4.10) 式を参照されたい。

[29]　一国全体における RUEC 変化率の産業要因への分解は $\Delta\ln RUEC = \sum_j (\overline{w}_j^E \Delta\ln V_j^E - \overline{w}_j^X \Delta\ln V_j^X)$ に基づく。ここで $\overline{w}_j^E$ および $\overline{w}_j^X$ は、それぞれエネルギー消費コストおよび産出額における産業別シェアの二期間平均値である（$\sum_j \overline{w}_j^E = \sum_j \overline{w}_j^X = 1.0$）。右辺の括弧内は、産業部門（$j$）別の一国集計レベルでの RUEC 変化率への寄与度を示している。

に図 3.13 から図 3.16 に描かれている。

　高い RUEC を持つ Panel-A は、エネルギー価格変動に対してもっとも影響を受けやすい投入構造を持つ産業群である。エネルギー多消費型産業である 10. 紙パルプ製品製造業、18. 鉄鋼業、12. 化学製品製造業、17. 窯業製品製造業、19. 非鉄金属製品製造業に加え、33. 航空輸送業と 31. 道路輸送業がここに含まれている。その最上位に位置する産業は 33. 航空輸送業であり、現在では航空燃料を中心にそのエネルギー消費額は産出額の 3 分の 1 以上（付加価値の半分以上）を占めている。こうした産業では、燃料の価格変動に対して極めて大きな影響を受けるため、2000 年代には運賃とは別建てとして燃料価格の変動を反映する燃油サーチャージが導入されている。

　エネルギー多消費型産業に加えて、3. その他鉱業、2. 石炭鉱業（すでにそれを専業とする事業者は日本国内に存在しない）、6. 繊維製品製造業など、産業内で生産される付加価値が長期にわたり停滞する産業群もこの Panel-A に含まれている。とくに 6. 繊維製品製造業は上位から 2 番目に位置し、1955 年の RUEC ではわずかに 7％ であったものが、この 60 年間に逓増し 2000 年代半ばからは 30％ ほどに到達する。高い RUEC は当該産業における低付加価値を主要因としている。その RUEC 水準は 33. 航空輸送業と同水準にあるが、エネルギー価格変動に対する脆弱性の評価は大きく異なる。33. 航空輸送業では燃油サーチャージによって経営への影響が一定程度切り離され、燃料価格高騰によっては海外の競合企業も同様な影響を受ける。他方、6. 繊維製品製造業では電力消費への依存度がより高く、日本国内における電力価格の高騰によって、国際市場で非対称な競争力の毀損を余儀なくされる。

　エネルギー多消費型の産業においても、高付加価値を実現できる産業とそうでない産業での乖離がみられる。10. 紙パルプ製品製造業と 19. 非鉄金属製品製造業の推移は対照的である（図 3.13）。ここでの観測期間の初期では、後者の RUEC は前者を上回るが、すぐにそれは逆転しオイルショック後からは大きく差が開いている。2016 年ではその乖離は 3 倍ほどに拡大している。10. 紙パルプ製品製造業が低付加価値から抜け出せなかったなか、非鉄金属ではコスト競争力を失った製品の国内生産からの撤退、中間財となるエ

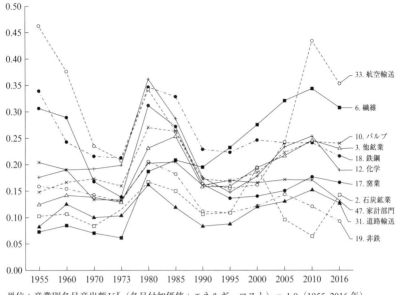

単位：産業別名目産出額V_j^X（名目付加価値＋エネルギーコスト）＝ 1.0（1955–2016 年）

図 3.13　産業別 RUEC（Panel-A）

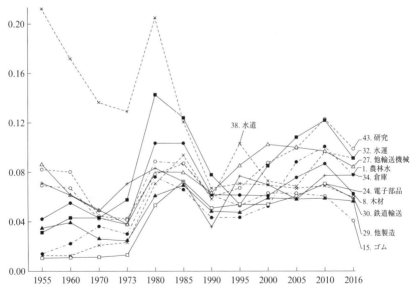

単位：産業別名目産出額V_j^X（名目付加価値＋エネルギーコスト）＝ 1.0（1955–2016 年）

図 3.14　産業別 RUEC（Panel-B）

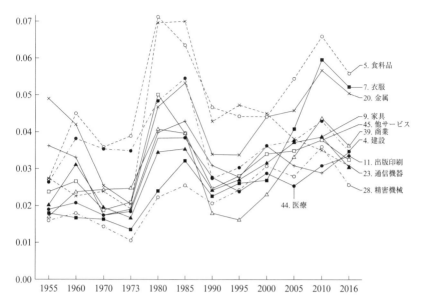

単位：産業別名目産出額V_i^x（名目付加価値＋エネルギーコスト）＝ 1.0（1955-2016 年）

図 3.15　産業別 RUEC（Panel-C）

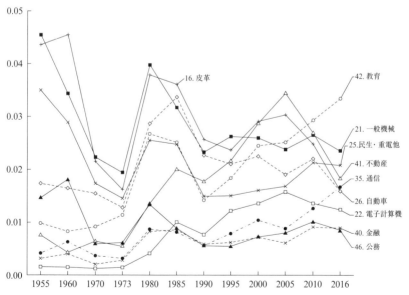

単位：産業別名目産出額V_i^x（名目付加価値＋エネルギーコスト）＝ 1.0（1955-2016 年）

図 3.16　産業別 RUEC（Panel-D）

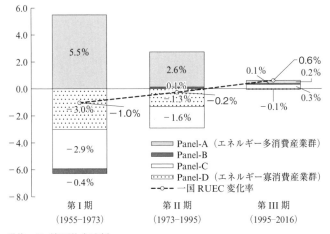

単位：％（年平均成長率）。
注：その定式化は脚注29による。

図 3.17　日本経済の RUEC 変化における産業起因

ネルギー多消費的な精錬プロセスの海外移転、また高付加価値型にシフトすることで RUEC が低下している[30]。

　一国全体の RUEC の変化率（図 3.6）に対して、4 つのパネルごとの産業要因について分解したものが図 3.17 である。第 I 期と第 II 期をみれば、エネルギー多消費型産業（Panel-A）における RUEC の拡大が一国経済の RUEC を高め、エネルギー寡消費型産業（Panel-C と Panel-D）における RUEC の低下がそれを押し下げている。しかし、両者の乖離は縮小する傾向にある。第 III 期には、もはや Panel-C 群も一国経済の RUEC を押し上げる要因へと転じている。近年における RUEC の拡大は（3.4.2 節の図 3.10 のように）賃金率の低下などを反映したデフレ型であり、その影響を産業別にみれば、エネルギー多消費型産業におけるコスト増加であるよりも、より裾野の広い産業に

30)　Kaltenegger et al.（2017）は中間財生産における間接的なエネルギーコストの重要性を指摘するが、ここでの RUEC の低下には中間財の輸入代替によるエネルギーコスト削減による影響が含まれている。第 5 章では中間財輸入を通じた間接的な電力消費の拡大傾向について考察する。本章で観察される RUEC の上昇期となる 1990 年代半ばは、日本経済において間接的な電力輸入への依存度が高まる時期と重なっている。

影響が及んでいる。日本経済におけるエネルギー価格高騰に対する脆弱性の
増大は、緩やかながらも広範な産業に見いだされるものとなっている。

3.6　本章の結び

　本章では日本経済における長期の実質単位エネルギーコスト（RUEC）と
その日米格差の測定により、エネルギー価格高騰に対する日本経済の耐性評
価をおこなってきた。測定結果によれば、米国でのシェール革命の恩恵が観
察される 2009 年以降より日米の RUEC 格差は急速に拡大しており、近年で
は日本は米国に比して 60％ほど高い RUEC に直面する。日米格差が拡大し
た要因は、両国におけるエネルギー生産性格差の縮小と実質エネルギー価格
差の拡大との両面による。近年、米国の EPI は高く、エネルギー生産性水
準における日本の優位性はこの 20 年で半減した。拡大した日米 RUEC 格差
は、かつての高度経済成長期におけるピークの水準に匹敵するものである。
　日本経済のエネルギー価格高騰に対する耐性はオイルショック後に改善し
てきたが、この 20 年間に再び脆弱化している。日本の RUEC が上昇へと転
じた転換点は 1990 年代半ばである。それは大きく 2 つの変化を反映してい
る。第一の変化は、第一次オイルショック後から上昇へと転じた実質エネル
ギー価格の上昇率が、第Ⅱ期（1973-95 年）から第Ⅲ期（1995-2016 年）にか
けてさらに高まったことである。これは、同期間に名目エネルギー価格の上
昇率が 3 分の 1 にまで低下したものの、第Ⅲ期に賃金率の下落によってアウ
トプット価格（付加価値価格）が低下し、デフレ型の実質エネルギー価格の
上昇をもたらしたことによる。デフレ型の RUEC 上昇は、エネルギー多消
費型産業への直接的な影響よりも、広範な産業においてエネルギー価格高騰
への耐性を脆弱化させる影響を持っている。
　第二の要因は、EPI の低迷である。第Ⅱ期から第Ⅲ期にかけて実質エネル
ギー価格の上昇が逓増したにもかかわらず、EPI は逓減している。その詳細
は第 2 章で考察されたが、安価に利用できる未導入の省エネ技術が限定され
るなかで、エネルギー生産性の改善により RUEC 上昇を抑制するような効
果は、実質エネルギー価格が上昇しようとも限定的なものとなっている。

　また 2000 年後半からの日本経済に観察される EPI の回復（第 2 章 2.4.5
節）は、あらためてその質が問われなければならないだろう。本章の分析に
よれば、エネルギー投入を軸とした日本経済の構造変化の基調として、一単
位のエネルギーの投入によってより多くの資本サービスの提供を可能とする
ような技術変化（K/E の上昇）である「エネルギーに対する資本深化」と、
一単位の労働がより多くのエネルギー投入を利用するような技術変化（L/E
の低下）としての「エネルギーに対する労働浅化」が進行している。労働浅
化は、外部からのエネルギー利用を拡大することによって、労働サービスに
よる生産力を高めていく技術変化であり、それは（多くの場合は資本蓄積を仲
介者として）労働生産性の改善を実現する大きな原動力であった。しかし
2000 年代前半からの日本経済では、むしろ「労働浅化の逆行」（L/E の上昇）
が見いだされる。それは賃金率が低下するデフレ経済のもとで、労働から資
本への代替が抑制され、労働生産性の改善が停滞したことを示唆している。
言い換えれば、近年の EPI の回復には、労働生産性の改善を犠牲とした効
果が含まれている。

　日本経済が長期的にゼロエミッション電源へのエネルギー転換の実現を目
指すとしても、実現には数十年を要する。その移行期間は必ずしも現在地と
目的地との直線上に位置づけない、過渡的な戦略が必要であろう。2017 年 1
月からは、日本でも米国からのシェールガス由来の LNG の輸入が始まった。
輸入調達先の多様化としての効果や日米貿易不均衡を緩和させる効果が期待
されていたものの、その輸入価格は同月に到着した東南アジアや豪州産の
LNG の平均値よりも 6-7 割高であったという[31]。

　短期・スポット市場の整備や LNG 備蓄の拡大などにより、輸入価格の低
下に向けた今後の努力も期待されるが、RUEC の抑制に向けて重要なこと
は、原子力や石炭利用を含めた適切なエネルギーミックスの構築を継続して
いくことである。再エネ拡大は化石燃料への依存度を低下させるが、国内で
は依然として高い発電コストに加え、その蓄積に伴い需給調整や系統増強の
ためのコスト負担を増大させる。それは日本経済の直面する実質エネルギー

---

31)　「米シェール輸入開始―LNG 価格抑える取引力急務」『日経産業新聞』2017 年 3 月 9
　　日。

価格を世界レベルからさらに大きく乖離させ、産業競争力を削いでいく。拙速なエネルギー転換によって RUEC を高めれば、海外での供給障害や急な需要拡大によって導かれる原油・LNG の価格高騰時におけるダメージは大きなものとなり、日本経済の抱えるリスクとなる。

　また近年の RUEC 上昇は、名目エネルギー価格の上昇よりも、むしろ産出価格の低下という日本経済の国内要因を源泉とする。長期化するデフレ経済は、エネルギー価格高騰に対する脆弱性も増大させてきた。労働生産性の改善を通じて賃金率を高め、2000 年代初めから進行する「労働浅化の逆行」を修正しなければならない。そのためには収益性の高い国内投資の拡大が求められる。規制的な省エネ政策や環境自主行動計画（2013 年度からは低炭素社会実行計画）などによるエネルギー消費抑制的な行動制約は、国内への投資を躊躇させ、海外へと向かわせる。時間をかけてより安価になっていく省エネ技術は、補助金により（省エネの）前倒しなどせずとも将来的には資本へと体化され、省エネ効果は自ずと経済体系に導入されていく。日本経済が労働浅化を逆行させるような技術変化の継続を強いるならば、労働生産性と経済成長とを犠牲とするものとなろう。

補論 D　FIT は太陽電池の価格低下を加速させたか

　2012 年 7 月、再生可能エネルギーの推進のため、余剰電力買取制から全量買取制へと拡張させた FIT 制度が導入された。政府が高い買取価格でも推進しなければならないとする根拠のひとつは、太陽電池メーカーなど国内産業の育成であった。しかし太陽電池（PV）モジュールでは国産品は安価な輸入品に代替されやすく、FIT 制度導入前に 20-30％ ほどであった日本の輸入シェアは、その導入から半年後の 2013 年第 1 四半期には一気に 70％ 近くへと拡大した[32]。

　もうひとつの根拠は、政策的な推進による生産量の拡大が将来の価格低下をもたらすという習熟効果（learning by doing）への期待である。再エネの発電コストが高くとも、政策的な推進によって将来の価格を低下させることができるならば、現在の支援政策の実施を正当化できよう。その代表的な例は、政策的な推進がなければ市場も形成されないような初期の段階にあり、現在では電動車（FCV や EV）の普及に不可欠である水素ステーションや急速充電スタンドの設置などが相応する。しかし PV モジュールは、FIT 導入前から長期にわたり価格が低下しており、すでにコモディティ化していた[33]。FIT 制度による急速な需要拡大は、その基調としての価格低下を「加速」させただろうか。

---

32)　CES 関数の推計による PV の国産品と輸入品の代替の弾力性は 5.66 と 1 を大きく上回り、太陽電池モジュールがすでにコモディティ化している商品であることを裏付けている。詳細は野村浩二・吉岡完治・大澤史織「太陽電池の輸入シェア弾性の測定と電力価格上昇によるシミュレーション」KEO Discussion Paper, No.131, 慶應義塾大学産業研究所（2013 年 1 月）を参照されたい。

33)　Nemet（2006）は PV の生産価格の低下として、大きく 4 つの段階に分離している。第 1 段階は 1980 年代までの米国を中心とした研究開発による技術プッシュ期、第 2 段階は 1980 年代から 1990 年代までの日本を中心とした政策主導によるニッチ市場の形成期、第 3 段階は 2000 年代のドイツによる再エネ推進による需要拡大期、そして第 4 段階が 2010 年代以降の世界市場規模の拡大と中国企業などを中心とした低価格競争期である。日本が FIT 制度を導入した 2012 年は市場が成熟した第 4 段階にあった。

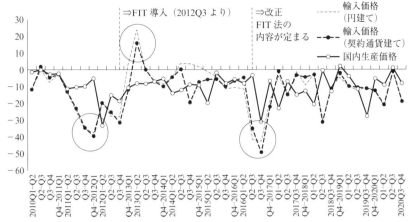

単位：%（各四半期の年率換算成長率：（2010 年第 1 四半期から 2020 年第 4 四半期）。
出典：日本銀行「国内企業物価指数」「輸入物価指数」に基づき作成。

図 3.18　太陽電池の輸入価格と国内生産価格の変化

　　日本の FIT 導入前後の PV 価格の実績をみよう。PV では日本銀行「企業
物価指数」により、良質な価格統計を利用できる。2010 年第 1 四半期から
2020 年第 4 四半期まで、太陽電池モジュールの輸入価格および国内生産価
格の変化を示したものが図 3.18 である。はじめに FIT 導入前夜となる 2011
年には、中国メーカーよる激しい低価格競争により、年率 20-40％もの価格
低下が実現している。それは大規模生産の追求による過当な消耗戦であり、
各メーカーは大きな余剰生産力を持っていた。

　　皮肉にも、その苦境を救ったのは日本の FIT 制度である。制度導入時の
2012 年第 3 四半期が大きな転換点となり、日本の輸入価格はむしろ「上昇」
へと転じた。2013 年の第 1 四半期から第 2 四半期には、円建ての輸入価格
は 23.3％（年率換算）もの上昇である。それは円安を主要因とするものでは
ない。同期間では、契約通貨建てでも年率 15.8％の上昇となっている[34]。

　　FIT 制度による国民負担の拡大、そして固定価格で買い取ってもらう権利
を持ちながらも未稼働なままにされた案件など、2012 年に拙速に導入され
た制度の問題が明確になり、2016 年に経済産業省は制度改革に向けた議論
を開始している。興味深いことに、改正 FIT 法の行方が定まる 2016 年第 3

四半期には、日本の輸入価格は逆に年率50％もの急速な価格下落を記録している。それはFIT推進期間内に上乗せされてきた価格プレミアムを削ぎ落とし、国際市況の基調として価格低下スケジュールへと戻るような動きである[35]。FIT制度の導入は、PVによる日本の高い発電コストを低下させることには逆効果だったのだ。

　高い買取期間によるノイズがあったとしても、中長期的にはPVモジュールの日本の輸入価格も生産価格も低下してきた（図3.18）。その内外価格差は解消へと向かったのだろうか。図3.19では、IEA-PVPS（2020）に基づき2010年（横軸）から2019年（縦軸）にかけての1Wあたりのモジュール単価（米ドル評価）の各国平均値をプロットしている（原点からの放射線状の右下に行くほど、この期間内における価格下落率が大きい）。各国の国内におけるバラツキも大きく、大まかな平均値の比較に留まるが、ここで測定されるほぼすべての国において、2019年におけるPVモジュール価格は2010年値の4分の1から6分の1以下にまで低下している。2010年時において高価であったオーストリアやドイツでは、2019年には世界水準にまで低下している。唯一の例外は日本である。（この期間には2割以上円安となっているにもかかわらず）内外価格差は縮小する方向に向かっていない。

　日本での土地利用や建設におけるコストは相対的に高いとしても、貿易財である機械設備における内外価格差は解消されるという見通しも一般には多くあった[36]。しかし図3.19は、コモディティ化したPVモジュールですら、内外価格差の解消はそれほど簡単ではないことを物語っている。1989年の日米構造協議では、日本の流通（卸小売業）における高コスト構造が指摘さ

---

34)　青島矢一・朝野賢司（2015）「固定価格買取制度がもたらす非効率性：日本の住宅用太陽光発電システム普及の分析」IIRワーキングペーパー、WP#15-10（一橋大学イノベーション研究センター）では、約120万件の家庭用太陽光発電システムのデータに基づいた分析により、FIT導入がコストダウンに貢献したとは言い難く、むしろ非効率性を助長する危険性を指摘している。

35)　野村浩二・天野智道（2014）「太陽光発電の高い買取価格は競争を阻害するか」RCGW Discussion Paper, No.49（日本政策投資銀行　設備投資研究所　地球温暖化研究センター）では、サーチモデルによるシミュレーションにより、FIT制度による高い買取価格の設定は「価格を上方へと引きつける張力」を持ち、むしろ「競争を阻害する」と分析されている。

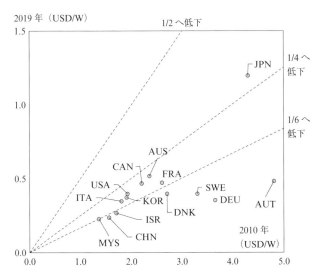

図3.19 世界の太陽電池モジュールの価格変化

単位：ドル/W。

出典：IEA-PVPS（2020）の太陽電池モジュール価格の国際比較に基づき作成。

注：各国の計数として幅のあるものはその中央値によって評価している。2019年値が計上されていないドイツは2017年値から、オランダは2018年値から、各国変化率の幾何平均値により算定している。また日本の2019年値は$1.57/Wと、その2018年値（$1.2）および2017年値（$1.12）よりさらに大きく上昇しており、この図では2018年値のままで固定している。

れ、その解消が求められた。その後、小売サービスの価格では価格差が縮小してきたものの、卸売サービスでは近年でも依然として大きな内外価格差が存在すると測定される[37]。それは必ずしも日本の卸売業者の非効率性を示す

---

36) たとえば杉山昌広・朝野賢司（2013）「固定価格買い取り制度（FIT）における太陽光発電の機動的な買い取り価格設定の必要性」（『エネルギー・資源学会論文誌』Vol.34, No.2）では、日本のFIT導入後のPVモジュールにおいて「今後輸入が増え競争が進むと、大きな内外価格差が長期にわたって継続するとは考えにくい」とし、日本では「価格低下の余地は大きい」と予想している。

37) 財の卸売・小売価格の比較は容易だが、（財の価格とは切り離した）そのサービス自体の内外価格差の測定は難しい。野村浩二・宮川幸三（2017）「日本の卸売・小売サービスは高いのか―マイクロデータに基づくマージン率推計と日米価格差」RIETI Discussion Paper, 17-J-026（経済産業研究所）による（一定の仮定に基づく）測定によれば、卸売サービスでは日米の内外価格差は近年でも依然として縮小されておらず、日米両国の一国経済における内外価格差を説明する大きな要因であると指摘される。

ものではなく、取引コスト低減という卸売業による狭義の機能に加え、情報提供、物流、金融機能などにおけるより高いサービス品質を示唆するかもしれない。要因の特定にはさらなる調査研究を要するが、卸売サービスの価格差は簡単には解消されず、それは日本経済の生産性水準が劣位する源泉のひとつである（第4章補論E）。太陽電池モジュールでは、太陽光発電による電力を高く買い取ってくれる日本の政策の存在自体が、皮肉にもPVモジュールの卸売サービスにおける価格を高め、硬直化させる要因となっている。

　日本の相対的に高い建設コストは、建設時の地域住民への配慮や労働者の安全確保を含めたより高いサービス品質の反映であるとも捉えられる。内外価格差が日本の消費者が求める高いサービス品質への要請に起因するものであれば、その解消は必ずしも将来に約束されたものではない。

　現在、日本は太陽光発電から洋上風力発電へと代えて、かつてと同様に楽観し、そして莫大な負担を電力消費者へと負わせる失敗を繰り返そうとしている[38]。PVモジュールにおける10年間の経験は、風車の輸入価格においても、価格差の解消が容易ではないだろうことを示唆している。内外価格差が持続すれば、必然的に生じる電力価格の上昇による直接・間接的な経済負担は大きなものとなろう。

---

38)　資源エネルギー庁のホームページで公開されている日本風力発電協会代表理事加藤仁氏へのインタビュー「風力発電は大型化や広域利用も可能な再エネ、政策として産業育成を」（2018年12月20日）では、陸上風力は日本の高い土地の価格が影響するが、洋上風力発電では「風車自体の価格は日本とヨーロッパ間で大きな差異は生じない」とし、建設工事のコストやメインテナンスの人件費でも日本の国内業者と「大きな差はつかない」とされる。現在の国際的なコスト格差は第6章6.3節を参照されたい。

付表

表 3.1　日本経済の RUEC とその変化要因

	RUEC		価格指数と TFP					実質エネルギー価格			エネルギー生産性		
			P^E	P^X	P^K	P^L	TFP	π	π^K	π^L	τ	σ	τ_*
1955	0.063	(1.00)	1.000	1.000	1.000	1.000	1.000	1.000	1.000	1.000	1.000	1.000	1.000
1956	0.066	(1.05)	1.053	1.055	1.095	1.087	1.032	0.998	0.962	0.969	0.984	0.943	1.006
1957	0.069	(1.09)	1.191	1.105	1.217	1.155	1.072	1.078	0.979	1.032	1.028	0.933	1.065
1958	0.067	(1.07)	1.148	1.088	1.135	1.235	1.088	1.055	1.011	0.929	1.023	0.952	1.052
1959	0.071	(1.12)	1.135	1.114	1.231	1.298	1.127	1.019	0.922	0.875	0.944	0.911	1.010
1960	0.070	(1.11)	1.148	1.156	1.435	1.408	1.212	0.993	0.800	0.816	0.930	0.874	1.036
1961	0.067	(1.07)	1.199	1.210	1.525	1.568	1.255	0.991	0.786	0.765	0.962	0.833	1.130
1962	0.068	(1.07)	1.221	1.244	1.472	1.817	1.283	0.981	0.830	0.672	0.950	0.868	1.074
1963	0.065	(1.04)	1.222	1.292	1.486	2.045	1.311	0.946	0.823	0.598	0.946	0.844	1.107
1964	0.063	(1.00)	1.244	1.334	1.596	2.277	1.381	0.932	0.780	0.546	0.969	0.804	1.186
1965	0.063	(1.01)	1.256	1.380	1.520	2.567	1.380	0.910	0.827	0.489	0.939	0.807	1.153
1966	0.061	(0.97)	1.235	1.443	1.632	2.865	1.435	0.855	0.756	0.431	0.915	0.811	1.116
1967	0.060	(0.95)	1.239	1.505	1.774	3.105	1.486	0.823	0.698	0.399	0.895	0.788	1.123
1968	0.057	(0.91)	1.241	1.572	1.929	3.465	1.559	0.789	0.643	0.358	0.900	0.764	1.163
1969	0.055	(0.88)	1.222	1.634	2.011	3.949	1.621	0.748	0.608	0.310	0.883	0.734	1.184
1970	0.056	(0.88)	1.303	1.718	2.026	4.578	1.660	0.759	0.643	0.285	0.893	0.713	1.241
1971	0.058	(0.92)	1.394	1.756	1.847	5.306	1.673	0.794	0.755	0.263	0.897	0.703	1.280
1972	0.055	(0.87)	1.375	1.839	1.899	5.988	1.714	0.748	0.724	0.230	0.889	0.702	1.278
1973	0.053	(0.84)	1.499	2.101	2.038	7.343	1.723	0.714	0.736	0.204	0.884	0.689	1.298
1974	0.069	(1.10)	2.393	2.448	2.055	9.263	1.721	0.978	1.165	0.258	0.926	0.709	1.319
1975	0.074	(1.17)	2.812	2.683	2.056	10.74	1.721	1.048	1.368	0.262	0.927	0.727	1.296
1976	0.075	(1.20)	3.112	2.867	2.190	11.77	1.748	1.085	1.421	0.264	0.941	0.726	1.323
1977	0.075	(1.19)	3.330	3.034	2.282	12.91	1.774	1.098	1.459	0.258	0.955	0.745	1.317
1978	0.067	(1.07)	3.155	3.173	2.547	13.66	1.818	0.994	1.238	0.231	0.968	0.728	1.376
1979	0.071	(1.13)	3.611	3.277	2.629	14.16	1.833	1.102	1.374	0.255	1.015	0.720	1.456
1980	0.094	(1.49)	5.255	3.487	2.574	15.00	1.817	1.507	2.041	0.350	1.052	0.752	1.452
1981	0.093	(1.47)	5.682	3.607	2.670	15.85	1.848	1.575	2.128	0.358	1.114	0.774	1.511
1982	0.091	(1.45)	5.890	3.667	2.707	16.48	1.871	1.606	2.176	0.357	1.153	0.783	1.561
1983	0.088	(1.40)	5.678	3.692	2.708	16.81	1.872	1.538	2.097	0.338	1.138	0.807	1.504
1984	0.086	(1.36)	5.548	3.708	2.751	17.18	1.893	1.496	2.017	0.323	1.138	0.785	1.542
1985	0.081	(1.28)	5.477	3.749	2.979	17.80	1.966	1.461	1.839	0.308	1.184	0.796	1.593
1986	0.065	(1.03)	4.496	3.777	3.092	18.08	1.969	1.190	1.454	0.249	1.197	0.814	1.589
1987	0.059	(0.93)	3.985	3.704	3.001	18.37	1.985	1.076	1.328	0.217	1.200	0.808	1.612
1988	0.054	(0.85)	3.673	3.733	3.141	19.04	2.036	0.984	1.169	0.193	1.203	0.806	1.627
1989	0.050	(0.79)	3.482	3.761	3.234	20.04	2.096	0.926	1.077	0.174	1.209	0.802	1.648
1990	0.051	(0.81)	3.620	3.830	3.212	21.39	2.173	0.945	1.127	0.169	1.213	0.829	1.600
1991	0.051	(0.81)	3.709	3.871	3.120	23.26	2.173	0.958	1.189	0.159	1.233	0.845	1.604
1992	0.050	(0.79)	3.661	3.899	2.985	23.98	2.151	0.939	1.227	0.153	1.231	0.842	1.629
1993	0.049	(0.77)	3.541	3.942	2.952	24.98	2.160	0.898	1.199	0.142	1.209	0.844	1.613
1994	0.050	(0.79)	3.486	3.954	2.915	24.63	2.125	0.882	1.196	0.142	1.165	0.843	1.566
1995	0.050	(0.79)	3.480	3.892	2.894	24.53	2.147	0.894	1.203	0.142	1.168	0.840	1.570
1996	0.052	(0.82)	3.652	3.893	3.003	25.14	2.214	0.938	1.216	0.145	1.189	0.846	1.588
1997	0.054	(0.86)	3.843	3.837	2.860	25.69	2.232	1.001	1.344	0.150	1.206	0.847	1.615
1998	0.052	(0.83)	3.593	3.791	2.776	25.29	2.205	0.948	1.294	0.142	1.184	0.865	1.579
1999	0.053	(0.85)	3.529	3.757	2.703	25.09	2.189	0.939	1.306	0.141	1.150	0.862	1.537
2000	0.056	(0.88)	3.738	3.760	2.798	24.93	2.219	0.994	1.336	0.150	1.172	0.868	1.558
2001	0.056	(0.89)	3.823	3.731	2.784	25.04	2.239	1.025	1.373	0.153	1.189	0.870	1.588
2002	0.056	(0.89)	3.721	3.687	2.805	24.61	2.250	1.009	1.326	0.151	1.177	0.878	1.558
2003	0.056	(0.89)	3.720	3.660	2.838	23.99	2.251	1.016	1.311	0.155	1.187	0.880	1.556
2004	0.057	(0.91)	3.776	3.652	2.899	23.56	2.260	1.034	1.303	0.160	1.181	0.890	1.543
2005	0.062	(0.98)	4.114	3.633	2.859	23.46	2.263	1.132	1.439	0.175	1.198	0.895	1.556
2006	0.066	(1.05)	4.455	3.626	2.839	23.22	2.261	1.229	1.569	0.192	1.215	0.895	1.576
2007	0.067	(1.07)	4.680	3.622	2.862	22.92	2.265	1.292	1.635	0.204	1.254	0.904	1.608
2008	0.077	(1.21)	5.350	3.559	2.558	23.31	2.233	1.503	2.091	0.230	1.285	0.916	1.628
2009	0.067	(1.06)	4.497	3.579	2.434	22.95	2.130	1.257	1.848	0.196	1.229	0.937	1.537
2010	0.069	(1.09)	4.658	3.577	2.620	22.79	2.199	1.302	1.778	0.204	1.242	0.904	1.602
2011	0.072	(1.15)	4.886	3.499	2.434	23.04	2.196	1.396	2.008	0.212	1.264	0.931	1.590
2012	0.074	(1.17)	5.127	3.551	2.553	22.71	2.201	1.444	2.008	0.226	1.277	0.926	1.610
2013	0.077	(1.22)	5.555	3.551	2.666	22.94	2.267	1.564	2.084	0.242	1.327	0.924	1.674
2014	0.079	(1.25)	5.856	3.582	2.702	23.34	2.290	1.635	2.167	0.251	1.359	0.925	1.715
2015	0.065	(1.03)	5.102	3.650	2.902	23.44	2.303	1.398	1.758	0.218	1.403	0.919	1.781
2016	0.057	(0.90)	4.465	3.655	2.880	23.87	2.292	1.221	1.550	0.187	1.414	0.917	1.799

単位：RUEC は名目産出額（V^X）=1.0。それ以外および括弧内は 1955 年値 =1.0。
注：σ は産業構造要因、τ_* は産業構造要因を統御したもとでの調整済みの真の EPI、τ はグロスの EPI。

表 3.2　産業別 RUEC

	1955	1960	1970	1973	1980	1985	1990	1995	2000	2005	2010	2016
Panel-A												
33. 航空輸送	0.462	0.376	0.235	0.208	0.342	0.262	0.164	0.155	0.161	0.243	0.434	0.353
6. 繊維	0.073	0.085	0.070	0.061	0.187	0.208	0.195	0.232	0.275	0.321	0.344	0.308
10. パルプ	0.148	0.166	0.173	0.159	0.270	0.263	0.173	0.169	0.185	0.223	0.244	0.240
3. 鉱業	0.124	0.142	0.138	0.129	0.231	0.254	0.158	0.159	0.195	0.217	0.246	0.230
18. 鉄鋼	0.339	0.243	0.216	0.212	0.347	0.328	0.229	0.223	0.246	0.241	0.241	0.216
12. 化学	0.176	0.190	0.192	0.198	0.361	0.287	0.176	0.147	0.178	0.234	0.254	0.189
17. 窯業	0.306	0.289	0.168	0.138	0.312	0.272	0.163	0.136	0.140	0.150	0.177	0.166
2. 石炭鉱業	0.103	0.107	0.083	0.115	0.167	0.150	0.106	0.109	0.194	0.096	0.064	0.143
47. 家計部門	0.204	0.190	0.134	0.133	0.202	0.205	0.161	0.170	0.166	0.171	0.170	0.132
31. 道路輸送	0.083	0.125	0.100	0.103	0.162	0.119	0.083	0.087	0.120	0.130	0.152	0.127
19. 非鉄	0.159	0.154	0.143	0.130	0.205	0.182	0.112	0.109	0.121	0.144	0.121	0.093
Panel-B												
43. 研究	0.082	0.080	0.044	0.043	0.078	0.087	0.060	0.067	0.088	0.099	0.123	0.099
38. 水道	0.013	0.013	0.021	0.023	0.070	0.094	0.058	0.103	0.073	0.068	0.096	0.091
32. 水運	0.031	0.043	0.043	0.058	0.143	0.124	0.078	0.053	0.085	0.108	0.122	0.091
27. 他輸送機械	0.087	0.062	0.050	0.038	0.080	0.080	0.063	0.086	0.102	0.100	0.097	0.084
1. 農林水	0.014	0.022	0.036	0.030	0.076	0.066	0.043	0.043	0.052	0.088	0.100	0.078
34. 倉庫	0.071	0.061	0.049	0.071	0.083	0.072	0.036	0.077	0.070	0.058	0.077	0.077
8. 木材	0.042	0.055	0.043	0.038	0.103	0.103	0.062	0.061	0.061	0.076	0.087	0.062
30. 鉄道輸送	0.212	0.172	0.136	0.129	0.205	0.121	0.067	0.071	0.069	0.067	0.069	0.060
24. 電子部品	0.010	0.011	0.011	0.013	0.053	0.072	0.051	0.054	0.054	0.061	0.071	0.059
29. 他製造	0.035	0.039	0.026	0.025	0.061	0.069	0.048	0.048	0.059	0.058	0.059	0.056
15. ゴム	0.069	0.067	0.042	0.041	0.089	0.087	0.061	0.053	0.063	0.063	0.061	0.041
Panel-C												
5. 食料品	0.027	0.045	0.036	0.039	0.071	0.063	0.047	0.044	0.044	0.054	0.066	0.056
7. 衣服	0.018	0.017	0.016	0.014	0.024	0.032	0.023	0.026	0.027	0.041	0.060	0.052
20. 金属	0.049	0.042	0.025	0.020	0.047	0.053	0.034	0.034	0.044	0.046	0.057	0.050
39. 商業	0.017	0.024	0.024	0.025	0.041	0.040	0.018	0.016	0.023	0.033	0.044	0.036
4. 建設	0.026	0.038	0.035	0.035	0.048	0.055	0.027	0.030	0.036	0.038	0.043	0.035
44. 医療	0.036	0.033	0.017	0.019	0.040	0.043	0.031	0.028	0.036	0.031	0.029	0.035
11. 出版印刷	0.019	0.021	0.017	0.018	0.038	0.038	0.028	0.024	0.029	0.025	0.031	0.034
45. 他サービス	0.024	0.027	0.019	0.021	0.050	0.040	0.025	0.028	0.031	0.035	0.038	0.032
23. 通信機器	0.027	0.023	0.024	0.019	0.070	0.070	0.043	0.047	0.045	0.038	0.035	0.031
9. 家具	0.020	0.031	0.020	0.017	0.035	0.035	0.024	0.027	0.032	0.037	0.039	0.030
28. 精密機械	0.016	0.018	0.014	0.011	0.022	0.025	0.021	0.024	0.031	0.028	0.036	0.026
Panel-D												
42. 教育	0.010	0.008	0.009	0.011	0.027	0.025	0.014	0.018	0.024	0.025	0.029	0.033
21. 一般機械	0.045	0.034	0.022	0.019	0.040	0.032	0.023	0.026	0.026	0.024	0.027	0.024
25. 民生・重電他	0.035	0.029	0.017	0.015	0.026	0.025	0.015	0.015	0.016	0.017	0.021	0.021
41. 不動産	0.008	0.004	0.006	0.005	0.014	0.020	0.018	0.022	0.029	0.034	0.027	0.018
35. 通信	0.004	0.006	0.004	0.003	0.009	0.008	0.006	0.008	0.010	0.009	0.013	0.017
16. 皮革	0.044	0.046	0.021	0.016	0.038	0.036	0.026	0.024	0.029	0.030	0.025	0.016
26. 自動車	0.017	0.016	0.015	0.013	0.029	0.034	0.023	0.021	0.023	0.019	0.022	0.016
22. 電子計算機	0.002	0.001	0.001	0.001	0.004	0.010	0.008	0.012	0.014	0.016	0.014	0.012
40. 金融	0.003	0.004	0.002	0.003	0.008	0.009	0.006	0.006	0.007	0.006	0.009	0.009
46. 公務	0.015	0.018	0.006	0.006	0.013	0.009	0.006	0.005	0.007	0.008	0.010	0.009

単位：産業別（名目）産出額（名目付加価値＋エネルギーコスト）を 1.0 とした指数。

第 4 章
エネルギー生産性と全体効率

4.1 はじめに

2030 年に向けた中期目標として、日本政府は「技術的にも可能で現実的な」対策として考えられうる限りのものを積み上げる「徹底した」省エネにより、最終エネルギー消費量（原油換算）として 5030 万 kl の削減（対策前比 13％減）を掲げた（経済産業省 2015）[1]。2050 年までの長期目標では、温室効果ガス排出を 80％削減させるとし、2019 年 6 月に大阪で開催された G20 のタイミングに合わせ「パリ協定に基づく成長戦略としての長期戦略」が閣議決定された（日本政府 2019）。そして 2020 年 10 月、80％削減に向けた現実的な道筋は見えないままに、政府はカーボンニュートラル宣言を表明した。そこでは「経済と環境の好循環」の実現を目指すとされる。

1992 年 6 月、リオ・デ・ジャネイロで開催された地球サミット（環境と開発に関する国際会議）以来、環境保護と経済成長の「両立」は世界的な課題となっている。それから 30 年近くが経過した。欧州を中心とした温室効果ガスの排出削減とともに、それをはるかに上回る中国での排出拡大があり、

---

1) 2021 年 4 月、米国が開催した「気候変動に関する首脳会議（サミット）」において、日本政府は 2030 年度の削減目標を 2013 年度比▲ 26％から▲ 46％へと大幅に高め、省エネ目標もさらなる上積みが検討されている。しかしわずかな削減目標でない限り、積み上げというアプローチ自体が有効ではない。本章で検討されるように、他の生産要素投入と独立に省エネを深堀りすることなどできない。

フリーライディング（free-riding）を抑制することの困難性も強く認識されてきている。原発の再稼働が進まず、国際的なパインプライン網にも送電網にも接続しておらず、化石燃料の輸入に大きく依存する日本が、「両立」の困難性を克服し、「好循環」をどう実現することができるだろうか。

　第一次オイルショック以降、省エネの推進は各国政府の仕事に組み込まれ、すでに半世紀近くが経過した。一般に「省エネ」という用語は、エネルギー効率性やエネルギー生産性と互換的に用いられることもあるが、一次エネルギー消費量の削減自体を意味している。それは大きく3つの要因へと分離される[2]。第一に、一次エネルギーから電力など二次エネルギーへと転換するうえでの効率性である。エネルギーの供給サイドで定義されるそれを、本書では狭義の「エネルギー効率性」と呼んでいる。第二に、品質を調整した一単位のエネルギー投入によって生産される産出量の拡大である。エネルギーにおける品質変化を統御したもとで、エネルギーの需要サイドにおいて定義されるそれを「エネルギー生産性」と呼ぶ。そして第三は、国内生産量の縮小である。

　省エネは原油換算エネルギー消費量の削減など、直接的に観察される指標によって評価されてきた。そこでの問題は、上述のような変化要因が見えない（そして問われない）ことである。省エネが全体としての経済効率や経済成長を犠牲とする懸念は大きい。発電における工学的なエネルギー効率性の改善は、より高価な発電プラントを必要とし、それによる資本生産性の悪化は全体的な経済効率を犠牲とするかもしれない[3]。一国経済レベルで観察されるエネルギー生産性改善（EPI）は、エネルギー多消費的な財の国内生産を海外へ移転したり、中間財の輸入へと切り替えたりしたことによる見かけ

---

2)　その定式化は第2章2.2.1節の(2.10)式を参照。

3)　日米の産業別TFP格差を分析するJorgenson, Nomura and Samuels（2016）では、2005年に米国に比して日本がもっとも劣位にある産業は農林水産業であり、その次に電力・ガス業などが続いている。電力部門でのTFP劣位における要因の特定は難しいが、日本では相対的に高い熱効率や脱硫・脱硝装置などの環境設備など、発電量あたりの資本投入量が大きいことも一因である。環境における便益がアウトプットである電力の品質として考慮されないもとでは、劣位にある電力・ガス部門のTFPは、日本の一国経済全体のTFP水準を1ポイントほど低下させる波及的な効果を持ち、日米間の競争力格差を固定化させる一因ともなっている（本章補論E）。

上の改善に過ぎないかもしれない（第 2 章 2.4.5 節）。安価に利用可能である技術的なポテンシャルとしての裏付けを持たずに、省エネ政策が規制的な性格を強めるならば、輸入財を通じて間接的に電力やエネルギーの輸入量を拡大させることで、不必要なレベルにまで空洞化を促すかもしれない（第 5 章 5.3.1 節）。一単位の労働に利用されるエネルギー投入量を拡大させながら労働生産性を高めていく経済成長のエンジンに反して、EPI は労働浅化の逆行（L/E の上昇）によって労働生産性の改善を犠牲とするかもしれない（第 3 章 3.4.4 節）。また、省エネ技術の多くは将来的にはその価格が低廉化し、いずれは更新投資の機会に自ずと組み込まれていくとすれば（第 3 章 3.4.3 節）、政府の目には省エネ政策による今日の成果と映るものが、実は将来の成果の前倒しに過ぎないのかもしれない（第 2 章 2.5 節）。エネルギー消費量の削減が観察されようとも、その削減要因は観察が困難なところに潜んでいる。

　社会における純便益の最大化は、必ずしもエネルギー生産性の最大化をもたらすものではない（Gillingham, Newell and Palmer 2009）。「環境と成長の好循環」の評価では、エネルギー効率性やエネルギー生産性という一面的な改善は、全体的な経済効率とは乖離しうる。戦後日本の経済成長プロセスにおいてほぼ一貫して実現してきた（真の）EPI では、その改善スピードは半世紀の間に大きく逓減したことが見いだされる（第 2 章 2.4.1 節）。安価に利用可能な省エネ技術が限られていくなか、表面的には省エネ政策によって「環境と成長の好循環」が実現するように見えようとも、その実は経済効率の低下や低成長を導くかもしれない。そして低成長は研究開発を含む国内投資を低迷させ、イノベーションとその社会実装による生産性改善を抑制し、長期的にはむしろ EPI を停滞させる。水平的な国際分業の深化のもと、そうした懸念はより大きなものとなっている。

　EPI が全要素生産性（TFP）の改善と経済成長を促進し、また経済成長が更新投資や省エネ投資、そして研究開発投資を促して、将来の EPI を実現していく。こうした「環境と成長の好循環」の実現のために、戦後日本経済の経験から何を学ぶことができるだろうか。本章ではエネルギーという投入のみに制約されず、資本と労働を含めた包括的な生産効率の視点から、EPI 実現のメカニズムを分析する。他の要素一定のもとでは、EPI は TFP 成長

に寄与し、またTFP成長はEPIにも寄与する。観察される両者は事後的なものであるが、産業レベルでの観察やその変化を通じて両者の関係と経済成長に伴うその変化を考察していく。

4.2節では、エネルギー生産性と全体効率の測定におけるフレームワークを構築し、TFPの持つ全体効率の評価指標としての含意、また生産効率の視点におけるEPIとTFP成長の相互の実現におけるメカニズムについて考察する。現実の経済成長における典型的な技術変化のパターンとしては、労働投入量（L）から資本投入量（K）への代替（機械化による労働節約などの「LK代替」）、エネルギー投入量（E）から資本投入量（K）への代替（省エネ投資などによる「EK代替」）などがある。こうした技術変化によるエネルギー生産性への影響は複雑であり、4.2.2節では簡単な数値例に基づいて考察していく。4.3節では、戦後日本経済における一国集計レベルおよび産業レベルでの測定に基づきEPIとTFP成長の要因分析をおこなう。4.4節は本章の結びとする。

4.2　フレームワーク

4.2.1　産業別生産性勘定

日本の産業別生産性勘定のフレームワークとして、ここではエネルギー生産性を軸とした分析に関する定式化をおこなう[4]。j産業における生産関数を次のように定義する。

$$(4.1)\quad Y_j = f(K_j, L_j, E_j, M_j, S_j, T_j),$$

ここでY_jはj産業における粗産出量であり、右辺の各変数は資本（K_j）、労働（L_j）、エネルギー（E_j）、原材料（M_j）、そしてサービス（S_j）の投入量（まとめて「KLEMS投入量」と呼ぶ）、T_jは当該産業における技術状態を表す

---

[4]　日本の生産性勘定は第1章補論Aを参照されたい。また第2章2.2.2節のように、ここでの勘定では、家計は産業部門のひとつ（第47産業部門）として産出およびエネルギー投入の両者が内生化されており、それにより一国経済は産業部門の集計量として捉えられる。

指標である。ここではエネルギー投入に関する分析のため、E_j は最終消費されるエネルギーに限られており[5]、石油精製業に投入される原油や発電部門に投入される石炭・天然ガスなど、エネルギー転換部門で消費される一次エネルギーは原材料（M_j）として格付けられている。産業部門ごとに、名目の投入産出バランスは次のように成立している。

$$(4.2) \quad V_j^Y(=P_j^Y Y_j)=\sum_\theta V_j^\theta(=P_j^\theta \theta_j), \quad (\theta=KLEMS)$$

ここで V_j^θ は、KLEMS 投入要素それぞれの名目コストであり、右辺の括弧内ではそれを価格と数量へと分離している（たとえば(4.2)式右辺では、エネルギー投入（$\theta=E$）において、名目投入コスト V_j^E がその価格 P_j^E と数量 E_j の積であることを表している）。j 産業における KLEMS 投入要素は、それぞれの内部における品質の相違を評価するための細分類を持っており[6]、その細分類からのトランスログ指数による品質調整済みの産業集計量として測定されている。

　とくにエネルギー投入についてみれば、j 産業におけるエネルギー投入コストは、エネルギー種（i）別コストの合計値として次のように定義される。

$$(4.3) \quad V_j^E=P_j^E E_j=\sum_i P_{ij}^E E_{f,ij},$$

ここで $E_{f,ij}$ は最終消費されるエネルギー量であり、P_{ij}^E はその価格である[7]。第2章 2.2.1 節と同様に、エネルギー種間の品質の相違をそれぞれの相対価格が近似するものと仮定して、エネルギー投入量の測定量を次のように定式

---

5)　最終エネルギー消費（final energy consumption）とは第2章 2.2.1 節の脚注5を参照されたい。

6)　長期時系列の分析における投入要素の品質統御のため、本章での測定における資本投入は、産業別に 142 の生産資産（ソフトウェア、R&D などを含む）、4つの在庫資産、5つの土地資産、18 の耐久消費財サービス（家計部門用）として、全体で 169 の資産に基づく資本サービスからの集計値によっている。また労働投入については、産業別に性、4つの学歴分類、11 の年齢階層、5つの就業上の地位のクロス分類として、440 の労働属性分類に基づく労働サービスからの集計値として測定される。

7)　エネルギー消費分析用に拡張された生産性体系では、エネルギー種別価格はその産業部門（j）によっても単価が異なって定義されるが、時系列的な価格変化は消費主体間では同一であると仮定されている。

化する。

$$(4.4) \quad \Delta\ln E_j = \sum_i \bar{v}_{ij}^E \Delta\ln E_{f,ij},$$

ここで Δ は連続する二期間の差分として、$\Delta\ln E_{f,ij}$ は産業別エネルギー種別の最終エネルギー消費量の成長率を示している。産業別の品質調整済みエネルギー投入量（quality-adjusted energy input: E_j）は、(4.4)式では最終エネルギー消費総額におけるエネルギー種別コストシェアの二期間平均値（$\bar{v}_{ij}^E$）をウェイトとしたトランスログ指数によって定義されている（$\sum_i \bar{v}_{ij}^E = 1$）[8]。(4.3)式での産業別集計エネルギー価格（P_j^E）は、V_j^E/E_j によってインプリシットに定義された品質調整済みの価格指数である。

　(4.1)式の生産関数において、規模に関する収穫一定と完全競争を仮定して、産業別の全要素生産性（total factor productivity: TFP）の成長率（τ_j^T）をトランスログ指数によって次のように定義する。

$$(4.5) \quad \tau_j^T = \Delta\ln Y_j - \sum_\theta \bar{v}_j^\theta \Delta\ln \theta_j, \quad (\theta = KLEMS).$$

ここで $\bar{v}_j^\theta$ は、産業別の粗産出額（V_j^Y）に占めるそれぞれの投入コストシェア（V_j^θ/V_j^Y）の二期間平均値であり、$\sum_\theta \bar{v}_j^\theta = 1.0$ である（$\theta = KLEMS$）。

　ここではエネルギー生産性の分析を目的とするため、産業別純産出量（X_j）をその実質付加価値と最終消費されるエネルギー投入量との集計量によって定義する。よって原材料（M_j）とサービス（S_j）が産業別中間投入となり、その集計中間投入量を N_j として次のように定義する。

$$(4.6) \quad \Delta\ln N_j = \bar{v}_j^{MN} \Delta\ln M_j + \bar{v}_j^{SN} \Delta\ln S_j,$$

ここで $\bar{v}_j^{\theta N}$（$\theta = MS$）は V_j^θ/V_j^N の二期間平均値である（$V_j^N = V_j^M + V_j^S$）。(4.1)式の生産関数において N_j と X_j が分離可能であるという仮定のもと、次式に基づいて純産出量 X_j がインプリシットに定義される。

---

8) 最終エネルギー消費（E_f）、最終エネルギー消費の一次エネルギー換算値（E_p）、品質調整済みエネルギー投入量（E）の関係やそこから定義される品質指数については、第 2 章 2.2.1 節を参照されたい。

$$(4.7) \quad \Delta\ln Y_j = (1-\bar{v}_j^X)\Delta\ln N_j + \bar{v}_j^X\Delta\ln X_j,$$

ここで$\bar{v}_j^X$は粗産出額に占める純産出額の名目シェア（V_j^X/V_j^Y）の二期間平均値である。(4.7)式を(4.5)式に代入して、産業別 TFP 成長率は

$$(4.8) \quad \tau_j^T = \bar{v}_j^X\Delta\ln X_j - \sum_\theta \bar{v}_j^\theta \Delta\ln\theta_j, \quad (\theta = KLE).$$

としても表現される。(4.5)式が粗生産ベースであったのに対して、(4.8)式は純生産ベースでの TFP の定義を与えている。

エネルギー投入量あたりの純産出量として、産業別エネルギー生産性の成長率をτ_j^Eとして次のように定義する[9]。

$$(4.9) \quad \tau_j^E = \Delta\ln X_j - \Delta\ln E_j,$$

また(4.8)式と(4.9)式よりエネルギー生産性の成長率について解けば、次式を得る。

$$(4.10) \quad \tau_j^E = (1/\bar{v}_j^X)\tau_j^T + (\bar{v}_j^K/\bar{v}_j^X)\Delta\ln\varepsilon_j^K + (\bar{v}_j^L/\bar{v}_j^X)\Delta\ln\varepsilon_j^L,$$

ここで右辺第二項のε_j^Kは、

$$(4.11) \quad \varepsilon_j^K = K_j/E_j,$$

であり、エネルギー投入量に対する資本投入量の比率を示している。本書ではε_j^Kの上昇を「エネルギーに対する資本深化」（capital deepening to energy）と呼んでいる（第3章 3.4.3 節）。それは、省エネ技術が体化された資本財の導入などにより、一単位のエネルギーの投入がより多くの資本サービスを稼働させるような技術変化を示している。(4.10)式の右辺第二項のように、資本深化は EPI 実現に寄与するものとなる。資本に組み込まれた省エネ技術の詳細については、資本の測定問題とともに 4.2.2 節で後述する。

---

9)　エネルギー生産性のグロス指標や、エネルギー品質や産業構造変化のフレームワークの詳細は第2章 2.2 節を参照されたい。本章での分析対象はそこでの調整済みエネルギー生産性のみであり、(4.9)式で定義されるτ_j^Eはエネルギー品質を調整した$\tau_{*,j}$（第2章 2.2.2 節 (2.15)式）に相応する。

同様に(4.10)式の右辺第三項のε_j^Lについても次式を定義する。

$$(4.12) \quad \varepsilon_j^L = L_j/E_j.$$

ε_j^Lは、エネルギー投入量に対する労働投入量の比率であり、本書ではε_j^Lの低下を「エネルギーに対する労働浅化」(labor shallowing to energy) と呼んでいる (第3章3.4.4節)[10]。労働浅化は、一単位の労働がより多くのエネルギー投入を利用するものとなるような技術変化である。バーツラフ・シュミルはその著『エネルギーの人類史』において、産業革命以来の持続的な労働生産性の改善は、エネルギー投入量の拡大によるものであると指摘する (Smil 2017)。それは長期にわたる労働浅化のプロセスである。

経済成長のプロセスにおいて顕著である労働浅化は、労働 (L) から資本 (K) への代替 (LK代替)、そして資本 (K) を稼働させるためのエネルギー消費 (E) の拡大 (KE補完) の2つの技術変化の結果であると捉えられる。(4.10)式に示されるように、労働浅化はエネルギーという一面からみた生産性であるτ_j^Eを直接的には悪化させ、またその逆行はτ_j^Eを上昇させる影響を持つ。このように(4.10)式は、EPI を TFP および資本深化・労働浅化による効果へと分離していく「EPI の要因分解」を与えている。

労働浅化により、その直接的な効果としてはエネルギー生産性が低下しようとも、その一方で同時に実現する労働生産性の改善が経済成長のエンジンとなってきたように、部分的であるよりも全体的な経済効率の評価が重要である。(4.9)式で定義したτ_j^Eはエネルギー投入という一面のみから生産効率を評価した指標であり、単要素生産性 (PFP) のひとつである。

同様に、j産業において資本と労働を含めて PFP の成長率を次式のようにまとめて定義しよう。

---

10) 戦後の日本経済の構造変化として、第3章では実質エネルギー価格の変化に対応してエネルギーに対する資本深化と労働浅化が優勢であったことが見いだされている。(4.11)式と(4.12)式はそれぞれエネルギー投入量に対する資本と労働の投入量の指数であるが、その優勢な変化傾向にしたがって(4.11)式のε_j^Kを資本深化、(4.12)式のε_j^Lを労働浅化と呼んでいる。本書ではエネルギーを分析の軸とするため、資本深化はエネルギーに対して定義されるが、一般に労働に対して定義される資本深化 (資本労働比率) とは異なることに注意されたい。

(4.13)　$\tau_j^\theta = \Delta\ln X_j - \Delta\ln\theta_j$,　$(\theta = KLE)$.

エネルギー、資本、労働投入による PFP を示す(4.13)式を用いれば、(4.8)式の産業別 TFP 成長率（τ_j^T）は、

(4.14)　$\tau_j^T = \sum_\theta \bar{v}_j^\theta \tau_j^\theta$,　$(\theta = KLE)$,

のように、KLE 投入要素の PFP 成長率それぞれの加重平均値としても解される。(4.14)式は、TFP 成長率として(4.5)式および(4.8)式の代替的な表現を与える。

　いま生産量一定のもとで、名目エネルギー価格（P_j^E）の上昇によって、エネルギーから資本や労働へと代替することで資本深化（K_j/E_j の上昇）や労働浅化の逆行（L_j/E_j の上昇）が起これば、エネルギー生産性は改善（$\tau_j^E > 0$）し、それぞれ資本生産性や労働生産性は悪化（$\tau_j^K < 0$ および $\tau_j^L < 0$）する。(4.14)式における EPI による TFP 成長率への寄与度（$\bar{v}_j^E \tau_j^E$）が、非エネルギー生産性の変化によるマイナスの寄与度（$\bar{v}_j^K \tau_j^K + \bar{v}_j^L \tau_j^L$）の絶対値よりも小さいならば、全体効率は悪化すると評価される。(4.14)式は、EPI による全体効率への直接的な寄与とともに、同時に進行する資本生産性と労働生産性の変化を含めた全体的な効率性変化を評価している。ここでは(4.14)式を「TFP 成長の PFP 分解」と呼ぼう。部分効率と全体効率の関係は複雑であり、その理解を補足するために 4.2.2 節では簡単な数値例によって考察しよう。

　生産効率の視点から「環境と成長の好循環」を、EPI が全体効率としての TFP 成長と経済成長とを促進するプロセスと、経済成長と TFP 成長が EPI を実現していくプロセスとして捉えよう。本章のフレームワークでみれば、(4.14)式の「TFP 成長の PFP 分解」はその前者を、(4.10)式の「EPI の要因分解」はその後者を評価するものである。両式は同じ現象の 2 つの側面であるが、4.3 節では期間ごとの両者の変化要因を測定しながら、その背景にある構造的なメカニズムを考察していく。

　本節での分析フレームワークの最後に、一国集計レベルでのエネルギー生産性の成長率（τ^E）をその産業別成長率（τ_j^E）の集計値として次のように定

義する[11]。

$$(4.15) \quad \tau^E = \sum_j \bar{s}_j \tau_j^E.$$

ここでウェイトとなる$\bar{s}_j$は、一国経済の最終エネルギー消費量（一次エネルギー換算値）である$E_p(=\sum_j E_{p,j})$の産業別シェア、

$$(4.16) \quad s_j = E_{p,j}/E_p,$$

の二期間平均値である（$\sum_j s_j = 1.0$）。(4.15)式におけるτ^Eは、一次エネルギーから二次エネルギーへの転換における効率性の変化、電力化など質の高いエネルギーの拡大、またエネルギー多消費型産業の生産拡大やサービス化などの進行による産業構造変化の要因を統御した、調整済みエネルギー生産性（adjusted energy productivity）の成長率として定義されている（第2章2.2.1節）。同時に(4.15)式は、一国全体のEPIの産業起因を明示する分解式を与えている。

(4.10)式を(4.15)式へと代入して、

$$(4.17) \quad \tau^E = \sum(\bar{s}_j/\bar{v}_j^X)\tau_j^T + \sum(\bar{s}_j\bar{v}_j^K/\bar{v}_j^X)\Delta\ln\varepsilon_j^K + \sum(\bar{s}_j\bar{v}_j^L/\bar{v}_j^X)\Delta\ln\varepsilon_j^L,$$

のように、一国経済における調整済みエネルギー生産性の成長率（左辺）は、産業別TFP変化による寄与度（右辺第一項）、産業別資本深化の寄与度（第二項）、そして産業別労働浅化の寄与度（第三項）へと分解される。(4.17)式は一国集計レベルにおける「EPIの要因分解」を与える。

4.2.2　エネルギー生産性に影響する技術変化

EPI要因分解の数量的な評価のためには、資本投入量の測定、とくに資本において体化されている技術進歩との関係を明確化することが必要である。技術が生産における投入要素に体化されているとする考え方は、「技術の体化仮説（embodiment hypothesis）」と呼ばれる。「体化」とは、技術進歩によって、新しい投入要素はそれ以前の投入要素よりも、言い換えれば資本では

---

11)　グロスのEPIと識別した議論である第2章2.2.2節(2.19)式のτ_tに相応している。本章では調整済みのEPIのみが分析対象であるため、表記を簡素化している。

より新しい製造年代（vintage）の資本財において、労働投入ではより新しい出生世代（cohort）において、より効率的であることを意味する概念である（Nadiri 1970）。

　近代経済成長の経験からみれば、実現してきた技術進歩の多くは機械設備やソフトウェアなどの「資本に体化された技術（capital-embodied technology）」であったと考えられる。経済測定としての観察は、資本に体化された技術進歩である「質」を資本投入の「量」における増加として測定することで、（それを除いた）非体化型の技術進歩である TFP 成長と識別するものである（Jorgenson 1966）。言い替えれば、ある製造年代における資本財の品質を基準とした測定単位を設定し、この単位に基づいて、資本に体化された技術進歩は品質統御された資本投入量（quality-adjusted capital input）の拡大として測定される（野村 2004）。

　資本測定において統御される品質とは、自動車であれば排気量、最大積載量、馬力など、資本財の提供するサービス能力量を示す指標である。それに対して、資本を稼働させるために必要なエネルギー消費量としての省エネ性能の改善は、一般的には資本財の品質を評価する一指標としても捉えられるが、質的改善による資本投入量の増加としては定義されない。新古典派的な資本測定論における資本投入量は、潜在的に提供しうるサービス量を評価するものであり（Hulten 1990）、資本の稼働状況にも依存したその実際の利用時におけるエネルギー効率とは切り離して考えられるからである[12]。省エネ性能が改善しようとも、資本財の提供するサービス能力が不変のままであれば、K_j の測定量は一定のままである。

　エネルギー生産性を変化させる技術変化を簡単な数値例によって評価しよう。いま算定の前提として、ある j 産業における粗生産額に占めるエネルギーコストの名目シェアは 5%（$\overline{v}_j^p=0.05$）、資本コストシェアは 20%（$\overline{v}_j^K=0.2$）、

---

12)　一般に、資本の稼働にはそのオペレーターなど労働サービスが付随的に必要である。資本投入量の品質として省エネ性能を考慮しないことは、必要となるオペレーターの人数や求められる労働者の低スキル化などが、測定される資本投入量と紐づけられていないことと類似的である。こうした定義に基づけば、資本財の提供するサービス能力量が不変のまま、省エネ性能の改善によって価格が上昇したとすれば、それは（資本量の拡大ではなく）資本財取得価格の上昇として捉えられる。

表 4.1　エネルギー生産性要因分解の数値例

		Case-1 省エネ技術の自律的導入	Case-2 EK 代替	Case-3 (LK 代替)	Case-3 LK 代替 +KE 補完
仮定	$\Delta \ln Y$	–	–	–	–
	$\Delta \ln E$	▲ 5.0	▲ 5.0	–	1.0
	$\Delta \ln K$	–	2.0	1.0	1.0
	$\Delta \ln L$	–	–	▲ 2.0	▲ 2.0
1）生産性成長率	TFP：τ^T	0.25	▲ 0.15	0.30	0.25
	資本生産性：τ^K	–	▲ 2.00	▲ 1.00	▲ 1.00
	労働生産性：τ^L	–	–	2.00	2.00
	エネルギー生産性：τ^E	5.00	5.00	–	▲ 1.00
2）エネルギーに対する資本深化／労働浅化	資本深化：$\Delta \ln \varepsilon^K$	5.00	7.00	1.00	–
	労働浅化：$\Delta \ln \varepsilon^L$	5.00	5.00	▲ 2.00	▲ 3.00
3）TFP 成長（τ^T）の PFP 分解	τ^K の寄与度	–	▲ 0.40	▲ 0.20	▲ 0.20
	τ^L の寄与度	–	–	0.50	0.50
	τ^E の寄与度	0.25	0.25	–	▲ 0.05
4）EPI（τ^E）の要因分解	τ^T の寄与度	0.50	▲ 0.30	0.60	0.50
	ε^K の寄与度	2.00	2.80	0.40	–
	ε^L の寄与度	2.50	2.50	▲ 1.00	▲ 1.50

単位：％（成長率）、パーセンテージ・ポイント（寄与度）。

注：$\bar{v}_j^E$、$\bar{v}_j^K$、$\bar{v}_j^L$ はそれぞれ 5％、20％、25％ と想定している（よって $\bar{v}_j^X$=0.5）。ε_j^L はマイナスのとき労働浅化、プラスのとき労働浅化の逆行を示す。

そして労働コストシェアは 25％（$\bar{v}_j^L$=0.25）とする（よって $\bar{v}_j^X$=0.5）。簡単化のため、各コストシェアは技術変化の前後で不変であると仮定しよう。表4.1 では、エネルギー生産性に影響する技術変化として 3 つの典型的なケースを想定し、各ケースにおける産出量および KLE 投入量の変化に関する仮定（表4.1 の上段）のもとで、1）各 PFP と TFP の変化、2）エネルギーに対する資本深化と労働浅化、3）TFP 成長の PFP 分解、そして 4）EPI の要因分解として、4 つのブロックにまとめて算定値を示している。

　いま第一の事例（Case-1）として、既存資産からの更新投資（replacement investment）によって、資本財の（省エネ性能を除く）能力とその価格も不変のまま、資本に体化された省エネ技術が追加的なコスト負担もなく自律的に導入され、省エネ性能のみが 5％改善したとしよう。このとき更新投資の前後において、K_j と Y_j は一定のまま E_j のみ 5％減少（よって EPI は 5％改善）

することから、(4.14)式において当該産業における TFP は 0.25 ポイント（$\bar{v}_j^E \tau_j^E$=0.05 × 5%）だけ上昇する。このように Case-1 における資本に体化された省エネ技術の自律的な導入は、資本投入量 K_j の拡大ではなく、非体化型の技術進歩である TFP の改善として測定される。資本生産性と労働生産性はともに不変のままである。

　Case-2 では、鉄鋼業での転炉排ガスの回収設備や高炉の炉頂圧発電などのように、省エネ自体を目的として分離して実施される設備投資（設備や建物の大規模改修を含む）を想定しよう。Case-2 における明示的な省エネ投資は、（Case-1 とは異なり）資本投入量 K_j の拡大に含まれる。省エネを目的とした資本拡張（EK 代替）により、産出量は不変のままにエネルギー消費量が（Case-1 と同量の）5%削減され、資本投入量が2%拡大したとしよう。そのとき当該産業の TFP は 0.15 ポイントだけ低下する。この事例では、(4.14)式に基づいて省エネ投資による EPI（5%の改善）は（Case-1 と同様に）TFP を 0.25 ポイント押し上げる（$\bar{v}_j^E \tau_j^E$=0.05 × 5%）ものの、同時に発生する資本生産性の低下（▲2%）による TFP 成長率へのマイナスの寄与度（$\bar{v}_j^K \tau_j^K$=0.20 × ▲2% = ▲0.4 ポイント）がそれを上回り、全体効率としての TFP を 0.15%悪化させるからである。

　2つの事例をみたように、資本に体化された省エネ技術の導入は、既存資産における省エネ性能の改善として資本投入量の拡大を伴わないもの（Case-1）と、資本拡大を伴うもの（Case-2）の2つが存在している。前者は TFP 成長をもたらすが（ただし EPI 自体の改善率に比して TFP 成長率への寄与度は大幅に小さい）、後者では同時に生じる資本生産性の悪化により全体効率としての TFP 変化の方向性は事前には定まらない。この数値例では、省エネ投資が全体効率を犠牲とする姿が描かれている。

　あらためてこの2つの数値例を、(4.10)式における EPI の要因分解としてみよう。Case-1 では資本と労働投入量は不変のままであるが、エネルギー投入量の低下によりエネルギーに対する資本深化（ε_j^K）および労働浅化（ε_j^l）の両指標ともに 5%上昇している（表4.1 の第2ブロック）。ε_j^l の上昇は労働浅化の逆行を示している。この2つの変化は、エネルギー投入量あたりの産出量として定義される τ_j^E を高める効果を持つ。(4.10)式に基づけば、資

本深化は 2.0 ポイント（=5%*0.2/0.5）、労働浅化の逆行は 2.5 ポイント（=5%*0.25/0.5）、それぞれ EPI に貢献する（表 4.1 の第 4 ブロック）。この事例では TFP 成長は 0.25% であり、それによる EPI への貢献は 0.5 ポイント（=0.25%/0.5）である。Case-1 での省エネは直接的に TFP 成長をもたらす（τ_i^K や τ_i^L には影響しない）ものの、EPI への貢献でみれば労働浅化の逆行や資本深化を通じた効果がより大きな寄与度を持っている。

　Case-2 では、EPI の要因分解として、TFP は ▲ 0.3 ポイント（= ▲ 0.15%/0.5）、資本深化は 2.8 ポイント（=7%*0.2/0.5）、労働浅化の逆行は 2.5 ポイント（=5%*0.25/0.5）である。Case-1 からの Case-2 の差分でみれば（ともに EPI は 5% である）、資本深化の寄与度における増加分 0.8 ポイントが省エネ投資の拡大による効果であり、その分だけ（0.5 ポイントの改善から 0.3 ポイントの悪化へと）TFP 成長による EPI 寄与度が低下している（表 4.1 の第 4 ブロック）[13]。

　第三の数値例として、そして実際の経済成長プロセスではおそらくもっとも大きな影響を持つ効果として、Case-3 では労働と資本との代替（LK 代替）を通じたエネルギー生産性への間接的な影響をみよう。ここではそれを二段階へと分離し、はじめに仮想的ながら資本拡大はエネルギー消費量には影響しないとしたもとで、機械化による労働代替によって、その産出量 Y_i は一定のまま、K_i を 1% 拡大（資本生産性は 1% 悪化）し、L_i を 2% 減少（労働生産性は 2% 改善）させたとしよう。Case-1 や Case-2 は労働浅化を逆行させているが、Case-3 での LK 代替は労働浅化（マイナスの $\Delta\ln\varepsilon_i^L$）をもたらす。このとき (4.14) 式により、TFP 成長率に対して資本生産性は ▲ 0.2 ポイント、労働生産性はプラス 0.5 ポイントの寄与度を持ち（表 4.1 の第 3 ブロック）、全体効率は 0.3% 改善する。ここで EPI はゼロであるが、(4.10) 式による要因分解によれば、それは TFP と資本深化によるそれぞれ 0.6 ポイントと 0.4

ポイントのプラスの寄与度と、労働浅化による 1.0 ポイントのマイナスの寄与度の合計である（表 4.1 の第 4 ブロック）。機械化による労働代替は、資本深化や全体効率の改善による EPI をもたらすが、エネルギーに対する労働浅化がそれをちょうど相殺している。

　LK 代替によって拡張した資本は、その稼働においてエネルギー投入量の拡大を必要とする（KE 補完）。Case-3 の第二段階では、K_j の 1% 拡大に伴い、エネルギー消費もまた同量だけ増加するとしよう。それは、τ_j^E を 1% 悪化させ、そのもとでの全体効率の改善は 0.25% となり、KE 補完を考慮しなかった第一段階に比して 0.05 ポイント低下している（表 4.1 の第 1 ブロック）。τ_j^E への寄与度でみれば、第一段階に比して TFP、資本深化、および労働浅化の寄与度がそれぞれ 0.1 ポイント、0.4 ポイント、0.5 ポイント低下する（表 4.1 の第 4 ブロック）。Case-3 全体として LK 代替と KE 補完のセットによっては、TFP 成長による恩恵を受けながらも、労働浅化による大きなマイナスの影響によって、τ_j^E は低下していく。

　Case-3 における τ_j^E の低下は、その産出量を固定して KLE の代替・補完関係のみにフォーカスする、ここでの数値例の簡単化に依存している。産出量の拡大を伴うものでなければ、表 4.1 に示されるように LK 代替と KE 補完のセットによる技術変化は直接的にはエネルギー生産性を悪化させる方向（マイナスの τ_j^E）へと誘導する。しかし現実の経済成長のプロセスでは、機械化などによる労働から資本への代替は、プラント規模の拡大などによる生産拡張投資あるいは生産物の品質を高めることで産出量（実質付加価値）の拡大を導くような技術導入と一体とした変化であり、産出量は K_j/L_j を上昇させながら非相似的（ノンホモセティック）に拡大していく（Ozaki 2004; 尾崎 2004）[14]。そうした産出拡大は非体化型の技術進歩である TFP（すべての PFP）をより一段高め、τ_j^E もプラスへと転じさせるものとなる[15]。後述するように、日本の一国経済としての長期経済成長の経験においても、TFP 成長による EPI への寄与度がもっとも大きな要因であったことが測定される（4.3.1 節の図 4.2）。

　実際の日本経済に観察される測定値は、こうした技術変化のミックスした影響である。とくに高度経済成長期では、輸入した機械設備に体化された生

産能力の向上など、いわゆる「借りた技術（borrowed technology）」の導入による資本投入の拡大に伴う影響も大きい。それは Case-1 のような（資本投入量の拡大なしに）省エネを実現する技術変化に加えて、産出拡大による TFP 成長を導き、力強い EPI を実現していく。エネルギーと資本投入との関係性における類型としては、Case-2（EK 代替）は省エネ投資による「意図した EPI」であり、Case-3 や Case-1 あるいは「借りた技術」による効果は「意図せざる EPI」と呼ぶことができよう。

4.3　エネルギー生産性と TFP

4.3.1　EPI の要因分解

　戦後日本経済においては、一国集計レベルではほぼ一貫した EPI が見いだされる。図 4.1 の線グラフは（調整済み）エネルギー生産性の推移であり、2016 年の水準は 1955 年比 1.8 倍ほどに上昇している。EPI の産業起因は第 2 章 2.4 節に考察してきたが、図 4.1 では(4.15)式に基づき大きく製造業と非製造業（家計部門を含む）による EPI 寄与度（累積した寄与度）を背景としている。短期的な変動を除けば、一国全体の EPI はすべて製造業による貢献であり、非製造業（家計部門を含む）ではむしろエネルギー生産性を悪化させている（その相殺された合計値が一国全体の EPI となっている）。

　製造業では 1960 年代および 1970 年代の EPI が顕著であるが、その期間にも非製造業では第一次オイルショック後から 1980 年代後半まで穏やかな

---

14)　尾崎巌教授（慶應義塾大学名誉教授）は日本の工業統計表に基づいた詳細な産業レベルでのノンホモセティック型生産関数（国際的な論文誌でも「尾崎型生産関数」と呼ばれ、早稲田大学の中村慎一郎教授によって一般化された）を繰り返し実測しており、多くの製造業における安定的な傾向として、生産拡張に伴って比例的ないしはより拡張的に資本が投入され、労働投入は生産拡張よりも低いスピードであることを見いだしている（その結果として、資本労働比率のK_j/L_jは上昇していく）。それは経済成長に伴ってプラントレベルにおける資本生産性が低下し、労働生産性が上昇していくことを意味するものである。

15)　言い換えれば、低成長ないしゼロ成長のもとでは真の EPI の実現は難しいことを Case-3 は示している。低成長下で観察されるグロス EPI は、産業構造変化や中間財の輸入効果など、見かけ上の効果である可能性が大きい。

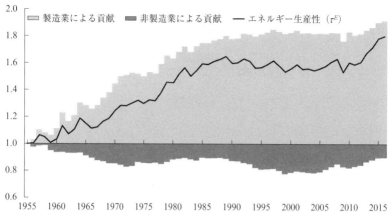

単位：1955 年値 =1.0（1955–2016 年）。

注：一国全体の EPI の産業起因は (4.15) 式による。

図 4.1 エネルギー生産性（製造業とサービス業）

改善がみられるのみである。日本経済が長期停滞へと入る 1990 年代初めからは、EPI でも「失われた 20 年」となっている。その間、製造業ではエネルギー生産性がほぼ横ばいとなる。低成長が継続するなかで景気変動など需要側の影響を受けやすいサービス業では、エネルギー生産性は 2000 年代半ばまで悪化している。近年の回復への転換点は、製造業では第 2 次安倍内閣におけるアベノミクスの開始時ほどであり、そして非製造業ではそれより早く 2000 年代半ばからである。しかし非製造業における改善も、1980 年代半ばの水準へと戻るほどの回復に留まっている。

図 4.2 では、（図 4.1 と同じ）一国集計レベルでのエネルギー生産性指数に対し、(4.17) 式に基づき資本深化、労働浅化、そして TFP 成長による 3 つの効果（累積寄与度）への分解を描いている。日本経済での長期の EPI 実現として、4.2.2 節の数値例で考察したような技術変化による影響評価を前提とすれば、次のような観察事実が見いだされる[16]。

第一に、労働浅化によるエネルギー生産性の低下である。経済成長のプロセスには、機械化などによる労働から資本への代替（LK 代替）、そして資本

---

16) 図 4.2 の計数は後述する表 4.2 を参照。

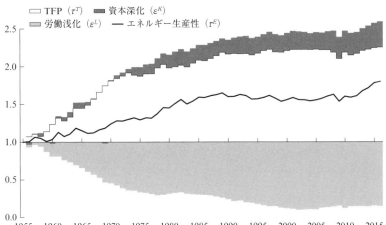

単位：1955 年値 =1.0（1955-2016 年）。

注：(5.17)式における分解に基づく累積寄与度。

図 4.2　エネルギー生産性と変化要因の累積寄与度

の稼働のためのエネルギー投入の拡大（KE 補完）が必要である[17]。それにより、一単位の労働がその生産活動においてより多くのエネルギー投入を利用する技術変化である労働浅化（L/E の低下）が進行している。それは労働生産性を改善させる源泉となり、また同時に（直接的な効果として）エネルギー生産性の悪化をもたらす。労働浅化はこのすべての観察期間に実現した EPI の改善分を 15%上回る、大きなマイナスの影響を持っている。

　第二に、長期の EPI 実現における最大の要因は TFP 成長である。1955 年から 2016 年までの TFP 成長による EPI へのプラスの累積寄与度は、労働浅化によるマイナスの累積寄与度を 47%上回っている。長期的に進行する労働浅化は、直接的にはエネルギー生産性の悪化をもたらすものの、産出量の拡大を伴いながら実現される労働生産性の改善はそれを相殺し、生産における全体効率（TFP）の改善を導く。そして全体効率の改善によって間接的

---

17)　「もはや戦後ではない」、1956 年の『経済白書』（経済企画庁）は日本経済の状況をそう表現した。しかし、それは単なる戦後経済の終焉宣言ではなく、ここからの経済成長は、旺盛な復興需要や朝鮮特需に依存していた成長パターンではなく、痛みを伴う産業構造の近代化とより多くの資本蓄積が必要となることを指摘するものであった。

表 4.2　一国経済の中長期 EPI の変化要因

	EPI	TFP	資本深化	労働浅化
1955–2016	0.96	1.63(1.69)	0.44(0.46)	−1.11(−1.15)
1973–2016	0.76	0.62(0.82)	0.53(0.70)	−0.39(−0.52)
1990–2016	0.45	0.27(0.60)	0.46(1.03)	−0.28(−0.63)

単位：EPI は％（年平均成長率）、それ以外はパーセンテージ・ポイント（EPI へ
の寄与度）。なお括弧内は各期間における EPI を 1.0 とした寄与率（％）を
示している。

に実現される EPI は、労働浅化による直接的なマイナスの効果を上回って
いく。日本経済の経験は、労働浅化による直接的なエネルギー生産性の低下
は、TFP の改善によって十分に相殺されてきたことを示している。

　第三に、資本深化による EPI の実現は、全期間内の累積寄与度として、
TFP 成長によるプラスの寄与を大きく下回る。資本深化は、4.2.2 節での数
値例のようにさまざまな影響を受けるが、ひとつの要因は省エネ投資（表
4.1 の Case-2 における EK 代替）である。一般に、企業や家計などのミクロ的
な経験によれば、EPI 実現のアクセルは省エネ投資であると捉えられる。し
かし図 4.2 によれば、資本深化による全観察期間の累積的な貢献度は、TFP
成長によるそれの 27％に過ぎない。戦後日本経済における長期の EPI 実現
は、省エネ投資という直接的な要因（意図した EPI）よりも、生産における
全体効率の改善という間接的な要因（意図せざる EPI）が優勢であったこと
を示している。

　こうした見方は分析期間に依存している。表 4.2 は観察の開始時点を変え
て、全観察期間（1955–2016 年）とともに、第一次オイルショック後の累積
値（1973–2016 年）、および 1990 年からの累積値（1990–2016 年）として、中
長期的の EPI の要因分解（年平均成長率）を示している。全観察期間（図
4.2）では、EPI の改善（年平均 0.96％）は労働浅化による EPI に対するマイ
ナスの影響（▲ 1.15 ポイントの寄与率）を、TFP 成長による寄与率（1.69 ポ
イント）と資本深化による寄与率（0.46 ポイント）とによって相殺した結果
である。

　分析期間を第一次オイルショック後の 1973 年以降とすれば、EPI に対す
る資本深化による寄与率は 0.46 ポイントから 0.70 ポイントへと拡大するが、

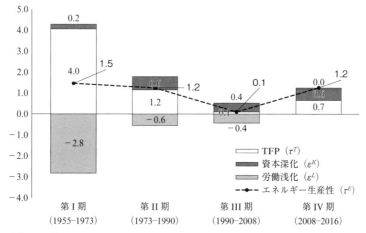

単位：％（年平均成長率）。

注：(4.17)式における分解に基づく。なおここでのEPIは第2章 2.4.1 節の図 2.7 での
　　調整済みEPI（τ_*）と整合している。

図 4.3　一国経済における EPI の要因分解

それでも TFP 成長による全体効率の改善（0.82 ポイント）を下回る。さらに
1990 年以降に限れば、EPI に対する資本深化による寄与率は 1.03 ポイント
にまで拡大し、日本経済の低成長を反映して TFP による寄与率（0.60 ポイン
ト）を逆転する。1990 年代以降の TFP 成長の低迷と資本深化との関係は
4.3.4 節以降での産業レベルの測定値に基づいて考察しよう。

　この観察期間内に日本経済の構造は大きく変化している。第 2 章と同様に、
第 I 期（1955-73 年）、第 II 期（1973-90 年）、第 III 期（1990-2008 年）、第 IV 期
（2008-16 年）という 4 つの分析期間を設定しよう。図 4.3 は (4.17) 式に基づ
く一国集計レベルでの EPI の改善率とその変化要因として、4 つの分析期間
における TFP、資本深化、労働浅化の 3 つの効果による EPI への寄与度
（期間平均値）を示している。

　一国経済の EPI は、第 I 期における年率 1.5％から第 II 期には 1.2％へと
低下し、そして第 III 期には 0.1％まで逓減している。1955 年からの半世紀近
くの間における EPI 逓減の主要因は、TFP による寄与度の縮小にある。第
I 期の 4.0 ポイントから、第 II 期には 1.2 ポイントへ、そして第 III 期には

0.1 ポイントまで大きく逓減している。同期間に、労働浅化によるマイナスの EPI 寄与度も逓減するが、労働浅化による EPI 寄与度（負値の絶対値）を分母とし、TFP 成長による EPI 寄与度を分子とした指数によれば、第 I 期から第 II 期にかけて 1.4（＝4.0/2.8）から 2.1（＝1.2/0.6）となり、TFP 成長による EPI 寄与度は相対的に拡大している。

　第 III 期には、TFP 成長による間接的な EPI（0.1 ポイント）は、もはや労働浅化によるマイナスの効果（▲0.4 ポイント）を相殺するには力不足となり、EK 代替に基づく資本深化の寄与度（0.4 ポイント）によって、かろうじてプラスの EPI を保っている。

　そして第 IV 期には EPI は再び第一次オイルショック後の第 II 期と同じレベルにまで回復している。第 2 章 2.4.5 節では第 IV 期における EPI 回復の要因として、化学工業における（産業レベルでは観察されない）製品構成変化が大きいことを示した。EPI の要因分解からみれば、第 IV 期における回復は第 III 期との比較では、TFP 成長による寄与度によって 0.6 ポイント、労働浅化の逆行（L/E の上昇）により 0.4 ポイント、そして資本深化（K/E の上昇）により 0.2 ポイントの増加による。それはどう理解されるだろうか。以下では、分析期間ごとの産業レベルの測定値に基づき、こうした要因の意味を考察していこう。

4.3.2 第 I 期（1955–73 年）

　一国経済レベルでは、労働浅化は第 I 期（1955–73 年）にもっとも早く進行し、エネルギー生産性を年率 2.8 ポイント低下させる要因であった（図 4.3）。しかし労働浅化に伴うエネルギー生産性の悪化は、高度成長を実現するための必然的な代償であったと言える。こうした代償を払おうとも、旺盛な資本蓄積によってもたらされる TFP 改善によって十分に報われてきた。そのことは多くの産業で成立している。図 4.4 では横軸に労働浅化（L/E）、縦軸に TFP 成長をとり、第 I 期における産業ごとの変化率をプロットしている。ほとんどの産業がそのチャートの第二象限に位置づけられ、労働浅化が進行しながらも TFP 改善を実現させることに成功している。

　そして一国集計レベルでの観察（図 4.3）のように、TFP の改善はこの期

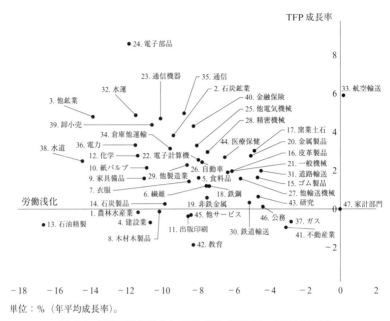

単位：％（年平均成長率）。

図 4.4　産業別労働浅化と TFP 成長（第 I 期：1955-73 年）

間の EPI を実現させる最大の原動力となった。プラスの TFP 成長を実現した産業では、そのほとんどが高い EPI を実現していることは産業レベルでも見いだされる。図 4.5 では横軸に TFP 成長率、縦軸に EPI をとり、同期間における年平均変化率を産業ごとにプロットしている。その第一象限に位置する産業では、TFP 改善を通じた EPI が実現している。

　第 I 期における産業レベルでの技術変化の特性を反映して、大きく 4 つの産業グループへと分けよう。それぞれのグループにおける産業ごとの EPI の要因分解を図 4.6 に、また TFP 成長の PFP 分解を図 4.7 に示している（計数はそれぞれ本章付表の表 4.4 と表 4.5）。

　Panel-A は労働浅化、TFP 上昇、そして EPI の 3 つを実現した産業群である。そこには全産業部門（47 部門）の半数以上、6. 繊維製品製造業、8. 木材木製品製造業、9. 家具製造業などの軽工業を例外として、ほとんどの製造業が属している。12. 化学業、17. 窯業土石製品製造業、18. 鉄鋼業などのエネルギー多消費型の製造業や、21. 一般機械や 26. 自動車など組立型の製

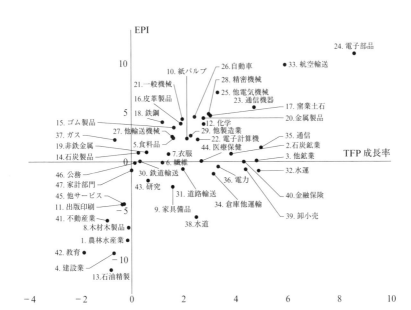

単位：%（年平均成長率）。

図 4.5　産業別 TFP 成長と EPI（第 I 期：1955-73 年）

造業においても、TFP 改善は労働浅化によるマイナスの影響を大きく上回り、力強い EPI を実現させている（図 4.6）。

　一国経済レベル（図 4.3）では、第 I 期におけるエネルギーに対する資本深化の影響はわずかであったが、産業レベルでの観察（図 4.6）では、18. 鉄鋼業や 17. 窯業土石製品製造業などでは資本深化による顕著な影響が見いだされる。石炭への依存度も高いこうした産業では、生産拡張のための投資を拡大しながら、この期間に省エネ技術を導入している[18]。省エネ投資による EPI 実現を通じた TFP 成長としても、18. 鉄鋼業では年率 1.2％の TFP 改善のうちの 20.8％、17. 窯業土石製品製造業では 3.0％の TFP 改善のうちの 19.5％が EPI による貢献である（図 4.7）。こうした産業では EPI と TFP 成長が同時に実現しているように、省エネを実現した資本蓄積は全体効率を犠

───────────────

18)　資本深化は省エネ技術の自律的導入や、意図した省エネ投資によると理解される（4.2.2 節の表 4.1）。第 I 期における鉄鋼業の技術導入に関しては、第 2 章 2.4.2 節を参照されたい。

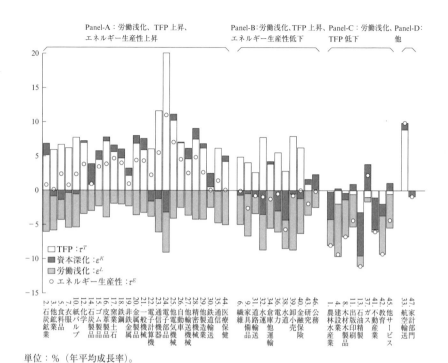

単位：％（年平均成長率）。

注：EPI の要因分解は (4.10) 式による。計数は本章付表の表 4.4。

図 4.6　産業別 EPI の要因分解（第 I 期：1955-73 年）

牲とするものではなく、「経済と環境の両立」が成立している。しかしエネ
ルギー多消費型以外の産業では、EPI 実現による TFP 成長への効果はかな
り限定的である（図 4.7）。

　技術変化における EPI と TFP との関係（4.2.2 節の表 4.1）によれば、高い
TFP 成長には、LK 代替 +KE 補完（Case-3）による効果に加え、資本に体
化された安価な省エネ技術が自律的に組み込まれていく省エネの効果（Case-
1）も含まれる。両者に共通することは、必ずしも EPI を目的としていない
ことである。日本経済のプロセスにおいてもっとも高い EPI を記録した第
I 期は、TFP 成長に牽引された「意図せざる EPI」が中心的な役割を担っ
ている。

　Panel-B は労働浅化と TFP 上昇を実現しながらも、エネルギー生産性が

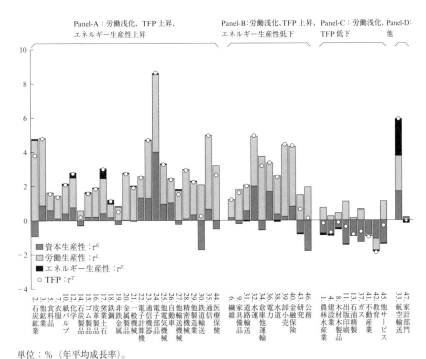

単位：％（年平均成長率）。

注：TFP の PFP 分解は (4.14) 式による。計数は本章付表の表 4.5。

図 4.7　産業別 TFP 成長の PFP 分解（第 I 期：1955–73 年）

悪化している産業であり、運輸業、商業、金融保険業などが属している。

39. 卸小売業では TFP 成長も年率 4.4％と高く、それは EPI を年率 7.9 ポイント高めるなど大きな効果を持つが、急速な労働浅化によるマイナスの寄与度（▲ 8.2 ポイント）によって相殺され、エネルギー生産性はわずかながらも低下している（図 4.6）。しかし当該産業での労働浅化は年率 9.7％にもなる労働生産性の改善を導いており、高い TFP 改善を支えている（図 4.7）。Panel-B は感応度係数の高いサービス産業（その生産物が多くの他産業で中間消費される）が多く、TFP の上昇は高度経済成長期における産業競争力を改善させる波及効果も大きい。

　Panel-C は労働浅化が進行しながらも TFP が低下した産業群であり、1. 農林水産業、4. 建設業、41. 不動産業や 42. 教育業、そして 45. その他のサー

ビス業（企業や家計向けの多くのサービスが含まれる）などが属している。45. その他サービス業では、労働浅化が進行し労働生産性も改善（年率4.0%）するものの、労働生産性の改善による TFP 成長への寄与度は年率1.1 ポイントと、Panel-C の 39. 卸小売業（4.2 ポイント）を大きく下回る。また資本生産性が顕著な低下を示すほどの資本蓄積が進行しながら、TFP 成長率はわずかに低下（▲0.3%）している。全体効率の改善という相殺する力を持たないまま、エネルギー生産性も大きく低下（▲4.3%）している。この期間における 45. その他サービス業における資本蓄積は建設物を中心としており、労働代替を可能とする機械設備が導入される製造業とは異なり、資本蓄積が労働生産性の改善につながりづらい技術特性に依存する。

4.3.3　第Ⅱ期（1973–90 年）

　第Ⅰ期における 18. 鉄鋼業や 17. 窯業土石製品製造業では、生産拡張のための投資を拡大させながら省エネ技術を導入してきた。そうした技術導入は資本深化を進行させるが、一国集計レベルでは、第Ⅰ期での資本深化による EPI への影響はわずかであった（図4.3）。同期間、原油価格の安定を背景として、マクロ的には意図的な省エネ投資（EK 代替）も限定的であったことを示唆している。資本深化の影響が拡大するのは、第一次オイルショック後の第Ⅱ期である。原油価格の高騰は、より多くの省エネ技術の導入がコスト合理的なものとなるように投資環境を変化させた。第Ⅰ期から第Ⅱ期において EPI が 1.5% から 1.2% へと、減速幅が 0.3 ポイントに留まったのは、意図した省エネ投資（EK 代替）による資本深化の貢献である。一国経済レベルでも、EPI への資本深化の寄与度は第Ⅰ期の 0.2 ポイントから 0.6 ポイントへと大きく拡大している（図4.3）。

　産業レベルの観察によれば、第Ⅱ期における資本深化は、第Ⅰ期に対して 12. 化学業、26. 自動車製造業、39. 卸小売業などで加速している。そして、こうした産業に共通することは、資本生産性や労働生産性の改善を犠牲とすることなく、全体効率としての TFP を上昇させていることである。図4.8 は横軸に資本深化（K/E）の成長率、縦軸に TFP 成長率をとり、第Ⅱ期における産業ごとの変化を示している。資本深化の進行した産業のおよそ 3 分

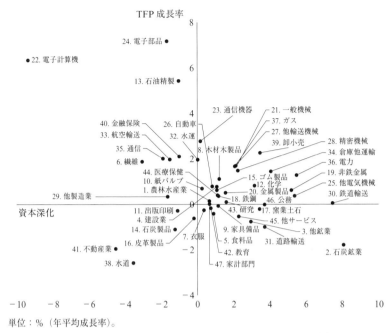

図 4.8　産業別資本深化と TFP 成長（第Ⅱ期：1973–90 年）

の 2 は TFP 成長と両立している（チャートの第一象限に位置する）。

　第Ⅱ期における資本深化という技術変化の特性を反映して、再び産業をグループ分けしよう。それぞれの EPI の要因分解を図 4.9 に、また TFP 成長の PFP 分解を図 4.10 に示している（計数はそれぞれ本章付表の表 4.6 と表 4.7）。

　Panel-A は資本深化、TFP 上昇、そして EPI の 3 つを実現した産業群である。12. 化学業や 19. 非鉄金属製品製造業では、資本深化による EPI 寄与率が大きく拡大している（図 4.9）。省エネ投資は資本生産性の悪化をもたらすが、こうしたエネルギー多消費型産業では、TFP 成長を犠牲とせずに EPI を実現している（図 4.10）。それは、この第Ⅱ期においてはコスト合理的に利用可能な省エネ技術の存在を背景として、EK 代替による EPI という一面の改善と、TFP という全体効率の改善が両立したことを示している。

　Panel-B は Panel-A と同様に図 4.8 の第一象限に属しながらも、エネルギー生産性が低下した産業群である。そこには 1. 農林水産業、43. 研究、44.

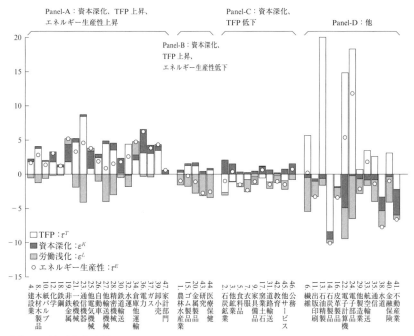

単位：%（年平均成長率）。

注：EPI の要因分解は(4.10)式による。計数は本章付表の表 4.6。

図 4.9　産業別 EPI の要因分解（第 II 期：1973-90 年）

医療保健などが属する。こうした産業群では、LK 代替により労働浅化が大きく進行するが、資本生産性の低下により全体効率の改善は抑制され、労働浅化によるマイナスの EPI 寄与を十分に相殺できていない。44. 医療保健では、労働生産性は年率 1.6 ％で改善するものの、資本生産性は 3.7 ％の悪化を見せている。労働生産性の改善は TFP を 0.8 ポイント押し上げるが、資本生産性の悪化により 0.4 ポイント低下し、TFP は 0.4 ％の改善に留まっている（図 4.10）。資本蓄積はエネルギー消費拡大を誘発し、労働浅化による EPI 寄与は▲ 3.4 ポイントとなり、TFP 改善によるプラス 0.6 ポイントを大きく上回り、エネルギー生産性は年率 2.6 ％で悪化している（図 4.9）。資本深化による EPI 寄与度はプラス（0.3 ポイント）となり、省エネ投資の進行はわずかに見いだされるが、医療サービスの質を高めるためのエネルギー消

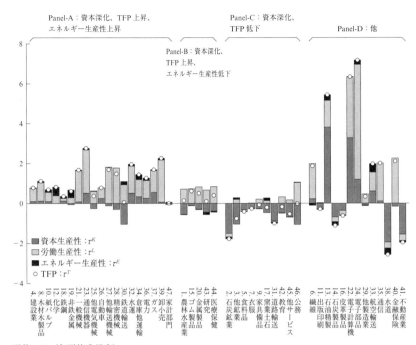

単位：％（年平均成長率）。

注：TFP の PFP 分解は (4.14) 式による。計数は本章付表の表 4.7。

図 4.10　産業別 TFP 成長の PFP 分解（第Ⅱ期：1973-90 年）

費的な医療機械の拡大を反映していると捉えられるかもしれない。

　Panel-C は資本深化しながらも TFP が低下した産業（図 4.8 の第四象限）である。Panel-B との相違は、資本生産性の低下による TFP へのマイナスの効果が、労働生産性改善によるプラスの効果を上回ることである。31. 道路輸送業でも資本生産性は大きく低下し、TFP をマイナスへと転じさせている（図 4.10）[19]。また 17. 窯業土石製品製造業も Panel-C に含まれている。当該産業では、第Ⅰ期から第Ⅱ期にかけて資本深化はわずかに拡大したが、TFP 成長率は大きく減速し、むしろマイナスに転じている（図 4.9）。これは他のエネルギー多消費型産業とは異なる傾向であり、第Ⅱ期においてすでに

---

19)　ここでの測定では、道路輸送施設提供サービスは 31. 道路輸送に格付けており、高速道路の建設は当該産業における資本投入量の拡大として含まれている。

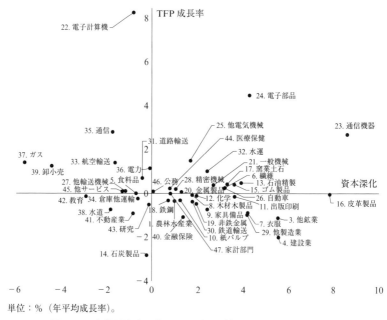

単位：％（年平均成長率）。

図 4.11　産業別資本深化と TFP 成長（第Ⅲ期：1990–2008 年）

EPI は TFP 成長と両立していない。

4.3.4　第Ⅲ期（1990–2008 年）

　第Ⅲ期の日本経済では、名目エネルギー価格の上昇は第Ⅱ期より小さかった。しかし賃金低下により誘導されたデフレ傾向により、実質エネルギー価格の上昇率は第Ⅱ期よりもむしろ高まっている（第 3 章 3.4.2 節）。そうした価格変化を反映して、一国経済レベルでの資本深化は 0.4 ポイントの EPI 寄与度を持つなど、省エネ投資の努力は継続されている（図 4.3）。しかし、この期における TFP 成長による EPI 寄与度は 0.1 ポイントとなり、第Ⅱ期の 1.2 ポイントから大きく減速した。

　産業レベルにおいて、第Ⅲ期における資本深化と TFP 成長率を示したものが図 4.11 である。（同じ形式となる）第Ⅱ期の図 4.8 と比して、資本深化の進行した産業数はあまり変わらないが、第Ⅱ期から第Ⅲ期にかけて、第一象限に位置していた産業の TFP 成長率は減速するか、あるいは第四象限

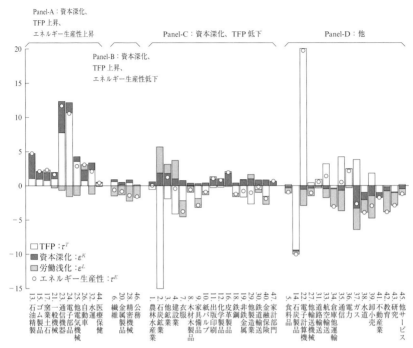

単位：％（年平均成長率）。

注：EPI の要因分解は(4.10)式による。計数は本章付表の表 4.8。

図 4.12　産業別 EPI の要因分解（第Ⅲ期：1990–2008 年）

（TFP の低下）へとシフトしている。

　第Ⅲ期の図 4.12 では、第Ⅱ期の図 4.9 と同じ技術変化の基準によって産業をグループ分けしている。二期間の比較においても、Panel-A（資本深化、TFP 上昇、EPI 実現）に属する産業数は減少し、Panel-C（資本深化しながらも TFP 低下）の産業数は拡大している。そうした Panel-A から Panel-C へのシフトは、10. 紙パルプ製造業、12. 化学業、18. 鉄鋼業など、主要なエネルギー多消費型産業においてみられる。次節の図 4.17 と図 4.18 では、EPI の要因分解と TFP 成長の PFP 分解のそれぞれの時系列変化を、いくつかの産業を特掲して描いている。こうしたエネルギー多消費型産業では、資本深化が EPI 実現の唯一の源泉となるように変化している（図 4.17）。しかし資本生産性の悪化により、全体効率としての TFP 成長率はむしろマイナスへと落

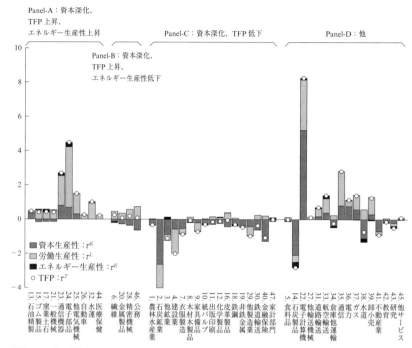

単位：％（年平均成長率）。

注：TFP の PFP 分解は(4.14)式による。計数は本章付表の表 4.9。

図 4.13　産業別 TFP 成長の PFP 分解（第Ⅲ期：1990-2008 年）

ち込んでいる（図 4.18）。それが EPI 実現のための EK 代替によるものかは
識別されないが、こうした産業において、第Ⅲ期には EPI と TFP 成長がも
はや両立しないものとなっている。

　Panel-A に属する産業でも、EPI の源泉は資本深化の寄与度が大きくなっ
ている（図 4.12）。そこに属する 21. 一般機械製品製造業でも、資本深化によ
る EPI への寄与度は拡大するが（図 4.17）、資本生産性が悪化し、TFP 成長
は第Ⅱ期の年率 1.7％から第Ⅲ期には 0.4％へと大きく減速している（図
4.18）。TFP の減速により EPI も年率 3.3％から 1.6％へと半減した。EPI が
実現しているが、その寄与度の半分は資本深化に支えられている。

4.3.5　第Ⅳ期 （2008-16 年）

　一国経済の EPI は、第Ⅳ期には年率 1.2% へ回復している （図 4.3）。この期間、2009-12 年には一国経済の純投資がマイナスになるなど、日本経済の投資水準は停滞した。低投資でありながらも、EPI の回復にもっとも貢献したのは TFP 成長の加速である。TFP 成長による EPI 寄与度は第Ⅲ期に比して 0.6 ポイント拡大し、第Ⅳ期における EPI 回復の半分以上を説明する。第 2 章 2.4.5 節での EPI の産業起因の分析によれば、マクロでの回復への顕著な貢献は、12. 化学製品製造業と 18. 鉄鋼業による[20]。産業レベルでの生産効率としての評価によれば、化学業では労働生産性と資本生産性がともに改善しながら、EPI は第Ⅲ期の年率 0.8% から第Ⅳ期には 3.6% にまで （図 4.17）、同期間に TFP は▲ 0.1% から 1.2% にまで回復している （図 4.18）。

　類似した変化は 18. 鉄鋼業にも見いだされる。鉄鋼業では、企業の統廃合によるコスト削減などの効果により （第 2 章 2.4.5 節）、資本生産性の改善を中心とした TFP 成長率の回復 （第Ⅲ期の▲ 0.3% から第Ⅳ期の 0.8%） がみられる。この期間の鉄鋼業では、化学業とは異なり EK 代替による資本深化はほとんど進行していないが、年率 0.8% となる全体効率の改善が （第Ⅱ期に比して倍速となる） 年率 2.4% の EPI を説明する要因となっている （図 4.17）。

　しかし 10. 紙パルプ製品製造業における TFP 成長は第Ⅳ期でもごくわずか （年率 0.1%） に留まった。17. 窯業土石製品製造業では、労働生産性と資本生産性の両者の低下により、TFP 成長率は▲ 1.1% にまで低下している。東日本大震災後の復興需要や国土強靭化政策による需要回復はあるものの、その回復力は弱く、稼働率の低下は資本深化をマイナスへと転じさせている。TFP の悪化を含め、当該産業では EPI を実現する手段をほとんど失っている。

　一国経済レベルでみれば、第Ⅳ期の EPI 回復における第二の要因は、労

---

20)　第Ⅳ期における EPI の回復は 12. 化学製品製造業と 18. 鉄鋼業による一国全体の EPI の 6 割、非家計部門の 8 割近くを説明する （第 2 章 2.4.5 節）。また 12. 化学製品製造業では、石油化学基礎製品などエネルギー多消費的で付加価値が小さい財から、医薬品などエネルギー寡消費的で付加価値率が高い財へとシフトしたことによる製品構成変化の影響が大きい。

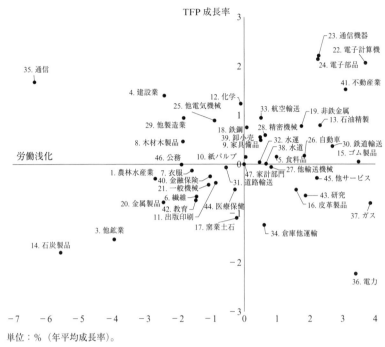

単位：％（年平均成長率）。

図 4.14　産業別労働浅化と TFP 成長（第Ⅳ期：2008-16 年）

働浅化の逆行（*L/E* の上昇）である（図 4.3）。図 4.14 では、横軸に労働浅化（*L/E*）、縦軸に TFP 成長をとり、産業ごとの変化率を示している。第Ⅰ期における同様な図 4.4 との対比では、多くの産業が右方向へとシフトしている。第Ⅳ期には、ほぼ半数の産業では労働浅化は進行せず、むしろ一単位の労働が生産活動に利用するエネルギー投入量を減少させるような変化が見いだされる。

　とくに 45. その他サービス業は、労働浅化の逆行による影響が大きい。当該産業では、時系列的に労働浅化は縮小してきたものの、第Ⅳ期にはそれは逆行し、むしろ EPI 実現の主要因となっている（図 4.17）。省エネ法の 2002 年改正における業務部門（事業場）の定期報告の導入、2008 年改正ではフランチャイズチェーンの規制対象化、また東日本大震災後に求められた節電や省エネへの要請圧力など、政策の対象はこれまで限定的な EPI であったサ

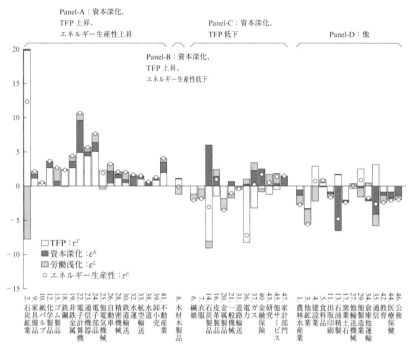

単位：％（年平均成長率）。

注：EPI の要因分解は (4.10) 式による。計数は本章付表の表 4.10。

図 4.15　産業別 EPI の要因分解（第Ⅳ期：2008-16 年）

ービス業（民生業務部門）にまで拡張されている。賃金率が低下するデフレ傾向のもとで、労働から資本への代替は抑制され、また企業内では省エネのための責任者の選定や組織体制の改編がおこなわれてきた。しかし、そうした労働浅化の逆行は労働生産性の低下を導いている。（35. 通信業などを例外として）資本に体化された技術進歩の恩恵を受けにくいサービス業では、一般に TFP 成長率は低迷する傾向にある。45. その他サービス業でみれば、第Ⅰ期や第Ⅱ期における TFP 成長率の低迷のほとんどは資本生産性の悪化に起因する。しかし第Ⅳ期には、労働生産性の低下が TFP を悪化させた主要因へと転じている。労働浅化の逆行による EPI の実現は、労働生産性を大きく低下させ、全体効率の改善を阻害している（図 4.18）。

　21. 一般機械製造業における EPI 逓減傾向のほとんどは TFP 成長率の推

160

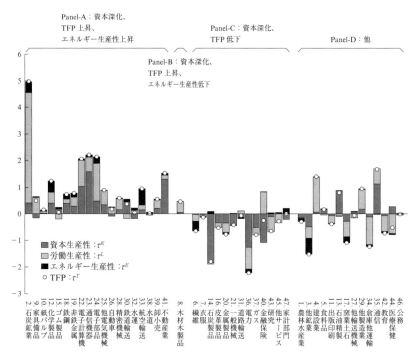

単位：％（年平均成長率）。

注：TFP の PFP 分解は(4.14)式による。計数は本章付表の表4.11。

図4.16　産業別 TFP 成長の PFP 分解（第Ⅳ期：2008-16 年）

移によって説明されるが、26. 自動車製造業では TFP 成長の逓減を補うように、第Ⅲ期および第Ⅳ期では資本深化による EPI が顕著となっている（図4.17）。エネルギー多消費型の製造業などに比して、製造プロセスにおける省エネのための改善の余地が残されるのか、その要因は本分析からは見いだせない。しかし化学業や鉄鋼業との相違は、図4.18 にみるように自動車製造業では第Ⅲ期および第Ⅳ期ともに TFP が低迷していることである[21]。日本の自動車メーカーごとの戦略は異なり本書の考察を超えるが、産業レベルでの測定によれば、その EPI は全体効率の改善を伴うものではない。

21）　米国に対し、1970 年代から高い TFP 水準を誇っていた日本の自動車製造業の優位性は、2000 年代後半にはほとんど失われている。Jorgenson, Nomura and Samuels（2016）や本章補論 E を参照されたい。

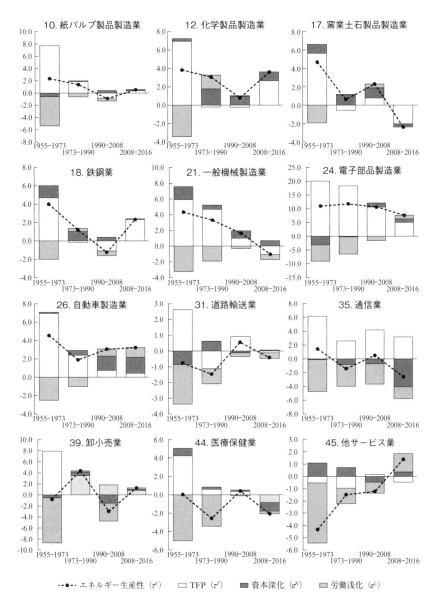

図 4.17 産業別 EPI の要因分解の時系列変化

単位：％（年平均成長率）。

注：(4.10)式に基づく産業別 EPI の要因分解の測定値により、特定産業における時系列変化を明示したもの。計数は表 4.4、表 4.6、表 4.8、表 4.10 を参照。

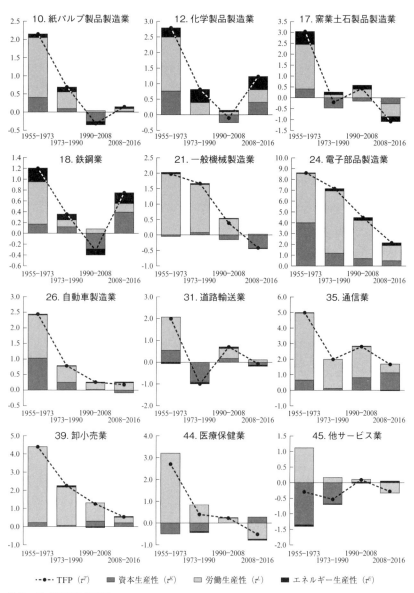

単位：％（年平均成長率）。

注：(4.14)式に基づく産業別 TFP 成長の PFP 分解の測定値により、特定産業における時系列変化を明示したもの。計数は表 4.5、表 4.7、表 4.9、表 4.11 を参照。

図 4.18　産業別 TFP 成長の PFP 分解の時系列変化

4.4 本章の結び

戦後日本経済に観察される持続的な EPI は、資本生産性や労働生産性を犠牲とせずに、全体効率としての TFP を毀損することなく実現してきたものだろうか。本章ではマクロでは持続的ともみえる EPI 実現の要因とその変化を分析するため、エネルギー生産性に影響を与える技術変化のパターンを考察しながら、日本経済の長期にわたる測定をおこなった。本章の測定結果からは、以下のような帰結が導かれる。

第一に、戦後日本経済の持続的な EPI は、省エネ投資という直接的な要因よりも、生産拡張や全体的な生産効率を探求する技術変化による間接的な結果として実現されたものである。一般に、企業や家計などでのミクロ的な経験からみれば、EPI 実現のエンジンは省エネ投資であると考えられよう。しかし、本章での日本経済における EPI の要因分解によれば、省エネ投資（EK 代替）よりも、全体効率としての TFP 上昇が持続的な EPI を説明する最大の要因である。

経済成長のプロセスでは、機械化による労働から資本への代替（LK 代替）が進行し、そして資本の稼働のためのエネルギー投入の拡大（KE 補完）が必要となる。それによって、同量の生産を実現するために、一単位の労働がより多くのエネルギー投入を必要とするような技術変化として（エネルギーに対する）労働浅化（L/E の低下）が進行している。労働浅化は労働生産性を改善させる源泉となるが、直接的にはエネルギー生産性の悪化をもたらす。しかし労働生産性の改善は力強い TFP 成長を導く。とくに第 I 期（1955–73年）には、TFP という生産効率全体の改善によって、労働浅化による直接的なマイナスの影響は十分に相殺され、持続的な EPI が実現してきた。

第二に、エネルギー生産性の改善は産業競争力を強化させるとの期待も大きいが（第 1 章 1.1 節）、EPI 実現を通じた TFP 改善効果は極めて限定的である。TFP 成長の源泉を労働生産性、資本生産性、そしてエネルギー生産性という単要素生産性の効果へと分離する本章での測定によれば、エネルギー生産性を通じた TFP の改善は、第一次オイルショック後の第 II 期（1973–

90 年）における化学業、鉄鋼業、紙パプル製造業などのエネルギー多消費型産業に見いだされるのみである。それはコスト合理的に利用可能な省エネ技術が存在するという状況のもと、省エネ投資による（エネルギーに対する）資本深化（K/E の上昇）によってもたらされる、限られた産業での限られた期間に見いだされる例外的な現象である。エネルギーコストが大きな産業であっても、EPI 実現が TFP の改善へと結実するためには、未利用である安価な省エネ技術の存在を前提としている。

　第三に、日本経済において省エネ投資が一巡した後には、エネルギー生産性の改善は資本生産性を犠牲とするものに変化している。エネルギーコスト負担の大きいエネルギー多消費型産業でも、第Ⅲ期（1990–2008 年）において、EPI の改善は産業競争力をむしろ脆弱化させている。省エネ投資が進行し安価に利用可能な省エネ技術が急速に限られていくなかで、追加的な省エネ投資による EPI 実現は資本生産性を大きく毀損させ、TFP 成長はマイナスへと転じている。EPI から TFP 成長を導く効果の持続は困難であり、省エネ投資を強いることで全体効率をむしろ悪化させている。

　第四に、一国経済レベルで観察される第Ⅳ期（2008–16 年）の EPI 回復は、労働生産性を犠牲とした効果を含んでいる。経済成長のプロセスにおいて、エネルギーに対する労働浅化の進行は労働生産性を改善する主要な原動力であった。しかし近年の日本経済では、サービス業や自動車製造業などにおいて、労働浅化の逆行（L/E の上昇）が見いだされる。労働浅化の逆行による EPI の実現は、経済成長の実現にもっとも重要な労働生産性の改善を犠牲とするものである。

　第五に、第Ⅳ期の EPI 回復には、エネルギー多消費的な財の生産を海外へとシフトさせながら、EPI と TFP 成長の両立を実現する現象も見いだされる。日本経済において近年再び回復傾向にある EPI は、化学業や鉄鋼業による貢献が大きい。化学業における高い EPI は、石油化学基礎製品などエネルギー多消費的で付加価値が小さい財から、医薬品などエネルギー寡消費的で高付加価値な財へとシフトした、製品構成変化に大きく依存している（第 2 章 2.4.5 節）。本章での生産効率としての測定では、労働生産性と資本生産性、そしてエネルギー生産性のすべてが改善しながら、高い TFP 成長を

実現させている。海外生産が安価な再生可能エネルギーや原子力などの非化石エネルギーに依存するかぎり、企業・産業レベルでは経済と環境の両立としても評価されよう[22]。しかしそれは、マクロ経済の痛みという重大なリスクを抱える。第6章において再び論じよう。

　またエネルギー環境政策に対する重要な教訓は、こうした国際的な生産体系の再構築による効果を、省エネ政策の成果であるように混乱してはならないことである。省エネ法は内在する虚構性が考慮されないままに表面的に評価されてきた。現行の政策はエネルギー消費量やCO_2排出量という指標のみに基づき、省エネの要因を考慮しないまま政策の実効性を過大評価し、むしろ省エネ法による対象の拡大と規制の強化に向かっている。しかし多国籍企業はその生産拠点を海外へとシフトさせ、輸入代替などの調整手段をとりえない国内企業は資本生産性と労働生産性を犠牲とせざるをえず、全体効率の悪化を導くであろう。水平的な分業がグローバルに深化するなか、省エネに関する規制のあり方は問い直されなければならない。

---

22)　国際的な生産体制の見直しによる EPI と TFP 成長の両立は、海外での安価なエネルギーを中間財（製品）に体化させて輸入することによっても実現しうる。それは産業レベルではなく、輸入中間財を通じた製品レベルの波及として、すべての産業で進行している。第5章ではそうした観察へと接近していく。

補論 E　日米両国の経済成長と生産性格差

　長期にわたる日米両国における経済成長の特性と TFP 格差について紹介
しよう。日米両国の統計概念や産業分類を調和させた生産性勘定（Jorgenson,
Nomura and Samuels 2016）の更新推計値に基づき、両国の経済成長の要因分
解を示したものが表 4.3 である。資本（IT 資本と非 IT 資本）、労働、そして
TFP による寄与度の合計が両国における経済成長率と完全に合致しており、
経済成長を実現したサプライサイドからの要因分解を示している。そこには
多くの情報が含まれるが、本書の目的からは次の点が重要であろう。

　第一に、両国ともに経済成長の主要なエンジンは資本蓄積である。表 4.3
右段ではより長期の期間平均値が示されるが、資本サービス投入量の拡大は
経済成長の過半を説明する要因となっている。一般には技術革新ばかりが強
調される傾向もあるが、TFP による貢献はほとんどの期間で資本蓄積によ
る貢献を大きく下回る。そして日本経済では非 IT 資本の貢献は 2000 年代
以降、ほとんど見いだされない。海外への直接投資を拡大させながらも、国
内投資が低水準に留まる構造要因のひとつとして、国内におけるエネルギー
環境政策による影響は大きいと考えられる。このことは第 6 章において本書
の測定結果をまとめながら考察していく。

　第二に、この測定期間内の日本では、高度経済成長期の「借りた技術」に
よる高い TFP 成長率やその後の停滞が見いだされるが、経済規模の大きな
米国では TFP 成長は各期間において年平均 0.2–0.6% ほどのより安定的な貢
献を示している。1990 年代後半からは情報通信革命に基づく革新のスピー
ドが強調され、ニューエコノミー論なども喧噪された。その時期には日米両
国ともに IT 資本の重要性は高まるが、TFP を通じてマクロ経済に与えるイ
ンパクトは限定的である。

　日本経済の効率性水準を評価すれば、米国経済に比して 2015 年では労働
生産性は 35%、TFP は 13% 劣位にあると測定される。図 4.19 では日米両国
の労働生産性格差における源泉を示している。労働生産性における日米格差

表 4.3　日米両国の経済成長の要因分解

	1955 -60	1960 -65	1965 -70	1970 -75	1975 -80	1980 -85	1985 -90	1990 -95	95- 2000	2000 -05	2005 -10	2010 -15	1955 -73	1973 -90	90- 2008	2008 -15
								日本								
産出	10.2	10.8	11.6	5.2	4.7	4.3	5.1	1.7	1.2	0.7	−0.6	1.2	10.3	4.4	1.1	0.3
資本投入	3.5	6.9	6.0	4.3	2.1	1.6	2.5	1.6	0.8	0.6	0.3	0.1	5.4	2.2	1.2	0.0
IT 資本	0.1	0.2	0.2	0.2	0.1	0.2	0.4	0.2	0.4	0.5	0.3	0.1	0.2	0.2	0.3	0.1
（うち質的変化）	0.0	0.0	0.0	0.0	0.0	0.0	0.0	0.0	0.1	0.0	0.0	0.0	0.0	0.0	0.0	0.0
非 IT 資本	3.4	6.7	5.8	4.0	1.9	1.4	2.2	1.3	0.4	0.0	0.0	0.0	5.2	1.9	0.9	−0.1
（うち質的変化）	0.8	2.3	1.5	1.0	0.2	0.3	1.1	0.4	−0.2	−0.2	−0.1	0.0	1.5	0.5	0.1	−0.1
労働投入	2.7	1.6	2.0	0.6	1.4	1.0	0.9	0.1	−0.2	0.1	−0.1	0.1	1.9	1.0	0.0	−0.1
（うち質的変化）	0.9	1.0	0.7	1.1	0.8	0.5	0.5	0.3	0.4	0.4	0.3	0.2	0.9	0.6	0.4	0.2
TFP（全要素生産性）	4.1	2.3	3.6	0.4	1.2	1.7	1.7	0.1	0.6	0.1	−0.8	1.0	3.0	1.3	0.4	0.4
農林水産業	0.4	−0.1	−0.3	0.1	−0.1	0.1	0.0	−0.1	0.0	−0.1	0.0	0.0	0.0	0.0	0.0	0.0
IT 製造業	0.1	0.1	0.1	0.1	0.1	0.2	0.2	0.3	0.1	0.4	0.3	0.1	0.1	0.2	0.3	0.1
自動車製造業	0.2	0.0	0.2	0.0	0.2	0.0	0.0	0.0	0.0	0.1	−0.1	0.1	0.1	0.1	0.0	0.0
他製造業	1.4	1.6	2.1	0.0	0.7	0.7	0.4	−0.1	0.1	0.1	−0.3	0.2	1.5	0.4	0.0	0.0
通信業	0.2	0.2	0.2	0.0	0.1	0.0	0.1	0.1	0.1	0.1	0.0	0.1	0.1	0.1	0.1	0.1
商業	0.6	0.8	0.9	0.2	0.8	0.0	0.8	0.7	0.1	0.3	−0.3	0.2	0.8	0.4	0.4	0.1
金融保険業	0.0	0.2	0.2	0.1	0.2	0.1	0.3	0.0	0.0	−0.1	−0.2	0.1	0.2	0.1	0.0	0.0
他サービス業	1.2	−0.5	0.4	−0.3	−0.8	0.6	−0.2	−0.6	−0.2	−0.1	0.0	0.2	0.1	0.0	−0.4	0.0
								米国								
産出	2.4	4.9	3.6	2.7	3.4	3.3	3.4	2.6	4.5	2.9	1.0	2.2	3.8	3.0	3.5	1.6
資本投入	2.1	2.3	2.8	2.1	2.0	1.8	2.0	1.5	2.5	1.9	1.1	0.9	2.4	1.9	2.0	0.8
IT 資本	0.0	0.1	0.2	0.2	0.3	0.4	0.5	0.5	1.1	0.6	0.4	0.2	0.1	0.4	0.8	0.2
（うち質的変化）	−0.1	0.1	0.1	0.0	0.1	0.1	0.2	0.2	0.3	0.1	0.1	0.1	0.0	0.1	0.2	0.1
非 IT 資本	2.0	2.2	2.6	1.9	1.7	1.4	1.5	1.0	1.5	1.3	0.8	0.7	2.2	1.6	1.2	0.5
（うち質的変化）	0.7	0.3	0.5	0.6	0.5	0.4	0.6	0.4	0.6	0.7	0.2	0.1	0.5	0.5	0.5	0.0
労働投入	0.3	1.0	0.7	0.3	1.4	0.9	1.2	0.7	1.2	0.2	0.2	1.1	0.7	0.9	0.9	0.4
（うち質的変化）	0.3	0.3	0.0	0.1	0.2	0.2	0.1	0.2	0.2	0.3	0.3	0.2	0.3	0.2	0.2	0.2
TFP（全要素生産性）	0.0	1.6	0.1	0.3	0.0	0.6	0.2	0.4	0.8	0.9	−0.1	0.2	0.7	0.1	0.6	0.3
農林水産業	0.1	0.1	0.1	0.1	0.0	0.1	0.1	0.0	0.1	0.0	0.0	0.0	0.1	0.1	0.0	0.0
IT 製造業	0.0	0.1	0.1	0.1	0.2	0.2	0.2	0.3	0.3	0.2	0.1	0.0	0.0	0.2	0.4	0.1
自動車製造業	−0.1	0.1	−0.1	0.0	0.1	0.0	0.0	0.0	0.1	0.0	0.0	0.0	0.0	0.0	0.0	0.0
他製造業	−0.1	0.2	0.1	0.0	0.0	0.3	0.1	0.0	0.1	0.1	0.0	−0.1	0.3	0.0	0.0	−0.1
通信業	0.0	0.0	0.1	0.0	0.1	0.0	0.1	0.1	0.1	0.1	0.1	0.1	0.0	0.1	0.1	0.1
商業	0.1	0.3	0.1	0.3	0.0	0.3	0.1	0.2	0.5	0.2	−0.2	0.1	0.2	0.1	0.4	0.0
金融保険業	0.0	−0.1	−0.1	−0.1	0.1	−0.1	−0.1	0.0	0.1	0.1	0.0	0.0	0.0	0.0	0.1	0.1
他サービス業	0.1	0.5	−0.1	−0.1	−0.2	−0.3	−0.2	−0.2	−0.4	−0.1	−0.1	0.2	0.2	−0.3	−0.3	0.2

単位：%（年平均成長率）とパーセンテージ・ポイント（寄与度）。

出典：日米両国の統計概念などを調和させた生産性勘定（Jorgenson, Nomura and Samuels 2016）
　　に基づく 2015 年までの更新推計値。

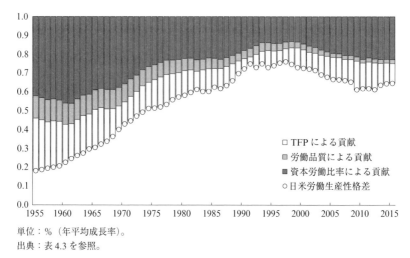

単位：％（年平均成長率）。
出典：表 4.3 を参照。

図 4.19　日米の労働生産性格差の源泉

の源泉は、労働者の学歴や経験不足ではなく、資本労働比率（K/L）にある。
日本経済の生産体系として、労働あたりの資本投入量（資本労働比率）が相
対的に小さいことが、労働生産性の劣位性の最大の要因である。そして
TFP は 1990 年代初めにはほぼ米国水準にまでキャッチアップしたものの、
それ以降再び日米格差は拡大に向かっている。

　日米両国における TFP 水準の格差にフォーカスし、その産業要因を示し
たものが図 4.20 である。日本経済の TFP 水準は 1955 年では米国に比して
40％ほども劣位にあった。それは同じインプットをしてもアウトプットが
40％下回ること、あるいは同じアウトプットを生み出すためにはインプット
を 40％多くしなければならないことを意味している。製造業での日本の劣
位性は 1960 年代を通じて急速に解消され、1980 年代初めには米国水準を追
い抜いている。その後もサービス業における生産性の劣位は継続するが、一
国経済として日米の TFP 水準は 1990 年代初めにはほぼ拮抗している。再び
拡大する日米格差は、製造業における優位性の消滅とサービス業のさらなる
低下による。

　産業レベルによる 2015 年の TFP 格差の源泉をみたものが図 4.21 である。
一次金属製品製造業（鉄鋼・非鉄）や化学製品製造業の TFP 優位は顕著であ

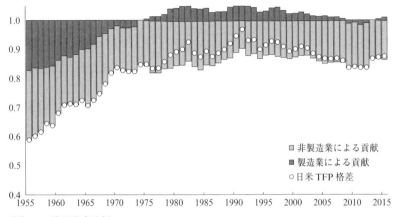

単位：%（年平均成長率）。
出典：表 4.3 を参照。

図 4.20　一国経済の日米 TFP 格差（製造業とサービス業）

るが、自動車製造業の優位性はほぼ失われている[23]。電力・ガス業では TFP 水準として 38％ほど劣位にあり（左図）、またそれは一国経済の TFP 格差のうち 1.0％ポイントの劣位を説明する要因となっている（右図）。電力・ガス業におけるこうした低い生産性水準は、マクロ的には 1 年間に 7 兆円ほどの所得機会を喪失させると解される。総括原価方式のもとでは、過剰投資となろうとも企業収益への悪影響を与えることなく、非効率性を内在してきた可能性（アヴァーチ・ジョンソン効果）はあったかもしれない。自由化はそれを緩和させるとも期待される。しかし FIT 法によって不釣り合いなほどの大きな負担のもとに推進された再エネ拡大によるコスト負担は、電力価格を上昇させ、また安定供給への懸念を増加させながら、一国経済の資本蓄積の停滞による TFP 格差のさらなる拡大を招く懸念は大きい。

---

23)　日本がもっとも優位にあるのは医療保健業である。医療保健サービスの品質は（とくにその高度なサービスでは）米国が凌駕すると評価されるかもしれないが、その価格も高く、生産性格差としては日本の生産効率は評価される。

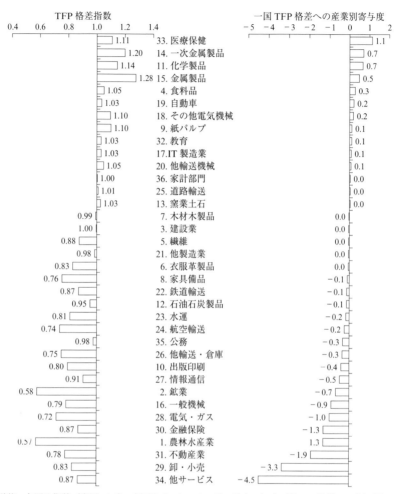

<table>
<tr><td colspan="2" align="center">TFP 格差指数</td><td></td><td colspan="2" align="center">一国 TFP 格差への産業別寄与度</td></tr>
</table>

TFP格差指数	産業	一国TFP格差への産業別寄与度
1.11	33. 医療保健	1.1
1.20	14. 一次金属製品	0.7
1.14	11. 化学製品	0.7
1.28	15. 金属製品	0.5
1.05	4. 食料品	0.3
1.03	19. 自動車	0.2
1.10	18. その他電気機械	0.2
1.10	9. 紙パルプ	0.1
1.03	32. 教育	0.1
1.03	17. IT製造業	0.1
1.05	20. 他輸送機械	0.1
1.00	36. 家計部門	0.0
1.01	25. 道路輸送	0.0
1.03	13. 窯業土石	0.0
0.99	7. 木材木製品	0.0
1.00	3. 建設業	0.0
0.88	5. 繊維	0.0
0.98	21. 他製造業	0.0
0.83	6. 衣服革製品	0.0
0.76	8. 家具備品	−0.1
0.87	22. 鉄道輸送	−0.1
0.95	12. 石油石炭製品	−0.1
0.81	23. 水運	−0.2
0.74	24. 航空輸送	−0.2
0.98	35. 公務	−0.3
0.75	26. 他輸送・倉庫	−0.3
0.80	10. 出版印刷	−0.4
0.91	27. 情報通信	−0.5
0.58	2. 鉱業	−0.7
0.79	16. 一般機械	−0.9
0.72	28. 電気・ガス	−1.0
0.87	30. 金融保険	−1.3
0.57	1. 農林水産業	1.3
0.78	31. 不動産業	−1.9
0.83	29. 卸・小売	−3.3
0.87	34. 他サービス	−4.5

単位：左図は指数（米国 =1.0）、右図はパーセンテージ・ポイント（一国 TFP 格差への寄与率）。

出典：日米両国での統計概念などを調和させた生産性勘定（Jorgenson, Nomura and Samuels 2016）
の更新推計に基づく 2015 年値。

図 4.21　日米 TFP 格差の産業起因（2015 年）

付表　表 4.4　産業別 EPI の要因分解（第 I 期：1955–73 年）

	τ^E	τ^T	$\Delta\ln\varepsilon^K$	$\Delta\ln\varepsilon^L$
Panel-A：労働浅化（$\Delta\ln\varepsilon^L<0$）、TFP 上昇（$\tau^T>0$）、エネルギー生産性改善（$\tau^E>0$）				
2. 石炭鉱業	0.8	5.2（ 3.8）	1.7（ 5.3）	−6.0（ −9.3）
3. 他鉱業	0.1	5.9（ 4.8）	−0.9（−1.5）	−5.0（−13.8）
5. 食料品	2.4	6.7（ 1.6）	−1.4（−1.9）	−2.9（ −7.9）
7. 衣服	0.8	6.2（ 1.4）	−0.4（−0.8）	−5.1（ −8.4）
10. 紙パルプ	2.3	7.7（ 2.1）	−0.6（−1.5）	−4.8（−10.8）
12. 化学	3.8	6.9（ 2.8）	0.3（ 1.0）	−3.4（−11.3）
14. 石炭製品	0.9	0.8（ 0.3）	3.0（ 5.5）	−3.0（ −9.8）
15. ゴム製品	3.5	4.5（ 1.6）	1.3（ 2.4）	−2.3（ −4.6）
16. 皮革製品	3.9	7.2（ 1.9）	0.6（ 1.5）	−3.9（ −6.3）
17. 窯業土石	4.7	5.6（ 3.0）	1.0（ 2.4）	−1.9（ −4.8）
18. 鉄鋼	4.0	4.7（ 1.2）	1.3（ 2.4）	−2.0（ −7.3）
19. 非鉄金属	0.9	2.1（ 0.6）	1.1（ 1.4）	−2.3（ −7.4）
20. 金属製品	4.4	6.9（ 2.8）	1.1（ 4.3）	−3.6（ −5.0）
21. 一般機械	4.3	5.9（ 2.0）	1.7（ 3.5）	−3.2（ −6.1）
22. 電子計算機	2.3	6.1（ 2.6）	−1.6（−2.1）	−2.2（ −7.9）
23. 通信機器	5.5	11.6（ 2.7）	−1.2（−2.9）	−4.9（−10.0）
24. 電子部品	11.0	20.1（ 8.6）	−3.2（−6.8）	−5.9（−11.8）
25. 他電気機械	7.0	10.2（ 3.3）	0.9（ 1.0）	−4.1（ −8.0）
26. 自動車	4.6	6.9（ 2.4）	0.1（ 0.0）	−2.5（ −7.7）
27. 他輸送機械	2.5	4.6（ 1.6）	1.5（ 6.1）	−3.6（ −5.6）
28. 精密機械	4.9	7.5（ 3.0）	1.6（ 4.4）	−4.2（ −7.4）
29. 他製造業	2.6	6.2（ 2.3）	0.7（ 1.5）	−4.2（ −8.6）
30. 鉄道輸送	0.0	0.5（ 0.3）	2.0（ 5.5）	−2.5（ −5.1）
35. 通信	1.4	6.2（ 5.0）	−0.1（−1.1）	−4.6（ −8.7）
44. 医療保健	0.1	4.2（ 2.7）	0.8（ 4.3）	−5.0（ −6.5）
Panel-B：労働浅化（$\Delta\ln\varepsilon^L<0$）、TFP 上昇（$\tau^T>0$）、エネルギー生産性悪化（$\tau^E<0$）				
6. 繊維	−0.1	4.9（ 1.2）	−0.7（−1.7）	−4.3（ −7.5）
9. 家具備品	−2.6	4.1（ 1.6）	−0.5（−1.8）	−6.2（−10.9）
31. 道路輸送	−0.8	2.6（ 2.0）	−0.9（−1.8）	−2.5（ −4.5）
32. 水運	−0.9	7.8（ 4.9）	−3.5（−6.5）	−5.2（−11.4）
34. 倉庫他運輸	−1.3	3.9（ 3.2）	0.4（ 0.5）	−5.5（ −9.5）
36. 電力	−0.5	5.5（ 3.3）	−3.0（−4.3）	−3.1（−11.4）
38. 水道	−5.7	2.8（ 2.5）	−4.3（−6.1）	−4.2（−14.4）
39. 卸小売	−0.8	7.9（ 4.4）	−0.5（−3.8）	−8.2（−10.5）
40. 金融保険	0.0	6.2（ 4.3）	−1.2（−2.7）	−5.1（ −8.2）
43. 研究	−1.9	0.9（ 0.7）	0.7（ 5.0）	−3.6（ −4.6）
46. 公務	−0.1	2.2（ 0.1）	2.2（ 4.8）	−2.5（ −4.3）
Panel-C：労働浅化（$\Delta\ln\varepsilon^L<0$）、TFP 低下（$\tau^T<0$）				
1. 農林水産業	−8.0	−0.2（−0.2）	−4.0（−5.8）	−3.8（−11.3）
4. 建設業	−9.4	−1.9（−0.7）	0.3（ 1.0）	−7.7（−10.6）
8. 木材木製品	−6.7	−0.4（−0.1）	−0.9（−2.8）	−5.4（−10.1）
11. 出版印刷	−4.4	−1.0（−0.4）	0.9（ 2.3）	−4.7（ −8.5）
13. 石油精製品	−11.1	−3.2（−0.8）	−6.4（−6.9）	−1.5（−16.6）
37. ガス	2.2	−1.0（−0.6）	3.9（ 5.6）	−0.6（ −2.8）
41. 不動産業	−6.0	−1.0（−0.9）	−4.6（−5.0）	−0.3（ −3.0）
42. 教育	−9.3	−2.0（−1.9）	−1.7（−5.8）	−5.6（ −8.2）
45. 他サービス	−4.3	−0.5（−0.3）	1.1（ 2.1）	−4.9（ −8.3）
Panel-D：その他				
33. 航空輸送	9.9	8.9（ 5.9）	1.0（ 2.2）	0.0（ 0.2）
47. 家計部門	−0.9	0.0（ 0.0）	−0.9（−1.1）	0.0（ 0.0）

単位：年平均成長率（%）と寄与度。括弧内は成長率。

注：(4.10)式に基づく EPI の要因分解による。

表 4.5 産業別 TFP 成長の PFP 分解 (第 I 期：1955-73 年)

	τ^T	τ^K	τ^L	τ^E
Panel-A：労働浅化 ($\Delta\ln\varepsilon^L<0$)、TFP 上昇 ($\tau^T>0$)、エネルギー生産性改善 ($\tau^E>0$)				
2. 石炭鉱業	3.8	−0.9 (−4.5)	4.7 (10.1)	0.1 (0.8)
3. 他鉱業	4.8	0.9 (1.6)	3.9 (13.9)	0.0 (0.1)
5. 食料品	1.6	0.6 (4.3)	1.0 (10.3)	0.0 (2.4)
7. 衣服	1.4	0.1 (1.5)	1.3 (9.2)	0.0 (0.8)
10. 紙パルプ	2.1	0.4 (3.9)	1.6 (13.1)	0.1 (2.3)
12. 化学	2.8	0.8 (2.8)	1.7 (15.1)	0.3 (3.8)
14. 石炭製品	0.3	−0.3 (−4.6)	0.6 (10.7)	0.0 (0.9)
15. ゴム製品	1.6	0.2 (1.0)	1.4 (8.1)	0.1 (3.5)
16. 皮革製品	1.9	0.2 (2.4)	1.7 (10.2)	0.0 (3.9)
17. 窯業土石	3.0	0.4 (2.3)	2.0 (9.5)	0.6 (4.7)
18. 鉄鋼	1.2	0.2 (1.7)	0.8 (11.3)	0.3 (4.0)
19. 非鉄金属	0.6	−0.2 (−0.5)	0.8 (8.4)	0.0 (0.9)
20. 金属製品	2.8	0.0 (0.1)	2.7 (9.4)	0.1 (4.4)
21. 一般機械	2.0	−0.1 (0.8)	2.0 (10.4)	0.0 (4.3)
22. 電子計算機	2.6	1.3 (4.4)	1.2 (10.2)	0.0 (2.3)
23. 通信機器	4.7	1.3 (8.5)	3.4 (15.6)	0.0 (5.5)
24. 電子部品	8.6	4.0 (17.8)	4.5 (22.8)	0.1 (11.0)
25. 他電気機械	3.3	1.0 (6.1)	2.3 (15.1)	0.1 (7.0)
26. 自動車	2.4	1.0 (4.6)	1.4 (12.3)	0.0 (4.6)
27. 他輸送機械	1.6	−0.2 (−3.5)	1.7 (8.1)	0.1 (2.5)
28. 精密機械	3.0	0.1 (0.5)	2.9 (12.3)	0.0 (4.9)
29. 他製造業	2.3	0.3 (1.2)	1.9 (11.2)	0.0 (2.6)
30. 鉄道輸送	0.3	−1.7 (−5.5)	2.1 (5.1)	0.0 (0.0)
35. 通信	5.0	0.6 (2.5)	4.3 (10.2)	0.0 (1.4)
44. 医療保健	2.7	−0.5 (−4.2)	3.2 (6.5)	0.0 (0.1)
Panel-B：労働浅化 ($\Delta\ln\varepsilon^L<0$)、TFP 上昇 ($\tau^T>0$)、エネルギー生産性悪化 ($\tau^E<0$)				
6. 繊維	1.2	0.1 (1.6)	1.1 (7.4)	0.0 (−0.1)
9. 家具備品	1.6	−0.2 (−0.8)	1.8 (8.4)	0.0 (−2.6)
31. 道路輸送	2.0	0.5 (1.0)	1.5 (3.7)	−0.1 (−0.8)
32. 水運	4.9	2.0 (5.6)	2.9 (10.5)	0.0 (−0.9)
34. 倉庫他運輸	3.2	−0.6 (−1.8)	3.7 (8.2)	0.0 (−1.3)
36. 電力	3.3	1.7 (3.8)	1.7 (10.9)	0.0 (−0.5)
38. 水道	2.5	0.4 (0.4)	2.2 (8.7)	−0.1 (−5.7)
39. 卸小売	4.4	0.2 (3.0)	4.2 (9.7)	0.0 (−0.8)
40. 金融保険	4.3	0.8 (2.7)	3.5 (8.2)	0.0 (−0.1)
43. 研究	0.7	−0.8 (−7.0)	1.5 (2.7)	−0.1 (−1.9)
46. 公務	0.1	−1.8 (−4.9)	1.9 (4.2)	0.0 (−0.1)
Panel-C：労働浅化 ($\Delta\ln\varepsilon^L<0$)、TFP 低下 ($\tau^T<0$)				
1. 農林水産業	−0.2	−0.8 (−2.3)	0.7 (3.3)	−0.1 (−8.0)
4. 建設業	−0.7	−0.8 (−10.3)	0.2 (1.2)	−0.1 (−9.4)
8. 木材木製品	−0.1	−0.5 (−4.0)	0.4 (3.4)	−0.1 (−6.7)
11. 出版印刷	−0.4	−1.4 (−6.7)	1.1 (4.1)	0.0 (−4.4)
13. 石油精製品	−0.8	−0.9 (−4.2)	0.1 (5.5)	0.0 (−11.1)
37. ガス	−0.6	−1.3 (−3.4)	0.6 (5.0)	0.0 (2.2)
41. 不動産業	−0.9	−0.8 (−1.0)	−0.1 (−3.0)	−0.1 (−6.0)
42. 教育	−1.9	−1.1 (−3.5)	−0.7 (−1.1)	−0.1 (−9.3)
45. 他サービス	−0.3	−1.4 (−6.5)	1.1 (4.0)	0.0 (−4.3)
Panel-D：その他				
33. 航空輸送	5.9	1.7 (7.7)	2.1 (9.7)	2.2 (9.9)
47. 家計部門	0.0	0.2 (0.2)	0.0 (0.0)	−0.2 (−0.9)

単位：年平均成長率（%）と寄与度。括弧内は成長率。

注：(4.14)式に基づく TFP 成長の PFP 分解による。

表 4.6　産業別 EPI の要因分解（第 II 期：1973–90 年）

	τ^E	τ^T	$\Delta\ln\varepsilon^K$	$\Delta\ln\varepsilon^L$
Panel-A：資本深化（$\Delta\ln\varepsilon^K>0$）、TFP 上昇（$\tau^T>0$）、エネルギー生産性改善（$\tau^E>0$）				
4. 建設業	1.7	1.8 (0.8)	0.4 (1.1)	−0.6 (−0.7)
8. 木材木製品	2.8	3.8 (1.1)	0.3 (1.2)	−1.3 (−1.9)
10. 紙パルプ	1.4	1.9 (0.7)	0.1 (0.3)	−0.6 (−1.4)
12. 化学製品	3.1	1.8 (0.8)	1.5 (3.2)	−0.2 (−0.6)
18. 鉄鋼	1.2	1.0 (0.4)	0.3 (1.2)	−0.2 (−0.5)
19. 非鉄金属	5.2	1.8 (0.6)	2.6 (5.2)	0.9 (3.0)
21. 一般機械	3.3	4.7 (1.7)	0.5 (2.1)	−1.9 (−2.6)
23. 通信機器	4.6	8.5 (2.8)	0.3 (1.2)	−4.1 (−6.9)
25. 他電気機械	3.8	0.8 (0.4)	2.6 (5.4)	0.4 (1.0)
26. 自動車	1.9	2.4 (0.8)	0.5 (0.8)	−1.0 (−2.3)
27. 他輸送機械	0.9	4.5 (1.7)	0.4 (2.1)	−4.0 (−6.0)
28. 精密機械	1.5	3.5 (1.5)	1.0 (2.2)	−3.0 (−4.3)
30. 鉄道輸送	1.8	0.1 (0.1)	2.2 (7.5)	−0.5 (−1.9)
32. 水運	2.6	4.4 (2.0)	−0.1 (0.0)	−1.7 (−2.7)
34. 倉庫他運輸	4.8	2.1 (1.4)	0.7 (4.1)	2.0 (2.7)
36. 電力	6.2	3.1 (1.3)	3.5 (5.5)	−0.3 (−2.0)
37. ガス	3.9	3.0 (1.7)	1.2 (2.1)	−0.4 (−1.0)
39. 卸小売	4.4	3.5 (2.3)	0.7 (3.5)	0.2 (0.2)
47. 家計部門	0.6	0.0 (0.0)	0.6 (0.7)	0.0 (0.0)
Panel-B：資本深化（$\Delta\ln\varepsilon^K>0$）、TFP 上昇（$\tau^T>0$）、エネルギー生産性悪化（$\tau^E<0$）				
1. 農林水産業	−1.0	0.3 (0.1)	0.3 (0.7)	−1.6 (−3.9)
15. ゴム製品	−0.2	1.3 (0.6)	0.3 (1.1)	−1.8 (−2.9)
20. 金属製品	−1.1	1.2 (0.5)	0.5 (1.5)	−2.8 (−3.4)
43. 研究	−2.7	0.1 (0.1)	0.3 (1.6)	−3.1 (−4.0)
44. 医療保健	−2.6	0.6 (0.4)	0.3 (1.0)	−3.4 (−4.4)
Panel-C：資本深化（$\Delta\ln\varepsilon^K>0$）、TFP 低下（$\tau^T<0$）				
2. 石炭鉱業	−1.0	−2.7 (−1.8)	2.1 (8.1)	−0.4 (−0.9)
3. 他鉱業	0.4	−1.1 (−0.8)	1.5 (2.9)	−0.1 (0.3)
5. 食料品製造	−1.5	−1.3 (−0.4)	0.3 (0.9)	−0.5 (−1.0)
7. 衣服	−2.3	−0.8 (−0.3)	0.3 (0.4)	−1.8 (−2.4)
9. 家具備品	−1.1	−0.3 (−0.1)	0.3 (1.1)	−1.3 (−1.7)
17. 窯業土石	0.6	−0.6 (−0.2)	1.1 (3.4)	0.1 (0.3)
31. 道路輸送	−1.5	−1.1 (−1.0)	0.6 (3.7)	−1.0 (−1.4)
42. 教育	−1.0	−0.2 (−0.2)	0.2 (0.7)	−1.0 (−1.5)
45. 他サービス	−1.5	−1.0 (−0.5)	0.7 (2.3)	−1.3 (−2.0)
46. 公務	0.7	0.0 (0.0)	1.3 (3.7)	−0.8 (−1.2)
Panel-D：その他				
6. 繊維	0.2	5.7 (1.9)	−0.5 (−3.0)	−5.0 (−7.6)
11. 出版印刷	−3.3	−0.7 (−0.3)	−0.3 (−1.1)	−2.3 (−3.2)
13. 石油精製品	69.5	71.2 (5.4)	−0.6 (−1.0)	−1.0 (−3.3)
14. 石炭製品	−10.1	−8.4 (−1.1)	−1.1 (−1.2)	−0.6 (−3.0)
16. 皮革製品	−3.4	−1.8 (−0.6)	−0.1 (−0.2)	−1.4 (−2.1)
22. 電子計算機	5.4	14.9 (6.3)	−4.9 (−9.4)	−4.5 (−9.8)
24. 電子部品	11.8	18.3 (7.2)	−2.1 (−1.7)	−6.3 (−8.5)
29. 他製造業	−2.1	0.8 (0.3)	−0.7 (−1.6)	−2.1 (−4.1)
33. 航空輸送	1.8	3.5 (2.0)	−0.8 (−1.5)	−0.8 (−1.4)
35. 通信	−1.4	2.6 (2.0)	−0.8 (−1.9)	−3.2 (−5.6)
38. 水道	−7.7	−3.3 (−2.6)	−2.0 (−3.5)	−2.4 (−6.9)
40. 金融保険	−1.0	3.1 (2.1)	−0.4 (−1.0)	−3.7 (−5.6)
41. 不動産業	−6.6	−2.2 (−2.0)	−3.7 (−4.5)	−0.6 (−4.3)

単位：年平均成長率（％）と寄与度。括弧内は成長率。

注：(4.10) 式に基づく EPI の要因分解による。

表 4.7　産業別 TFP 成長の PFP 分解（第Ⅱ期：1973-90 年）

	τ^T	τ^K	τ^L	τ^E
Panel-A：資本深化（Δlnε^K>0）、TFP 上昇（τ^T>0）、エネルギー生産性改善（τ^E>0）				
4. 建設業	0.8	0.1（　0.6）	0.7（　2.4）	0.0（　1.7）
8. 木材木製品	1.1	0.1（　1.6）	0.9（　4.7）	0.1（　2.8）
10. 紙パルプ	0.7	0.1（　1.1）	0.5（　2.8）	0.1（　1.4）
12. 化学	0.8	0.0（−0.1）	0.4（　3.6）	0.4（　3.1）
18. 鉄鋼	0.4	0.1（　0.1）	0.1（　1.7）	0.1（　1.2）
19. 非鉄金属	0.6	−0.1（　0.0）	0.3（　2.2）	0.4（　5.2）
21. 一般機械	1.7	0.1（　1.3）	1.6（　5.9）	0.0（　3.3）
23. 通信機器	2.8	0.5（　4.5）	2.2（ 11.5）	0.1（　4.6）
25. 他電気機械	0.4	−0.3（−1.5）	0.6（　2.9）	0.0（　3.8）
26. 自動車	0.8	0.2（　1.1）	0.5（　4.2）	0.0（　1.9）
27. 他輸送機械	1.7	−0.1（−1.2）	1.8（　6.9）	0.0（　0.9）
28. 精密機械	1.5	−0.3（−0.7）	1.8（　5.9）	0.1（　1.5）
30. 鉄道輸送	0.1	−1.0（−5.7）	0.9（　2.7）	0.2（　1.8）
32. 水運	2.0	0.5（　2.6）	1.4（　5.3）	0.1（　2.6）
34. 倉庫他運輸	1.4	0.3（　0.7）	0.9（　2.0）	0.3（　4.8）
36. 電力	1.3	0.3（　0.8）	0.9（　8.2）	0.1（　6.2）
37. ガス	1.7	0.6（　1.7）	1.1（　4.9）	0.0（　3.9）
39. 卸小売	2.3	0.1（　0.9）	2.1（　4.1）	0.1（　4.4）
47. 家計部門	0.0	0.0（−0.1）	0.0（　0.0）	0.0（　0.6）
Panel-B：資本深化（Δlnε^K>0）、TFP 上昇（τ^T>0）、エネルギー生産性悪化（τ^E<0）				
1. 農林水産業	0.1	−0.5（−1.6）	0.7（　3.0）	0.0（−1.0）
15. ゴム製品	0.6	−0.1（−1.3）	0.7（　2.7）	0.0（−0.2）
20. 金属製品	0.5	−0.3（−2.6）	0.8（　2.3）	0.0（−1.1）
43. 研究	0.1	−0.4（−4.3）	0.7（　1.3）	−0.1（−2.7）
44. 医療保健	0.4	−0.4（−3.7）	0.8（　1.6）	−0.1（−2.6）
Panel-C：資本深化（Δlnε^K>0）、TFP 低下（τ^T<0）				
2. 石炭鉱業	−1.8	−1.5（−9.1）	−0.2（−0.1）	−0.1（−1.0）
3. 他鉱業	−0.8	−1.0（−2.6）	0.2（　0.0）	0.1（　0.4）
5. 食料品	−0.4	−0.3（−2.4）	−0.1（−0.5）	0.0（−1.5）
7. 衣服	−0.3	−0.2（−2.7）	0.0（　0.1）	0.0（−2.3）
9. 家具備品	−0.1	−0.3（−2.2）	0.2（　0.7）	0.0（−1.1）
17. 窯業土石	−0.2	−0.5（−2.8）	0.1（　0.3）	0.1（　0.6）
31. 道路輸送	−1.0	−0.9（−5.2）	0.0（　0.0）	−0.1（−1.5）
42. 教育	−0.2	−0.5（−1.8）	0.3（　0.5）	0.0（−1.0）
45. 他サービス	−0.5	−0.7（−3.8）	0.2（　0.5）	0.0（−1.5）
46. 公務	0.0	−1.1（−3.0）	1.0（　1.9）	0.0（　0.7）
Panel-D：その他				
6. 繊維	1.9	0.2（　3.2）	1.7（　7.8）	−0.1（　0.2）
11. 出版印刷	−0.3	−0.3（−2.2）	0.0（−0.1）	0.0（−3.3）
13. 石油精製製品	5.4	3.8（ 70.6）	1.3（ 72.9）	0.3（ 69.5）
14. 石炭製品	−1.1	−0.7（−8.9）	−0.2（−7.1）	−0.2（−10.1）
16. 皮革製品	−0.6	−0.4（−3.2）	−0.2（−1.3）	0.0（−3.4）
22. 電子計算機	6.3	3.3（ 14.8）	3.0（ 15.2）	0.0（　5.4）
24. 電子部品	7.2	1.2（ 13.5）	5.7（ 20.3）	0.2（ 11.8）
29. 他製造業	0.3	−0.1（−0.5）	0.5（　2.0）	0.0（−2.1）
33. 航空輸送	1.6	0.3（　3.3）	0.9（　3.3）	0.4（　1.8）
35. 通信	2.0	0.1（　0.5）	1.9（　4.2）	0.0（−1.4）
38. 水道	−2.6	−1.9（−4.2）	−0.3（−0.8）	−0.3（−7.7）
40. 金融保険	2.1	−0.2（　0.0）	2.3（　4.7）	0.0（−1.0）
41. 不動産業	−2.0	−1.6（−2.1）	−0.3（−2.3）	−0.1（−6.6）

単位：年平均成長率（％）と寄与度。括弧内は成長率。

注：(4.14)式に基づく TFP 成長の PFP 分解による。

表 4.8　産業別 EPI の要因分解（第Ⅲ期：1990-2008 年）

	τ^E	τ^T		$\Delta\ln\varepsilon^K$		$\Delta\ln\varepsilon^L$	
Panel-A：資本深化（$\Delta\ln\varepsilon^K>0$）、TFP 上昇（$\tau^T>0$）、エネルギー生産性改善（$\tau^E>0$）							
13. 石油精製製品	4.7	1.1 (	0.5)	3.7 (	3.9)	0.0 (	1.1)
15. ゴム製品	2.1	0.9 (	0.4)	1.0 (	3.6)	0.1 (	0.3)
17. 窯業土石	2.3	0.8 (	0.4)	1.1 (	3.3)	0.4 (	0.8)
21. 一般機械	1.6	1.0 (	0.4)	1.0 (	2.7)	−0.3 (−1.9)
23. 通信機器	11.7	7.7 (	2.7)	4.6 (	8.6)	−0.7 (−1.8)
24. 電子部品	10.6	10.7 (	4.5)	1.5 (	4.3)	−1.6 (−2.3)
25. 他電気機械	2.9	3.5 (	1.5)	0.7 (	1.7)	−1.4 (−2.7)
26. 自動車	3.1	0.8 (	0.3)	1.6 (	3.2)	0.8 (	1.5)
32. 水運	2.1	2.3 (	1.0)	1.0 (	2.4)	−1.2 (−1.9)
44. 医療保健	0.4	0.4 (	0.2)	0.2 (	0.8)	−0.1 (−0.1)
Panel-B：資本深化（$\Delta\ln\varepsilon^K>0$）、TFP 上昇（$\tau^T>0$）、エネルギー生産性悪化（$\tau^E<0$）							
6. 繊維	−0.6	0.6 (	0.2)	0.3 (	3.2)	−1.5 (−2.2)
20. 金属製品	−0.8	0.1 (	0.1)	0.4 (	1.3)	−1.3 (−2.0)
28. 精密機械	−1.4	0.4 (	0.2)	0.4 (	1.0)	−2.3 (−3.5)
46. 公務	−1.6	0.1 (	0.1)	0.0 (	0.1)	−1.7 (−3.3)
Panel-C：資本深化（$\Delta\ln\varepsilon^K>0$）、TFP 低下（$\tau^T<0$）							
1. 農林水産業	0.0	−0.6 (−0.3)	0.5 (	1.0)	0.1 (	0.1)
2. 石炭鉱業	−17.7	−23.4 (−13.3)	1.8 (	9.2)	3.8 (	3.6)
3. 他鉱業	1.2	−1.9 (−1.1)	1.8 (	5.5)	1.4 (	2.8)
4. 建設業	−0.4	−4.1 (−2.0)	1.0 (	5.6)	2.7 (	3.2)
7. 衣服製造	−3.8	−2.2 (−0.9)	0.8 (	4.2)	−2.3 (−2.9)
8. 木材木製品	−0.6	−0.1 (−0.1)	0.4 (	1.8)	−0.9 (−1.2)
9. 家具備品	−2.9	−1.9 (−0.7)	0.8 (	2.4)	−1.3 (−1.5)
10. 紙パルプ製品	−0.9	−0.8 (−0.3)	0.4 (	1.2)	−0.5 (−1.1)
11. 出版印刷	1.0	−0.3 (−0.1)	1.0 (	3.6)	0.4 (	0.6)
12. 化学製品	0.8	−0.2 (−0.1)	1.0 (	1.9)	0.0 (	0.1)
16. 皮革製品	1.9	−0.1 (−0.0)	1.8 (	7.8)	0.3 (	0.6)
18. 鉄鋼	−1.2	−1.1 (−0.3)	0.4 (	1.0)	−0.5 (−1.4)
19. 非鉄金属	−0.8	−1.9 (−0.5)	0.8 (	1.9)	0.0 (	0.0)
29. 他製造業	−1.0	−2.7 (−1.0)	1.0 (	4.2)	0.7 (	0.9)
30. 鉄道輸送	−0.2	−0.5 (−0.4)	0.7 (	1.8)	−0.4 (−1.0)
40. 金融保険	−1.9	−1.6 (−1.1)	0.8 (	1.4)	−1.2 (−2.3)
47. 家計部門	0.7	0.0 (	0.0)	0.7 (	0.8)	0.0 (	0.0)
Panel-D：その他							
5. 食料品	−0.9	0.2 (	0.0)	−0.3 (−0.7)	−0.8 (−1.6)
14. 石炭製品	−10.0	−9.4 (−2.8)	−0.2 (−0.2)	−0.4 (−2.6)
22. 電子計算機	19.8	22.7 (	8.3)	−0.5 (−0.8)	−2.4 (−6.7)
27. 他輸送機械	−1.1	0.4 (	0.1)	−0.4 (−1.2)	−1.1 (−1.7)
31. 道路輸送	0.5	0.9 (	0.7)	−0.1 (−0.4)	−0.2 (−0.4)
33. 航空輸送	1.4	3.2 (	1.4)	−0.5 (−1.6)	−1.3 (−2.0)
34. 倉庫他運輸	−3.1	−0.4 (−0.2)	−0.1 (−0.6)	−2.6 (−3.5)
35. 通信	0.5	4.2 (	2.8)	−0.7 (−1.7)	−3.0 (−6.2)
36. 電力	2.1	2.4 (	1.1)	0.0 (−0.1)	−0.3 (−1.8)
37. ガス	−2.7	3.8 (	1.4)	−3.3 (−5.6)	−3.2 (−8.3)
38. 水道	−3.9	−1.0 (−0.7)	−1.1 (−1.8)	−1.8 (−7.8)
39. 卸小売	−2.9	1.8 (	1.3)	−1.5 (−4.4)	−3.3 (−5.1)
41. 不動産業	−1.8	−1.0 (−0.8)	−0.7 (−0.8)	0.0 (−0.8)
42. 教育	−3.9	−0.2 (−0.1)	−0.6 (−2.9)	−3.1 (−3.9)
43. 研究	−2.9	−0.9 (−0.5)	−0.1 (−0.1)	−1.9 (−2.5)
45. 他サービス	−1.2	0.2 (	0.0)	−0.5 (−1.3)	−0.9 (−1.5)

単位：年平均成長率（％）と寄与度。括弧内は成長率。

注：（4.10）式に基づく EPI の要因分解による。

表 4.9 産業別 TFP 成長の PFP 分解（第Ⅲ期：1990–2008 年）

	τ^T	τ^K		τ^L		τ^E	
Panel-A：資本深化 (Δlnε^K>0)、TFP上昇 (τ^T>0)、エネルギー生産性改善 (τ^E>0)							
13. 石油精製製品	0.5	0.3	(0.8)	0.1	(3.6)	0.0	(4.7)
15. ゴム製品	0.4	−0.2	(−1.5)	0.5	(1.9)	0.1	(2.1)
17. 窯業土石	0.4	−0.2	(−1.0)	0.4	(1.5)	0.2	(2.3)
21. 一般機械	0.4	−0.2	(−1.0)	0.5	(2.1)	0.0	(1.6)
23. 通信機器	2.7	0.8	(3.1)	1.7	(13.5)	0.2	(11.7)
24. 電子部品	4.5	0.7	(6.3)	3.5	(12.8)	0.3	(10.6)
25. 他電気機械	1.5	0.3	(1.2)	1.2	(5.5)	0.0	(2.9)
26. 自動車	0.3	0.0	(−0.1)	0.2	(1.5)	0.0	(3.1)
32. 水運	1.0	0.0	(−0.3)	0.9	(4.0)	0.1	(2.1)
44. 医療保健	0.2	0.0	(−0.4)	0.2	(0.5)	0.0	(0.4)
Panel-B：資本深化 (Δlnε^K>0)、TFP上昇 (τ^T>0)、エネルギー生産性悪化 (τ^E<0)							
6. 繊維	0.2	−0.1	(−3.8)	0.5	(1.6)	−0.1	(−0.6)
20. 金属製品	0.1	−0.3	(−2.1)	0.4	(1.2)	0.0	(−0.8)
28. 精密機械	0.2	−0.4	(−2.4)	0.6	(2.1)	0.0	(−1.4)
46. 公務	0.1	−0.6	(−1.6)	0.7	(1.7)	0.0	(−1.6)
Panel-C：資本深化 (Δlnε^K>0)、TFP低下 (τ^T<0)							
1. 農林水産業	−0.3	−0.3	(−0.9)	0.0	(−0.1)	0.0	(0.0)
2. 石炭鉱業	−13.3	−2.6	(−26.9)	−9.6	(−21.3)	−1.1	(−17.7)
3. 他鉱業	−1.1	−0.9	(−4.3)	−0.4	(−1.5)	0.1	(1.2)
4. 建設業	−2.0	−0.9	(−6.0)	−1.4	(−3.6)	0.0	(−0.4)
7. 衣服	−0.9	−0.5	(−8.0)	−0.3	(−0.9)	0.0	(−3.8)
8. 木材木製品	−0.1	−0.2	(−2.4)	0.1	(0.6)	0.0	(−0.6)
9. 家具備品	−0.7	−0.2	(−5.3)	−0.5	(−1.4)	0.0	(−2.9)
10. 紙パルプ	−0.3	−0.3	(−2.2)	0.0	(0.2)	−0.1	(−0.9)
11. 出版印刷	−0.1	−0.3	(−2.6)	0.1	(0.5)	0.0	(1.0)
12. 化学	−0.1	−0.3	(−1.2)	0.1	(0.7)	0.1	(0.8)
16. 皮革製品	0.0	−0.4	(−5.9)	0.4	(1.3)	0.0	(1.9)
18. 鉄鋼	−0.3	−0.3	(−1.9)	0.1	(0.2)	−0.1	(−1.2)
19. 非鉄金属	−0.5	−0.4	(−2.7)	−0.1	(−0.9)	0.0	(−1.0)
29. 他製造業	−1.0	−0.4	(−5.2)	−0.5	(−1.9)	0.0	(−1.0)
30. 鉄道輸送	−0.4	−0.6	(−1.9)	0.3	(0.9)	0.0	(−0.2)
40. 金融保険	−1.1	−1.3	(−3.2)	0.2	(0.5)	0.0	(−1.9)
47. 家計部門	0.0	−0.1	(−0.2)	0.0	(0.0)	0.1	(0.7)
Panel-D：その他							
5. 食料品	0.0	0.1	(0.2)	0.1	(0.6)	0.0	(−0.9)
14. 石炭製品	−2.8	−2.1	(−9.8)	−0.4	(−7.5)	−0.3	(−10.0)
22. 電子計算機	8.3	5.2	(20.6)	2.9	(26.4)	0.1	(19.8)
27. 他輸送機械	0.1	0.0	(0.1)	0.1	(0.6)	0.0	(−1.1)
31. 道路輸送	0.7	0.2	(1.0)	0.5	(0.9)	0.1	(−1.5)
33. 航空輸送	1.4	0.4	(3.0)	0.8	(3.4)	0.2	(1.4)
34. 倉庫他運輸	−0.2	−0.4	(−2.4)	0.2	(0.4)	−0.1	(−3.1)
35. 通信	2.8	0.8	(2.2)	2.0	(6.7)	0.0	(0.5)
36. 電力	1.1	0.8	(2.2)	0.3	(3.9)	0.0	(2.1)
37. ガス	1.4	0.6	(3.0)	0.8	(5.7)	0.0	(−2.7)
38. 水道	−0.7	−1.1	(−2.1)	0.6	(3.9)	−0.2	(−3.9)
39. 卸小売	1.3	0.3	(1.5)	1.0	(2.1)	−0.1	(−2.9)
41. 不動産業	−0.9	−0.7	(−0.9)	−0.2	(−1.0)	0.0	(−1.8)
42. 教育	−0.1	−0.1	(−0.9)	0.1	(0.6)	−0.1	(−3.9)
43. 研究	−0.5	−0.2	(−2.8)	−0.2	(−0.4)	−0.1	(−2.9)
45. 他サービス	0.1	0.1	(0.5)	0.1	(0.9)	0.0	(−1.2)

単位：年平均成長率（％）と寄与度。括弧内は成長率。

注：(4.14)式に基づく TFP 成長の PFP 分解による。

表 4.10　産業別 EPI の要因分解（第Ⅳ期：2008-16 年）

	τ^E	τ^T	$\Delta\ln\varepsilon^K$	$\Delta\ln\varepsilon^L$
Panel-A：資本深化（$\Delta\ln\varepsilon^K$>0）、TFP 上昇（τ^T>0）、エネルギー生産性改善（τ^E>0）				
2. 石炭鉱業	12.4	19.8（　5.0）	0.3（　4.8）	−7.7（−9.7）
9. 家具備品	2.1	1.1（　0.5）	0.6（　8.3）	0.4（　0.5）
10. 紙パルプ	0.5	0.4（　0.1）	0.1（　0.3）	0.0（　0.1）
12. 化学	3.6	2.7（　1.2）	1.0（　2.0）	0.0（−0.1）
15. ゴム製品	2.7	0.0（　0.1）	0.7（　1.7）	2.0（　3.5）
18. 鉄鋼	2.4	2.3（　0.8）	0.1（　0.2）	−0.1（　0.1）
19. 非鉄金属	4.4	2.7（　0.8）	0.9（　2.6）	0.8（　1.7）
22. 電子計算機	10.7	4.9（　2.1）	4.7（　6.9）	1.0（　3.7）
23. 通信機器	5.7	4.4（　2.2）	0.6（　0.9）	0.7（　2.3）
24. 電子部品	7.7	5.1（　2.1）	1.3（　4.2）	1.3（　2.2）
25. 他電気機械	1.9	2.3（　0.9）	0.0（　0.1）	−0.4（−0.9）
26. 自動車	3.2	0.4（　0.2）	1.7（　4.0）	1.1（　1.8）
28. 精密機械	2.1	1.2（　0.6）	0.6（　1.4）	0.4（　0.6）
30. 鉄道輸送	2.1	0.5（　0.4）	0.4（　0.9）	1.1（　2.7）
32. 水運	1.7	0.0（　0.0）	1.4（　2.7）	0.2（　0.5）
33. 航空輸送	1.5	1.0（　0.9）	0.4（　2.9）	0.0（　0.5）
38. 水道	0.6	0.0（　0.0）	0.6（　0.7）	0.0（　0.7）
39. 卸小売	1.3	0.8（　0.6）	0.2（　0.4）	0.3（　0.5）
41. 不動産業	4.1	2.0（　1.5）	1.5（　1.9）	0.6（　3.1）
Panel-B：資本深化（$\Delta\ln\varepsilon^K$>0）、TFP 上昇（τ^T>0）、エネルギー生産性悪化（τ^E<0）				
8. 木材木製品	−0.1	1.0（　1.0）	0.1（　0.8）	−1.2（−1.8）
Panel-C：資本深化（$\Delta\ln\varepsilon^K$>0）、TFP 低下（τ^T<0）				
6. 繊維	−2.1	−1.2（−0.7）	0.0（　0.2）	−0.9（−1.4）
7. 衣服	−1.8	−0.4（−0.1）	0.0（　1.2）	−1.4（−1.6）
14. 石炭製品	−3.0	−8.1（−1.8）	6.0（　7.4）	−1.0（−5.6）
16. 皮革製品	1.0	−1.4（−0.5）	1.4（　5.1）	1.0（　1.6）
20. 金属製品	−3.5	−1.8（−0.8）	0.0（　0.2）	−1.7（−2.4）
21. 一般機械	−1.0	−1.1（−0.4）	0.7（　1.7）	−0.6（−1.1）
31. 道路輸送	−0.4	−0.1（−0.1）	0.1（　0.3）	−0.4（−0.9）
36. 電力	−7.2	−8.2（−2.2）	0.3（　0.0）	0.8（　3.4）
37. ガス	0.2	−3.2（−0.8）	2.3（　3.5）	1.1（　3.8）
40. 金融保険	1.7	−0.4（−0.2）	2.5（　4.6）	−0.4（−1.0）
43. 研究	0.5	−1.2（−0.6）	0.1（　2.3）	1.6（　1.9）
45. 他サービス	1.4	−0.5（−0.3）	0.4（　1.3）	1.5（　2.2）
47. 家計部門	1.5	0.0（　0.0）	1.5（　1.8）	0.0（　0.0）
Panel-D：その他				
1. 農林水産業	−2.7	−0.5（−0.3）	−0.8（−2.1）	−1.4（−2.7）
3. 他鉱業	−5.6	−3.3（−1.5）	−0.1（−0.5）	−2.2（−3.9）
4. 建設業	0.7	2.9（　1.4）	0.0（−0.4）	−2.1（−2.4）
5. 食料品	0.9	0.5（　0.2）	−0.1（−0.3）	0.5（　1.0）
11. 出版印刷	−1.6	−0.8（−0.4）	−0.3（−0.8）	−0.5（−0.9）
13. 石油精製製品	−4.8	1.6（　0.8）	−6.5（−7.2）	0.1（　2.3）
17. 窯業土石	−2.4	−2.0（−1.1）	−0.2（−0.8）	−0.1（−0.2）
27. 他輸送機械	0.0	−0.3（−0.1）	0.0（−0.4）	0.4（　0.6）
29. 他製造業	0.9	2.5（　0.9）	−0.2（−1.1）	−1.4（−1.8）
34. 倉庫他運輸	−1.7	−1.8（−1.2）	−0.3（−1.2）	0.5（　0.6）
35. 通信	−2.6	3.2（　1.7）	−4.1（−5.6）	−1.7（−6.3）
42. 教育	−2.4	−0.9（−0.7）	−0.4（−2.0）	−1.1（−1.5）
44. 医療保健	−2.1	−0.8（−0.5）	−0.9（−3.5）	−0.3（−0.3）
46. 公務	−2.0	0.0（　0.0）	−1.4（−2.0）	−0.5（−1.9）

単位：年平均成長率（％）と寄与度。括弧内は成長率。
注：(4.10)式に基づく EPI の要因分解による。

表 4.11　産業別 TFP 成長の PFP 分解（第Ⅳ期：2008-16 年）

	τ^T	τ^K	τ^L	τ^E
Panel-A：資本深化（$\Delta\ln\varepsilon^K>0$）、TFP 上昇（$\tau^T>0$）、エネルギー生産性改善（$\tau^E>0$）				
2. 石炭鉱業	5.0	0.4 (7.6)	4.1 (22.1)	0.4 (12.4)
9. 家具備品	0.5	−0.2 (−6.2)	0.6 (1.6)	0.0 (2.1)
10. 紙パルプ	0.1	0.0 (0.2)	0.1 (0.5)	0.0 (0.5)
12. 化学	1.2	0.4 (1.6)	0.4 (3.7)	0.4 (3.6)
15. ゴム製品	0.1	0.2 (1.0)	−0.2 (−0.8)	0.1 (2.7)
18. 鉄鋼	0.8	0.4 (2.2)	0.2 (2.3)	0.2 (2.4)
19. 非鉄金属	0.8	0.3 (1.9)	0.3 (2.7)	0.2 (4.4)
22. 電子計算機	2.1	1.0 (3.7)	1.0 (7.0)	0.1 (10.7)
23. 通信機器	2.2	1.6 (4.8)	0.5 (3.4)	0.1 (5.7)
24. 電子部品	2.1	0.5 (3.5)	1.4 (5.4)	0.2 (7.7)
25. 他電気機械	0.9	0.3 (1.8)	0.5 (2.8)	0.0 (1.9)
26. 自動車	0.2	−0.1 (−0.7)	0.2 (1.4)	0.0 (3.2)
28. 精密機械	0.6	0.2 (0.7)	0.4 (1.5)	0.0 (2.1)
30. 鉄道輸送	0.4	0.5 (1.2)	−0.2 (−0.6)	0.1 (2.1)
32. 水運	0.0	−0.2 (−1.0)	0.1 (1.2)	0.1 (1.7)
33. 航空輸送	0.9	0.2 (−1.4)	0.2 (1.0)	0.6 (1.5)
38. 水道	0.0	0.0 (−0.1)	0.0 (0.0)	0.1 (0.6)
39. 卸小売	0.6	0.2 (0.9)	0.3 (0.8)	0.0 (1.3)
41. 不動産業	1.5	1.3 (2.2)	0.2 (1.0)	0.1 (4.1)
Panel-B：資本深化（$\Delta\ln\varepsilon^K>0$）、TFP 上昇（$\tau^T>0$）、エネルギー生産性悪化（$\tau^E<0$）				
8. 木材木製品	0.5	0.0 (−0.8)	0.4 (1.8)	0.0 (−0.1)
Panel-C：資本深化（$\Delta\ln\varepsilon^K>0$）、TFP 低下（$\tau^T<0$）				
6. 繊維	−0.7	0.0 (−2.3)	−0.2 (−0.6)	−0.4 (−2.1)
7. 衣服	−0.1	0.0 (−3.0)	−0.1 (−0.2)	0.0 (−1.8)
14. 石炭製品	−1.8	−1.8 (−10.5)	−0.1 (2.5)	0.1 (−3.0)
16. 皮革製品	−0.5	−0.3 (−4.1)	−0.2 (−0.6)	0.0 (1.0)
20. 金属製品	−0.8	−0.3 (−3.6)	−0.4 (−1.0)	−0.1 (−3.5)
21. 一般機械	−0.4	−0.4 (−2.7)	0.0 (0.0)	0.0 (−1.0)
31. 道路輸送	−0.1	−0.1 (−0.7)	0.1 (0.1)	0.0 (−0.4)
36. 電力	−2.2	−1.3 (−7.2)	−0.8 (−10.6)	−0.2 (−7.2)
37. ガス	−0.8	−0.5 (−3.3)	−0.3 (−3.6)	0.0 (0.2)
40. 金融保険	−0.2	−1.1 (−3.0)	0.8 (2.7)	0.0 (1.7)
43. 研究	−0.6	−0.1 (−1.8)	−0.6 (−1.4)	0.0 (0.5)
45. 他サービス	−0.3	0.0 (0.1)	−0.3 (−0.8)	0.0 (1.4)
47. 家計部門	0.0	−0.2 (−0.3)		0.2 (1.5)
Panel-D：その他				
1. 農林水産業	−0.3	−0.1 (−0.6)	0.0 (0.0)	−0.1 (−2.7)
3. 他鉱業	−1.5	−0.5 (−5.1)	−0.4 (−1.7)	−0.6 (−5.6)
4. 建設業	1.4	0.1 (1.1)	1.3 (3.1)	0.0 (0.7)
5. 食料品	0.2	0.2 (1.1)	0.0 (−0.1)	0.0 (0.9)
11. 出版印刷	−0.4	−0.1 (−0.8)	−0.3 (−0.8)	0.0 (−1.6)
13. 石油精製製品	0.8	0.9 (2.4)	−0.1 (−7.1)	0.0 (−4.8)
17. 窯業土石	−1.1	−0.3 (−1.6)	−0.6 (−2.2)	−0.2 (−2.4)
27. 他輸送機械	−0.1	0.1 (0.4)	−0.2 (−0.8)	0.0 (0.0)
29. 他製造業	0.9	0.2 (2.0)	0.7 (2.7)	0.0 (0.9)
34. 倉庫他運輸	−1.2	−0.1 (−0.5)	−1.0 (−2.3)	−0.1 (−1.7)
35. 通信	1.7	1.1 (3.0)	0.6 (3.7)	0.0 (−2.6)
42. 教育	−0.7	−0.1 (−0.4)	−0.6 (−0.9)	−0.1 (−2.4)
44. 医療保健	−0.5	0.3 (1.4)	−0.7 (−1.8)	−0.1 (−2.1)
46. 公務	0.0	0.0 (0.0)	0.0 (−0.1)	0.0 (−2.0)

単位：年平均成長率（％）と寄与度。括弧内は成長率。

注：(4.14)式に基づく TFP 成長の PFP 分解による。

第 5 章
間接的な電力輸入

5.1　はじめに

　2000 年代後半からの日本経済の電力需要は、野心的と考えられていた政府による節電・省エネ目標を上回るスピードで減少した[1]。エネルギー多消費的な中間財部品などの国内生産品を輸入品へ切り替えることや、輸出向けの財の加工における最終工程を（消費地に近い）海外生産へと移管することで、マクロや産業レベルでのエネルギー生産性指標は、見かけ上は改善したように見える（第 2 章 2.4.5 節）。政府は省エネ法における規制措置の進捗評価として、化学業やセメント業では 2008 年以降にエネルギー消費原単位が減少傾向にあると評価する（資源エネルギー庁 2020b）。しかし、そうした減少のすべてをエネルギー生産性改善（EPI）とみなせば、省エネ政策の効果を過大評価するものとなろう。

　1990 年代からのグローバル化の進展、世界金融危機や東日本大震災を契機としたグローバルなサプライチェーンの見直しは、日本経済におけるエネルギー消費構造にも大きな影響を与えてきたと考えられる。それは前章までの産業レベル EPI の測定では見いだすことのできない、生産物レベルでの変化である。本章では、現在利用されるエネルギーとしてもっとも重要な電力を対象とし、日本経済における電力消費の輸入依存度の測定を通じて、電

---

1)　第 2 章 2.1 節の図 2.1 を参照。

力消費的な財の国内生産から海外生産へのシフトを評価する。国際的な送電網に接続しない日本では、電力消費における直接的な輸入依存はゼロである[2]。しかし、電力多消費的な中間財や最終財の国内生産を縮小し、それを輸入財へと切り替えることは、間接的に電力を輸入しているものと解される。それは統計では直接に観察されない変化である。本章では財と財との間の相互依存関係を描写する産業連関分析のフレームワークに基づき、経済体系におけるすべての間接的な電力輸入量を評価する指標として「実効輸入依存度（effective import dependency: EID）」を構築する。

　一国経済における間接的な電力輸入依存を示す EID の変化は、中間財や最終財の輸入係数とともに最終需要の構造変化にも依存している。そうした影響を抽出するため、本章では EID に加えて、すべての電力投入についてそれを誘発する源泉となる最終需要へと紐づけた指標である「需要源泉依存度（ultimate demand sources: UDS）」が構築される。電力はほぼすべての生産プロセスに投入されるが、そうした電力の中間消費は究極的にはなんらかの最終需要（家計消費や設備投資、あるいは輸出など）によって誘発されたものと考えられる。電力 UDS は電力需要の究極的な源泉となる最終需要への依存を集約した指標である。小売電気事業者は直接の需要者を知るものの、その電力需要が何に紐づいて誘発されたものかは知らない。需要の究極的な源泉を探ることは、将来需要や価格上昇による影響を見通すうえでも重要な情報となる。

　5.2 節では、産業連関分析に基づく測定のフレームワークとして、一定の仮定のもと、一国経済における電力 EID、最終需要項目別および商品別の EID/UDS を定式化する[3]。5.3 節では、1960 年から 2015 年までのベンチマーク年を測定対象とした複数の接続産業連関表に基づき、電力 EID/UDS の両指標を測定していく。本章の測定結果によれば、長期の日本経済において

---

2)　わずかに統計上、日本の居住者による海外での電力消費が輸入（直接購入）として計上されるに過ぎない。

3)　財貨・サービスは SNA においては生産物（product）と呼ばれるが、本章では産業連関分析における用語として商品（commodity）と呼んでいる。それは財とともにサービスを含んでいる。

大きく 3 つの変動期が見いだされ、とくに 1995 年からの 20 年間には一国経済の電力 EID が倍増したことが指摘される。財レベルの測定によっても見いだされる間接的な電力輸入の拡大は、近年の日本経済において電力消費的な財が海外生産へとシフトしていることを意味する。野心的とも思われた節電・省エネ目標を上回る、現実経済における電力需要の低迷は、直接観察によっては見えないこうした構造変化を反映したものである。一国経済の電力 EID の変化要因には、最終需要項目別測定（5.3.2 節および 5.3.3 節）、また商品別測定（5.3.4 節）を通じて接近していく。5.4 節は本章の結びとする。

5.2　フレームワーク

5.2.1　一国経済の EID/UDS

一国経済の産業連関表における商品別最終需要ベクトル（f）を以下のように定義する。

$$(5.1)\quad f = c + g + i + e - m,$$

ここで f は商品別最終需要の列ベクトルであり、家計消費（対家計民間非営利消費を含む）c、政府消費 g、総固定資本形成（在庫純増を含む）i、輸出 e、輸入 m の 5 つの列ベクトルから構成される[4]。

投入係数行列 A（国産財と輸入財を含む）を定義したもとで、レオンチェフ生産体系（Leontief production system）は次式のように定式化される。

$$(5.2)\quad x = Ax + c + g + i + e - m.$$

レオンチェフ逆行列を

$$(5.3)\quad B = (I - A)^{-1},$$

とすれば、各最終需要ベクトルに対応して直接・間接に誘発される生産量ベ

---

4)　日本の産業連関表では、最終需要および付加価値ともに家計外消費支出という項目が存在する特殊な形式をとるが、本章ではそれは中間投入へと内生化（各年次における産業連関表において分類不明と合算して部門を定義）している。

クトルは、次式のように推計される。

$$(5.4) \quad x^C = Bc, \quad x^G = Bg, \quad x^I = Bi, \quad x^E = Be, \quad x^M = Bm.$$

ここではそれを「波及生産量」と呼ぼう。波及生産量はそれぞれの最終需要を満たすように、すべてを国内生産したときの仮想的な粗生産量である。(5.4)式に定義される波及生産ベクトルによれば、(5.2)式における一国経済の生産量は次のように分解される。

$$(5.5) \quad x = x^C + x^G + x^I + x^E - x^M.$$

(5.5)式は、国内粗生産量 (x) がその生産を誘発する最終需要項目へと紐づけて分解されることを意味している。その右辺の第5項では、輸入財をすべて国内生産するとした想定のもとでの波及生産量 (x^M) を控除することで、右辺の合計は観察される国内粗生産 (x) と一致する。

　(5.5)式において x^M を移項して、需給バランス式として次式をえる。

$$(5.6) \quad x^C + x^G + x^I + x^E = x + x^M,$$

(5.6)式の左辺は国内最終需要 (c, g, i) および輸出需要 (e) を満たすために直接・間接に必要とされる波及生産量であり、その右辺はそうした需要を満たすための国内生産と輸入による供給量として捉えられる。

　導かれた(5.6)式のバランス式に基づいて、商品 k の波及生産量に対する最終需要 (C, G, I, E) ごとのシェアを

$$(5.7) \quad \varphi_k^z = x_k^z / (x_k + x_k^M), \quad z = C, \ G, \ I, \ and \ E$$

としよう。(5.7)式は波及生産量の一国集計値における最終需要項目別生産誘発依存度であり、各シェアの合計 ($\varphi_k^C + \varphi_k^G + \varphi_k^I + \varphi_k^E$) は 1.0 である[5]。商品 k を電力サービスとすれば、家計によって消費されるすべての財とサービス（食料品や衣服などの消費財、自動車や民生用電機機器などの耐久消費財、

---

5) 需要源泉依存度（UDS）は産業連関表に付随する最終需要項目別生産誘発依存度と類似するが、後者は国内粗生産量を分母とするのに対して、UDS では間接輸入による影響を描写するため波及生産量を分母として評価している。

飲食店や不動産サービスなど）の生産段階において利用される電力消費、また
それぞれの中間財・サービスの波及生産段階において利用される間接的な電
力消費も、究極的には家計消費による電力生産の誘発（φ_k^c）としてカウント
される。本書ではそれを「需要源泉依存度」として UDS（ultimate demand
sources）と呼ぶ。UDS では中間財・サービス生産におけるすべての電力消
費は、その需要の源泉となる最終需要に紐づけられている。

　また最終需要各項目へと紐づけた波及生産量である(5.6)式の分解により、
商品 k の「実効輸入依存度（effective import dependency: EID）」を以下のよう
に定義する。

$$(5.8) \quad \varepsilon_k = x_k^{\mathrm{M}}/(x_k + x_k^{\mathrm{M}}).$$

商品 k を電力サービスとすれば、一国経済のレオンチェフ生産体系に基づ
き定義される電力 EID は、日本経済において最終的に需要されるすべての
財とサービスによって誘発される波及生産としての仮想的な電力量のうち、
最終財や中間財の輸入を通じて間接的に輸入されると推計される電力量の占
めるシェアである。間接的に輸入される電力消費量（x_k^{M}）は、すべての輸入
財を日本国内において生産したときに直接・間接に必要とされる電力の波及
生産量として評価されている[6]。

5.2.2　特定商品の EID/UDS

　(5.8)式に定義される一国経済の EID に対して、仮想的な最終需要ベクト
ルを所与としたもとでの EID/UDS 指標を算定しよう。いま任意の最終需要
ベクトルを z とし、その需要を満たすために誘発される国内生産量ベクト
ル（$x_{(z)}$）と輸入量ベクトル（$m_{(z)}$）を競争輸入モデルにより算定すれば[7]、
最終需要ベクトル z に対応した仮想的な産業連関表は、次式によって導か

---

6)　海外生産における電力消費の効率性が日本よりも劣る（一単位の生産により多くの
　　電力を使用する）とすれば、輸入相手国における実際の生産における電力消費量はここ
　　での算定値（x_k^{M}）を上回る。多国間の国際産業連関表によれば、そうした接近も可能で
　　あるが、商品部門定義の粗さや価格差、そして測定精度の課題は大きい。よって本書の
　　EID は国内効率基準のもとで評価する。

れる。

$$(5.9) \quad x_{(z)} = \mathrm{A}x_{(z)} + z - m_{(z)}.$$

(5.9)式は一国経済におけるレオンチェフ生産体系を示す(5.2)式から、仮想的な最終需要 z のもとで切り出される部分的な生産体系を示しており、そこでの $m_{(z)}$ は最終需要自体（z）と誘発される中間需要（$\mathrm{A}x_{(z)}$）の両者に含まれる輸入量を評価している。

（5.3）式のレオンチェフ逆行列（輸入財を含む）を用いて、（5.4）式と同様に最終需要（z）と輸入（$m_{(z)}$）おける生産波及量をそれぞれ以下のように定義する。

$$(5.10) \quad x^z = \mathrm{B}z, \quad x^M_{(z)} = \mathrm{B}m_{(z)}.$$

このもとで（5.6）式と同様な商品ごとの波及生産の需給バランス式として、

$$(5.11) \quad x^z = x_{(z)} + x^M_{(z)},$$

が導かれる。任意の最終需要 z に対応した商品 k の EID は、（5.8）式と同様に、

$$(5.12) \quad \varepsilon^z_k = x^M_{(z)k} / (x_{(z)k} + x^M_{(z)k}),$$

として定義される。

　商品 k を電力サービスとし、最終需要ベクトル z として、たとえば自動車のみの観察値（(5.1)式に観察される c、g、i、e の 4 つの最終需要ベクトルの合計）を抽出すれば（他の商品の最終需要をゼロとする）、（5.12）式は自動車という特定商品の直接・間接の生産段階を総合的に評価した電力の実効輸入依存度（EID）を示している。また同じ最終需要ベクトル z の想定のもとでは、（5.7）式によって電力生産における自動車による需要源泉依存度（UDS）が

---

7)　標準的な競争輸入モデルとして、商品別に輸入係数を定義し、それを対角要素とする輸入係数行列（$\widehat{\mathrm{M}}$）によって、国内波及を描くレオンチェフ逆行列 $(\mathrm{I}-(\mathrm{I}-\widehat{\mathrm{M}})\mathrm{A})^{-1}$ によって国内生産量 $x_{(z)}$ を算定し、そのうえで必要となる中間財（および最終財）に対応した輸入ベクトル $m_{(z)}$ を推計している。

算定される。それは一国経済の電力消費量のうち、最終財としての自動車による直接・間接の生産段階に投入される電力消費量の占めるシェアを示している。言い換えれば、電力総需要のどれほどが、究極的に自動車の生産によって誘発されたものであるかを評価する指標となる。このように、最終需要ベクトル z として特定商品を切り出したもとでの指標を「商品別 EID/UDS」と呼ぶ。

いま最終需要ベクトル z を、(5.1)式に観察される c、g、i、e の 4 つの最終需要ベクトルとすれば、(5.8)式に定義される一国経済の EID（ε_k）は、最終需要項目別 EID（ε_k^z）の加重平均値として次のように分解される。

$$(5.13) \quad \varepsilon_k = \sum_z \varphi_k^z \varepsilon_k^z, \quad z=\text{C, G, I, and E}$$

ここでウェイトとなる φ_k^z は、(5.7)式に定義される最終需要項目別 UDS である。一国経済の EID において、任意の二期間における差分を $\Delta\varepsilon_k$ とすれば、その変化要因は以下のように分解される。

$$(5.14) \quad \Delta\varepsilon_k = \sum_z \left(\overline{\varphi}_k^z \Delta\varepsilon_k^z + \overline{\varepsilon}_k^z \Delta\varphi_k^z \right), \quad z=\text{C, G, I, and E}$$

ここで $\overline{\varphi}_k^z$ および $\overline{\varepsilon}_k^z$ は、それぞれ φ_k^z および ε_k^z の比較する二期間平均値によって定義されている。(5.14)式右辺の括弧内において、第一項は最終需要項目別 EID 変化による寄与度、第二項は最終需要項目別 UDS 変化による寄与度である。一国経済の EID 変化は、最終需要項目別の実効輸入依存度の変化と、電力需要の源泉となる最終需要構造の変化という 2 つの要因に分解される。

5.3　電力の実効輸入依存

5.3.1　マクロの電力 EID

本章補論 F での産業連関表（表 5.3）に基づき、(5.8)式に定義される一国経済の電力の EID 指標としての時系列的な推計値を比較したものが図 5.1 である。最新のベンチマーク年産業連関表となる 2015 年基本表（総務省 2019）の統合小分類（187 分類）に基づく測定では、一国経済の電力 EID は

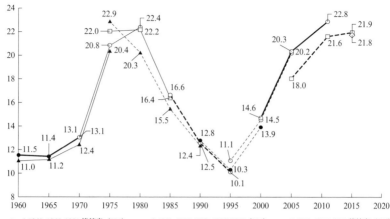

図5.1　一国経済の電力 EID

単位：％。
出典：表 5.3 の接続表および基本表に基づく推計値。
注：各産業連関表の括弧内は分析における統合商品分類数を示している。一国経済における
　　EID の定義は(5.8)式による。

21.8％と推計される。同基本表における統合中分類（107 分類）に基づく測定でもその推計値は 21.9％とほぼ類似しており[8]、電力サービスが商品として分離定義された 100 分類ほどの測定でも十分な測定精度を持っていると評価される。

　EID（ε_k）は総供給量（国内生産量と輸入量の合計）に対して占める輸入量のシェアとして定義されており、国内生産量に対する実効輸入比率は $\varepsilon_k/(1-\varepsilon_k)$ によって算定される。2015 年における一国経済の電力 EID 推計値（21.8％）は、間接的な電力輸入量が国内生産量の 27.9％に相応することを意味する。資源エネルギー庁「総合エネルギー統計」による当該年における電力需要量 1.05 兆 kWh（発電端）によって換算すれば、電力の間接輸入量は

---

8)　2020 年 8 月末に公表された総務省（2020）の 2005-2011-2015 年接続表（105 統合中分類）によっても、電力 EID の 2015 年推計値は 21.9％であり、2015 年基本表（総務省2019）による推計値とほぼ等しいことが確認される（図 5.1）。

0.3 兆 kWh ほどに相応する。言い換えれば、マクロの電力 EID としての 1 ポイントの間接輸入量の拡大は、国内電力需要を 130 億 kWh ほど減少させる効果を持っている。

　利用する接続表や統合商品分類に依存して推計値に差異はあるものの、図 5.1 によればその乖離幅は 1–2 ポイントほどに留まっている。とくに乖離の大きい期間は 2005 年であり、2005–2011–2015 年接続表および 2000–2005–2011 年接続表に基づく当該年次の推計値はそれぞれ 18.0％と 20.3％である。前者の接続表では研究開発が資本化されるなど SNA 基準による概念差もあるが（脚注 22）、産業連関表としての統計概念の変更は最終需要項目における「調整項」の相違にある。輸出品に対して消費税は免税となるが、2011 年表までは輸出品の国内流通に課されている（還付される）消費税分は調整項ベクトルとして輸出ベクトルより別掲されている。しかし 2005–2011–2015 年接続表では、商品別に調整項相当額は輸出に加算され、還付される調整項相当額合計は卸売との交点でマイナス計上するものとなっている。図 5.1 における 2000–2005–2011 年接続表に基づく推計値では、調整項は輸出ベクトルへと加算されており、（後述する 5.3.3 節に測定されるように）輸出財の電力 EID は相対的に大きいことから、こうした輸出の過大評価は一国経済の電力 EID を過大に評価していると解される[9]。

　こうした概念差に基づく断層の存在による 1–2 ポイントほどの測定精度の幅を認識しながらも、統計概念が原則として統一された同一の接続表内において、測定される 3 年あるいは 4 年のベンチマーク年における変動の傾向は、異なる接続表間においても類似することが確認される（図 5.1）[10]。ここでの

---

9)　1989 年に導入された消費税の税率は、ベンチマーク年ごとに 1990 年 3％、1995 年 3％、2000 年 5％、2005 年 5％、2011 年 5％、2015 年 8％である。次節以降、表 5.3（本章補論 F）における接続表 7（1990–1995–2000 年表）が利用される年次では調整項の影響により電力 EID はわずかながら過大に評価されている。しかしトレンドを変えるほどの影響を持たない。

10)　2 つのベンチマーク年の間における変化としては、1970–75 年における変動がもっとも大きい。同期間における分析として、次節以降では表 5.3（本章補論 F）における接続表 1 と 4 が利用されるが、その接続年となる第一次オイルショックを挟む期間における大きな変動は、表 5.3 における接続表 3 や長期接続表 2 においても同様であることが確認される（図 5.1）。

観察期間となる 1960–2015 年において、大きく 3 つの変動期として、

第Ⅰ期：1970 年から 1980 年までの電力 EID 上昇期

第Ⅱ期：1980 年から 1995 年までの電力 EID 低下期

第Ⅲ期：1995 年から 2015 年までの電力 EID 上昇期

を見いだすことができる。経済統計におけるベンチマーク年として 5 年おきとなる制約はあるものの、日本経済における電力 EID の転換年は 1970 年、1980 年、そして 1995 年である。

　第Ⅰ期では、電力 EID は 1960 年代における 10％前半の水準から、高度経済成長の終焉から第一次オイルショックの影響により、1970 年からわずかに 5 年ほどの期間において一気に 20％を超えるまで上昇している。第Ⅱ期は 1980 年からの電力 EID の下降期であり、1995 年には 1960 年代の水準をわずかに下回る 10％ほどへ大きく低下した。そして第Ⅲ期では、電力 EID は 1995 年から再び上昇し、2015 年には 21.9％へと 1970 年代後半の水準にまで上昇している。

5.3.2　最終需要項目別 UDS

　一国経済の電力 EID/UDS における変化要因やその構造的な特性へと接近するため、本節以降では接続表 1、4、7、10（本章補論 F の表 5.3）に基づき分析していく。図 5.2 は (5.7) 式に基づく電力の波及生産量における最終需要項目別 UDS としての長期的な推移を示している。電力 UDS 指標では、電力のすべての波及生産はそれを誘発する究極的な最終需要としての源泉に紐づけられるが、日本経済では長期的に安定して家計消費が最大の誘発要因となっている。

　直接的に観察される電力消費としては、2015 年にはその 26.3％が家計によって消費され、残りの 73.4％は産業における中間消費、0.3％は輸出（直接購入）である。電力がいかに家計消費を支えているものか、直接観察されるそれは過少評価を導くだろう。電力 UDS では、産業における電力の中間消費量（全体の 73.4％）はさらにそれを誘発する最終需要へと遡って紐づけられ、究極的な生産誘発先としての家計消費への依存度は直接消費シェア（26.3％）の 2 倍を超える 55.8％に上る。高度経済成長期を含む長期にわたる

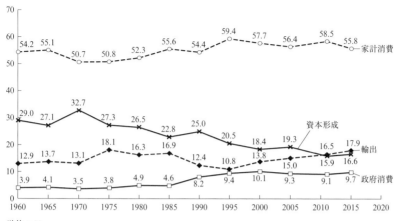

単位：％。
出典：表 5.3 の接続表（1、4、7、10）に基づく推計値。
注：最終需要項目別電力 UDS の定義は(5.7)式による。

図 5.2　最終需要項目別の電力 UDS

　観察期間において、サービス化の進行など需要構造の変化も大きいものの[11]、図 5.2 にみるように家計消費によって誘発される電力生産のシェアは、高度経済成長期を含め 50–60％と安定している。

　教育や医療サービスなど、地方政府や中央政府によって提供されるサービス生産およびその波及生産における電力消費は、ここでの最終需要項目別 UDS においては政府消費に計上されており、公務サービスによる直接・間接の電力消費とともに、近年ではそれは一国全体の電力需要の 10％ほどを誘発する要因となっている。家計消費と政府消費の合計によっては、一国経済における電力生産はその 3 分の 2 ほどが消費による誘発である。

　言い換えれば、電力コストが増大するならば、（価格上昇が完全に転嫁されるもとでは）究極的にはその 3 分の 2 が家計による財・サービスや公共サービスの消費を通じて負担されることを意味している。再エネ拡大による家計の負担は、こうした財・サービスへの価格転嫁を通じ、また産業競争力の喪失と所得低下を通じて、直接的な賦課金の負担をはるかに上回るものとなる。

11)　家計消費総額に占めるサービス消費のシェアは 1960 年の 48.4％から 2015 年には 80.0％にまで拡大している。

　日本経済における資本形成は、金額では近年でも輸出を 60％ほど上回るものの、電力 UDS では輸出によるそれを下回る。そのことは平均的な輸出財の生産が、（平均的な資本財に比して）直接・間接により電力多消費的であることを意味している。規制的な性格を強める省エネ政策や電力の価格高騰や安定供給への懸念は、国際競争力の毀損へと直接的に結びつきやすいことを示唆するものである。2015 年では、日本における電力の波及生産量の 17.9％（国内電力消費量の 15.2％）は輸出需要によって誘発されたものと評価される[12]。

　長期傾向としては、資本形成による電力 UDS は第Ⅱ期および第Ⅲ期においてほぼ一貫して低下し、その反面、第Ⅱ期において家計消費や政府消費による電力 UDS は拡大している（図 5.2）。とくに家計消費では 1975 年から 1995 年にかけて誘発依存度は 50.8％から 59.4％まで上昇し、政府消費では 1985 年から 1995 年まで 4.6％から 9.4％へ倍増している[13]。最終需要項目別 UDS の長期的な変動は、第Ⅱ期におけるこうした投資から消費への 14 ポイントほどのシフトによって特徴づけられる。また第Ⅲ期では輸出の電力 UDS の拡大も大きい。輸出による電力 UDS は（1985 年の 16.9％から）1995 年の 10.8％まで低下するが、その後に上昇へと転じ、2011 年には資本形成の電力 UDS を超えるものとなった。

5.3.3　最終需要項目別 EID

　最終需要項目別の電力 EID の推計値は図 5.3 に示されている。それは最終需要ごとの複合財（商品群）としての実効輸入依存度を評価している。最終需要項目別にみれば、資本形成と輸出という複合財の電力 EID は消費

---

12)　産業連関表付表における最終需要項目別生産誘発依存度（電力の国内生産量を分母とする）によれば、2015 年基本表付表（統合小分類）では家計外消費支出（本書の測定では内生化されている）により 2.5％、家計消費 60.1％、政府消費 9.8％、資本形成 12.4％、輸出 15.2％である。後述のように資本形成では相対的に電力の間接輸入量が大きく、電力の波及生産量による本書での定義（(5.7)式）では、資本形成による電力 UDS がより大きく評価される。

13)　1993SNA への準拠により、政府消費の拡大には社会資本の固定資本減耗の計上による影響も含まれている。

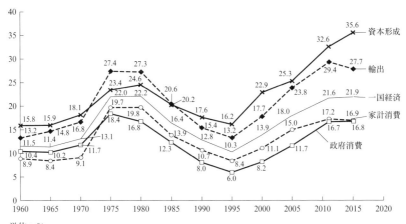

単位：％。

出典：表 5.3 の接続表（1、4、7、10）に基づく推計値。

注：最終需要項目別電力 EID の定義は (5.12) 式による。

図 5.3　最終需要項目別の電力 EID

（家計消費および政府消費）による同指標を安定的に上回っている。その順位には変動もあるが、1990 年以降では資本形成における電力 EID がもっとも高く、輸出、家計消費、政府消費の順となる。

　2015 年には資本形成の電力 EID は 35.6％であり、同年における家計消費の電力 EID（16.9％）に比して、間接的な電力輸入に対する依存度として 2倍以上の差異がある。こうした差異は国内生産されるサービスの占めるシェアなど、それぞれの需要における商品構成の相違を反映したものと考えられるが[14]、最終需要項目別の電力 EID としての差異（図 5.3）を前提とすれば、第 II 期において観察される投資から消費への電力 UDS シフト（図 5.2）は、一国経済の電力 EID の低下を促進させる効果を持っていたことを意味している。

　5.3.1 節で定めた一国経済の電力 EID における 3 つの大きな変動期は最終需要項目別にも同様に見いだされる（図 5.3）。後述する 5.3.4 節での測定によれば、同様な変動は商品レベルでも見いだされるが、電力 EID における

---

14)　商品別の電力 EID の傾向は 5.3.4 節で測定される。

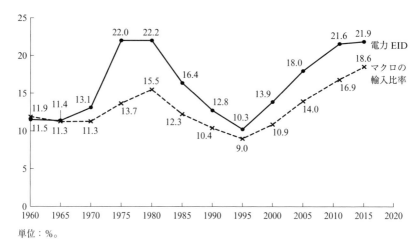

単位：％。
出典：表5.3の接続表（1、4、7、10）に基づく推計値。
注：ここでのマクロの輸入比率は、輸入／（家計消費＋政府消費＋資本形成）によって定義している。

図5.4　マクロ輸入比率と電力EID

こうした変動は、大きくは日本経済におけるマクロ的な輸入比率の推移に依存している。図5.4では一国経済の電力EIDの推移とともに、マクロ的に定義した輸入比率を比較している。電力EIDにおける3つの転換年（1970年、1980年、1995年）は輸入比率におけるそれと一致する。電力EIDが急上昇した第Ⅰ期（1970–80年）、発電の7割以上を石油火力に依存していた日本経済は、第一次オイルショックの影響により電力価格が3倍以上へ急騰することを余儀なくされ、電力EIDは輸入比率に比してより大きく上昇している。諸外国でもオイルショックによる影響は大きいものの、1960年代における原油価格安定を背景として石油依存度を大きく高めていた日本経済では、この期間に電力多消費的な中間財の輸入への切り替えがより大きく進行したことを示唆している。

その後の電力EIDが低下する第Ⅱ期（1980–95年）でも、電力EIDの低下は輸入比率のそれを上回るスピードで進行した。1970年代に上昇を続けた電力価格は、1980年を境にしてほぼ横ばいになり、1985年度から2007年度までの間に電灯・電力平均で約3割低下している（資源エネルギー庁 2020a）。

　また第Ⅱ期は、電力の安定供給としての改善も高く評価される。石油からの代替が求められる日本経済は、LNG 火力発電では 1970 年に 1.5% であった発電シェアから 1980 年には 15.4%、1995 年には 22.4% へ、原子力発電は同期間に 1.6% から 16.9%、そして 34.0% にまで拡大させることに成功している。低圧電灯需要家一軒あたりの年間停電時間によっても、1980 年の 237 時間から 1995 年には 10 時間へと劇的な改善を実現している[15]。安定供給のもたらす電力 EID への影響としての数量的な評価は困難であるが、長期にわたる安定供給への取り組みによる電力サービスとしての質的改善が国内電力消費における価格や安定供給への懸念を後退させ、第Ⅱ期には輸入比率低下の影響を上回る電力 EID 低下の実現に寄与したと考えられる[16]。

　電力 EID が再上昇する第Ⅲ期（1995-2015 年）では、基調としてのマクロの輸入比率は 9.0% から 18.6% にまで増加している。一国経済の電力 EID は、その前半期（1995-2005 年）には輸入比率の上昇を超えるようなスピードで上昇し、その後半期（2005-15 年）ではむしろその逆の推移となる（図 5.4）。図 5.3 に示される最終需要項目別の電力 EID によれば、第Ⅲ期では資本形成における上昇がもっとも顕著である。資本形成による電力 EID は 1970 年代半ばの水準（25% ほど）から 2015 年には 35.6% へと大きく上昇しており、家計消費による電力 EID は再上昇後の 2015 年の水準（16.9%）においても 1970 年代半ばの 20% 弱を下回っていることと対照的である。

　こうした資本形成における電力 UDS と EID の変化は、一国経済の電力 EID の変動に顕著な影響を与えている。表 5.1 では (5.14) 式に基づき、一国

---

15)　資源エネルギー庁（2020a）による 10 電力合計値（元データは電気事業連合会「電気事業のデータベース」）であり、1988 年までは沖縄電力が含まれていない。

16)　第Ⅱ期には国内電力価格の低下が実現するものの、その一方では円高傾向も続いており、ドル建てによる評価によれば、むしろ日本の電力価格は上昇したと評価される。Jorgenson, Nomura and Samuels（2016）によれば、電力・ガスの投入価格における日米格差は 1955 年から長期にわたり一貫して 2 倍以上である（米国内における生産地での電力価格が安価であることを考慮すれば、生産活動における電力投入価格差はさらにその倍以上とみなされる）。1970 年には 2.1 倍の価格差であるが、第Ⅱ期の転換年となる 1980 年には 3.5 倍にも日米価格差が拡大し、そして 1995 年にはさらに 3.9 倍へと拡大している。国際競争の観点からみれば、第Ⅱ期における電力 EID 低下の加速は、質の高い電力の安定供給の実現がより大きな要因であったと考えられる。

表 5.1　一国経済の電力 EID の変化要因

		一国経済EID 変化	最終需要別 EID 変化の寄与度					最終需要別 UDS 変化の寄与度				
			家計消費	政府消費	資本形成	輸出	計	家計消費	政府消費	資本形成	輸出	計
第Ⅰ期	1970-1980	9.0	5.5	0.2	1.9	1.5	9.2	0.2	0.2	-1.3	0.7	-0.2
			(0.60)	(0.02)	(0.21)	(0.17)	(1.00)					
第Ⅱ期	1980-1995	-11.9	-6.4	-0.8	-2.0	-1.9	-11.0	1.0	0.5	-1.2	-1.1	-0.8
			(0.58)	(0.07)	(0.18)	(0.17)	(1.00)					
第Ⅲ期	1995-2015	11.7	4.9	1.0	3.6	2.1	11.6	-0.5	0.0	-1.0	1.4	0.0
			(0.42)	(0.09)	(0.31)	(0.18)	(1.00)					
前期	1995-2005	7.8	3.9	0.5	1.8	1.4	7.6	-0.3	0.0	-0.2	0.8	0.2
			(0.51)	(0.07)	(0.24)	(0.18)	(1.00)					
後期	2005-2015	3.9	1.0	0.5	1.8	0.6	4.0	-0.1	0.1	-0.8	0.7	-0.1
			(0.26)	(0.12)	(0.46)	(0.16)	(1.00)					

単位：パーセンテージ・ポイント（年平均成長率）。

注： 表 5.3 における 1、4、7、10 の接続表に基づく推計値。分解は (5.14) 式に基づく。括弧内
　　は電力 EID の変化による寄与度に対する最終需要項目別寄与率。

経済の電力 EID の変化に対する最終需要項目別の EID と UDS における変
化要因への分解を示している。表 5.1 の右ブロックに示された最終需要別
UDS 変化による寄与度は総計として小さいが、資本形成の電力 UDS の低
下はいずれの期間においても一国経済の電力 EID を 1 ポイントほど低下さ
せる影響を持っている。第Ⅲ期では、とくにその後半期（2005-2015 年）に
おけるマイナスの寄与度が▲ 0.8 ポイントと大きい。この期間、最終需要と
しての資本形成自体の金額シェアはほぼ横ばいであるから、資本形成の電力
UDS の減少は資本財構成として相対的にエネルギー多消費的な商品の縮小
を示唆している。

　また EID の変化による最終需要項目別寄与率（表 5.1 の中央のブロックの
括弧内）によれば、第Ⅰ期と第Ⅱ期では、EID 変化率は逆方向（一国経済の
電力 EID として第Ⅰ期では 9.0 ポイントの上昇、第Ⅱ期では 11.9 ポイントの低
下）であるが、その最終需要項目別の寄与率は、家計消費では 60％ほど、
資本形成では 20％ほど、輸出では 17％と類似している。しかし第Ⅲ期では
家計消費の EID による寄与率は 42％へと低下し、それに替わって資本形成
における EID の寄与率が 31％へと拡大した。このことは資本財構成として、
電力の実効輸入依存度の高い資本財へとシフトしたことを反映している。

　資本形成の電力 UDS や EID にみられるこうした特性は、1990 年代後半

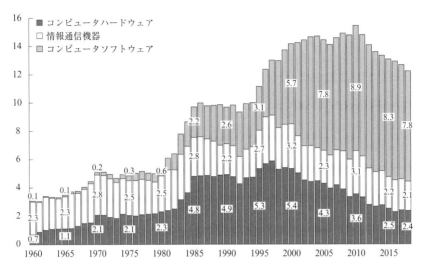

単位：%（一国経済の総固定資本形成全体に占める名目シェア）。
出典：内閣府経済社会総合研究所（2020）、KEO Database 2020, Asian Productivity Organization
　　（2020）による長期遡及推計値に基づき作成。

図 5.5　資本形成における情報通信投資シェア

より顕著となった情報通信投資（IT 投資）のシェア拡大に起因している。図
5.5 は日本経済の総固定資本形成全体に占める IT 投資の名目シェアの長期
変遷を示している。1980 年代半ばからの 10 年間では同シェアは 10％ほどと
安定的であるものの、第Ⅲ期の転換年である 1995 年から 2010 年にかけて
IT 投資シェアは 15％ほどまで大きく拡大した。その構成をみれば、コンピ
ュータや情報通信機器における価格低下の加速を受けてハードウェアの名目
シェアが低下するなかで、コンピュータソフトウェアの占めるシェアが拡大
している。2000 年代半ば以降では、ソフトウェアへの投資はハードウェア
への投資シェアを逆転する。こうした資本財構成としての変化は、資本形成
の電力 UDS を低下させ（図 5.2）、その電力 EID を上昇させる効果を持って
いる（図 5.3）。

5.3.4　商品別 EID

　前節における最終需要別電力 EID は、個別財や個別サービスにおける電

力の実効輸入依存度の変化のみではなく、財・サービスの需要構成としての
変化を反映したものであった。表 5.1 では一国経済の電力 EID 変化におけ
る最終需要項目別の要因分解をおこなったが、さらにそれを商品別におこな
うことは（商品分類の異なる接続表に基づく）データの制約により困難である。
ここでは近似的に時系列的な比較が可能となる商品（最終財）を抽出し、そ
の商品ごとの電力 EID/UDS の測定を通じてマクロ的な電力 EID の変化要
因へと接近していく[17]。比較される代表的な消費財と資本財のそれぞれにつ
いて、商品別電力 EID の推計値は図 5.8 および図 5.9 に、商品別電力 UDS
は図 5.10 および図 5.11 においてその推移を示している。また図 5.12 および
図 5.13 では、製造品全体（すべての財の複合財）とサービス全体（すべてのサ
ービスの複合財）という商品群としての評価をおこなっている。それぞれの
計数は表 5.2 を参照されたい[18]。

　商品レベルの測定によっていくつかの特性が見いだされる。第一に、商品
別の電力 EID の跛行性は大きいことである。2015 年の推計値によれば、図
5.6 に示されるように、ここで特掲する商品では最大となる 77.1％（電子計
算機）から 8.5％（教育）まで実効電力輸入依存度には大きな乖離がある。そ
の序列は、おおまかには貿易財となる財からサービスへと並ぶが、製造品全
体としての電力 EID は 40.7％と、一国経済の水準（21.9％）を大きく上回る。
サービスでは最終需要における直接的な輸入は（直接購入を除き）ゼロであ
るが、その生産波及により輸入される財生産における電力消費量を反映して

---

17)　本節における商品レベルでの測定も接続表 1、4、7、10（本章補論 F の表 5.3）に基
　づくが、接続表間における商品分類の対応関係には不整合が残されている。接続表 7 と
　接続表 10 では同じ分類数（105 統合中分類）でもその定義には相違があり、たとえば
　前者の通信機器は後者では通信・映像・音響機器となるなどカバレッジが異なっている。
　こうした時系列比較の困難性による測定誤差は、電力 EID（図 5.8 および図 5.9）では
　あまり大きなものではないと考えられるが、そのボリュームを反映する電力 UDS（図
　5.10 および図 5.11）では影響はより大きい。
18)　消費財と資本財の区分は商品固有の特性ではなく、ここでのグループ定義は便宜上
　のものである。たとえば、消費財（図 5.8 および図 5.10）に属する家具備品には民間企
　業や政府による総固定資本形成や輸出向けを含むものであり、資本財（図 5.9 および図
　5.11）に属する自動車には家計消費や輸出向けを含んでおり、商品別電力 UDS の測定
　値では商品ごとにすべての最終需要（家計消費、政府消費、資本形成および輸出）を対
　象としている。

サービス全体の電力 EID は 12.8％となり、製造品全体の 3 分の 1 ほどの水準にある。ここで比較されるサービス内では、医療保健サービスの電力 EID が 20.9％ともっとも高く、最低となる教育サービスの 8.5％との乖離も大きい。

　第二に、電力生産を誘発する究極的な最終需要としての源泉はサービスが主である。貿易されないサービスでは電力 EID 指標は製造品に比して低いものの（図 5.6）、電力 UDS 指標によってその需要構成をみれば、2015 年では一国全体の電力生産（波及生産量）のうち 67.2％がサービス需要に紐づけられると評価される。図 5.7 では 2015 年における電力 UDS を商品別に比較している。とくに現在では電力需要の源泉としてそのトップに位置づけられる商品は医療保健サービス（介護を含む）であり、その電力 UDS は 2015 年では 6.0％と自動車の 5.4％を超えている。医療保健サービスは、電力需要に対する影響力も大きく、またサービスの中では実効輸入依存度が高いことが特徴である。

　日本経済におけるサービス化の進行は、電力 UDS の変化にも見いだされる。製造品とサービスの全体的傾向を示した図 5.13 によれば、電力 UDS としてのサービスへの依存はとくに第Ⅱ期に拡大しており、第Ⅲ期となる 1995 年以降では微減している。商品別にみても、自動車の電力 UDS が 1970 年代から 5％ほどでほぼ横這いであるのに対して（図 5.11）、医療保健サービスでは 1970 年代半ばから大きく上昇し（図 5.10）、1995 年には自動車を逆転している。電力の究極的な需要先としてのサービス化の進行は、第Ⅱ期における一国経済の電力 EID の低下を加速させる要因となっている。

　第三に、一国集計レベル（5.3.1 節の図 5.1）および最終需要項目レベル（5.3.3 節の図 5.3）で観察される電力 EID における三期間ごとの変動は、図 5.8 および図 5.9 における商品レベルの測定においてもおおむね同様に観察される。それは日本経済の電力 EID の変化としてのマクロ的な傾向は、需要構造の変化よりも、主として商品レベルでの実効輸入依存度の変化に起因することを意味する。3 つの変動期ごとの、商品別の電力 EID（横軸）と UDS（縦軸）の推移は、それぞれ図 5.14、図 5.15 そして図 5.16 にプロットされている。三期間のいずれも、電力 EID の変化方向は商品別にほぼ同一

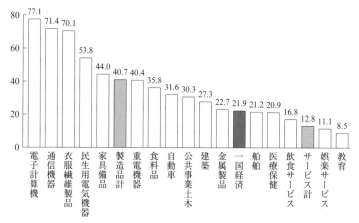

単位：％。
出典：表 5.3 の接続表 10 に基づく推計値。
注：商品別 EID の定義は(5.12)式による。

図 5.6　電力 EID の商品別比較（2015 年）

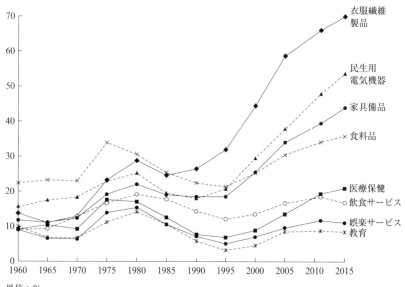

単位：％。
出典：表 5.3 の接続表（1、4、7、10）に基づく推計値。
注：商品別電力 EID の定義は(5.12)式。

図 5.8　消費財の商品別電力 EID

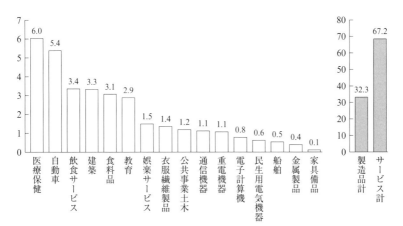

単位：％。
出典：表 5.3 の接続表 10 に基づく推計値。
注：商品別電力 UDS の定義は(5.7)式。

図 5.7　電力 UDS の商品別比較（2015 年）

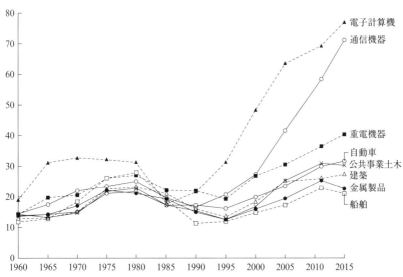

単位：％。
出典：表 5.3 の接続表（1、4、7、10）に基づく推計値。
注：商品別電力 EID の定義は(5.12)式。

図 5.9　資本財の商品別電力 EID

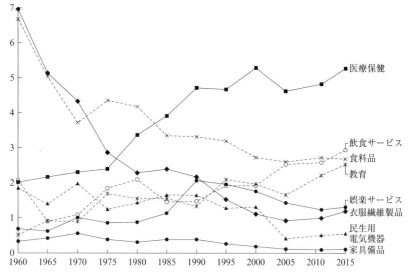

単位：％。

出典：表 5.3 の接続表（1、4、7、10）に基づく推計値。

注：商品別電力 UDS の定義は (5.7) 式。

図 5.10　消費財の商品別電力 UDS

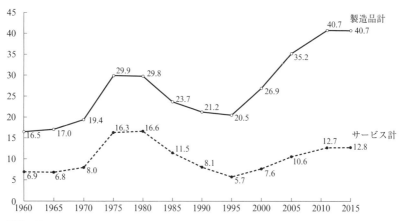

単位：％。

出典：表 5.3 の接続表（1、4、7、10）に基づく推計値。

注：商品別電力 EID の定義は (5.12) 式。

図 5.12　集計財と集計サービスの電力 EID

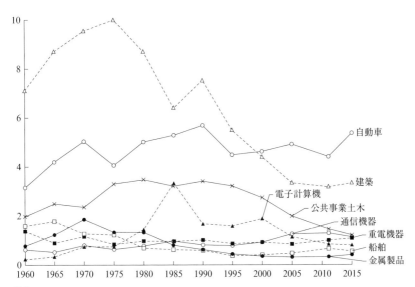

単位：％。

出典：表 5.3 の接続表（1、4、7、10）に基づく推計値。

注：商品別電力 UDS の定義は(5.7)式。

図 5.11　資本財の商品別電力 UDS

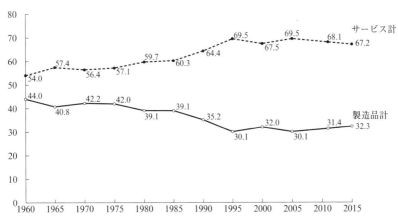

単位：％。

出典：表 5.3 の接続表（1、4、7、10）に基づく推計値。

注：商品別電力 UDS の定義は(5.7)式。

図 5.13　集計財と集計サービスの電力 UDS

表 5.2　商品別電力 EID/UDS

	食料品		衣服繊維製品		家具備品		民生用電気機器		医療保健		教育	
	EID	UDS	EID	UDS	EID	UDS	EID	UDS	EID	UDS	EID	UDS
1960	22.4	7.6	13.7	7.9	11.8	0.4	15.7	2.1	9.1	2.3	9.9	0.6
1965	23.2	5.8	11.0	5.9	11.2	0.5	17.4	1.6	10.4	2.5	6.8	1.0
1970	23.0	4.3	12.9	4.9	12.4	0.6	18.3	2.3	9.2	2.6	6.7	1.0
1975	33.9	5.0	23.2	3.3	19.2	0.4	23.1	1.4	17.6	2.7	11.2	1.9
1980	30.5	4.8	28.9	2.6	22.0	0.3	25.3	1.6	17.1	3.8	14.2	1.8
1985	25.4	3.8	24.6	2.7	19.0	0.4	19.6	1.9	12.6	4.5	10.7	1.8
1990	22.5	3.8	26.5	2.5	18.4	0.4	18.0	1.9	7.7	5.4	5.9	1.5
1995	21.4	3.6	31.9	1.7	18.5	0.3	20.7	1.5	6.8	5.3	3.3	2.4
2000	25.2	3.1	44.5	1.3	25.5	0.2	29.5	1.5	8.9	6.1	4.6	2.2
2005	30.5	3.0	58.7	1.0	34.0	0.1	37.9	0.5	13.5	5.3	8.5	1.9
2011	34.2	3.1	66.0	1.1	39.4	0.1	47.9	0.6	19.3	5.5	8.8	2.5
2015	35.8	3.1	70.1	1.4	44.0	0.1	53.8	0.6	20.9	6.0	8.5	2.9

	娯楽サービス		飲食サービス		金属製品		電子計算機		通信機器		重電機器	
	EID	UDS	EID	UDS	EID	UDS	EID	UDS	EID	UDS	EID	UDS
1960	9.2	0.8	9.0	2.4	14.0	0.8	19.1	0.2	14.2	0.6	14.0	1.4
1965	6.6	0.7	9.4	1.0	14.4	1.2	31.3	0.3	17.5	0.5	19.6	0.9
1970	6.3	1.1	12.8	1.2	17.2	1.9	32.7	0.7	22.1	0.8	20.6	1.1
1975	13.9	1.0	16.6	2.1	22.2	1.3	32.1	0.7	23.3	0.6	26.1	0.8
1980	15.4	1.0	19.3	2.4	21.1	1.3	31.3	1.4	25.1	0.8	27.1	1.0
1985	10.5	1.3	17.7	1.7	19.3	0.8	17.9	3.3	19.7	0.9	22.3	1.0
1990	7.2	2.4	14.4	1.7	15.0	0.6	21.8	1.7	16.6	0.8	21.9	1.0
1995	5.1	2.2	12.0	2.2	12.6	0.4	31.5	1.6	20.8	0.8	19.4	0.8
2000	7.0	2.0	13.5	2.2	16.0	0.3	48.4	1.9	27.3	0.9	26.8	0.9
2005	9.6	1.6	16.6	2.9	19.4	0.3	63.6	1.1	41.6	1.2	30.5	0.8
2011	11.8	1.4	18.4	2.9	25.3	0.3	69.5	0.8	58.3	1.3	36.4	1.0
2015	11.1	1.5	16.8	3.4	22.7	0.4	77.1	0.8	71.4	1.1	40.4	1.1

	自動車		船舶		建築		公共事業土木		製造品計		サービス計	
	EID	UDS	EID	UDS	EID	UDS	EID	UDS	EID	UDS	EID	UDS
1960	13.6	3.1	11.8	1.6	13.0	7.1	14.2	2.0	16.5	44.0	6.9	54.0
1965	14.3	4.2	13.0	1.8	13.1	8.7	13.3	2.5	17.0	40.8	6.8	57.4
1970	15.0	5.0	18.5	1.3	15.1	9.6	14.7	2.4	19.4	42.2	8.0	56.4
1975	21.1	4.1	26.1	1.2	22.6	10.0	21.8	3.3	29.9	42.0	16.3	57.1
1980	21.7	5.0	27.9	0.7	23.2	8.7	22.9	3.5	29.8	39.1	16.6	59.7
1985	17.3	5.3	19.3	0.6	21.1	6.4	17.3	3.2	23.7	39.1	11.5	60.3
1990	17.5	5.7	11.3	0.6	16.1	7.5	15.3	3.4	21.2	35.2	8.1	64.4
1995	16.4	4.5	11.9	0.4	13.5	5.5	12.4	3.2	20.5	30.1	5.7	69.5
2000	20.0	4.6	14.9	0.4	18.4	4.4	16.8	2.7	26.9	32.0	7.6	67.5
2005	23.7	4.9	17.4	0.5	25.3	3.3	25.2	2.0	35.2	30.1	10.6	69.5
2011	30.1	4.4	22.9	0.6	26.1	3.2	30.9	1.4	40.7	31.4	12.7	68.1
2015	31.6	5.4	21.2	0.5	27.3	3.3	30.3	1.2	40.7	32.3	12.8	67.2

単位：%。

注：商品別電力 EID および電力 UDS の定義はそれぞれ(5.12)式と(5.7)式を参照。

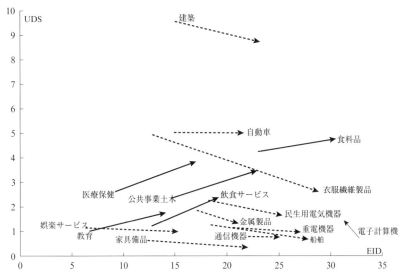

単位：%

出典：表 5.3 の接続表（1、4）に基づく推計値。

注：矢印の始点は 1970 年値、終点は 1985 年値。電力 EID の上昇は太線、その低下は細線（ここでは電子計算機のみ）、UDS の上昇は実線、その低下は破線。

図 5.14　商品別電力 EID/UDS 変化（1970-85 年）

である。第 I 期における例外的な商品は電子計算機であり、そこでは大型コンピュータなどにおける国産率の上昇を反映するが（図 5.14）、第 III 期の再上昇期では本節で抽出したすべての商品に共通して電力 EID の上昇が見いだされている（図 5.16）。第 III 期後半には、マクロ的な電力 EID 上昇は減速するが（図 5.4）、通信機器や電子計算機、家具備品など電力 EID の上昇を継続している商品も多い。

　第四に、3 つの変動期において商品レベルでも類似した傾向を示すものの、電力 EID 変化の転換年には商品ごとの相違がある。電力 EID が低下する第 II 期から、再上昇へと転じた第 III 期に入る転換年はマクロ的には 1995 年となるが、衣服・繊維工業製品（図 5.8）や電子計算機・同付属装置（図 5.9）では、第 II 期でも電力 EID が低下するのは 1980-85 年のみであり、1985 年以降では 40 年間にわたり継続的に上昇している。こうした商品では財の輸入比率が大きく上昇しており[19]、2015 年では両商品ともにその最終需要に

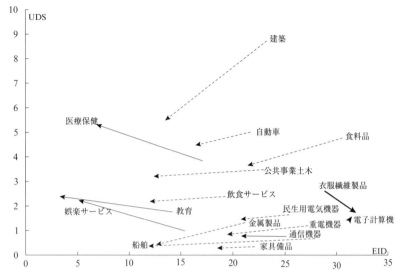

出典：表 5.3 の接続表（4、7）に基づく推計値。
注：矢印の始点は 1980 年値、終点は 1995 年値。電力 EID の上昇は太線（ここでは衣服繊維製品・電子計算機のみ）、その低下は細線、UDS の上昇は実線、その低下は破線。

図 5.15　商品別電力 EID/UDS 変化（1980–95 年）

よって誘発される電力需要の 7 割以上が間接輸入に依存する。民生用電気機器（図 5.8）や通信機器（図 5.9）では上昇へと転じる時期はそれにわずかに遅れるが、1990 年には上昇へと転じており、電力 EID は 1980 年代の 20％ほどの水準から 2015 年にはそれぞれ 50％と 70％を超える水準にまで上昇している。

19)　衣服・繊維工業製品と電子計算機・同付属装置の輸入係数は、2015 年ではそれぞれ 63.7％と 69.0％（接続表 10）であり、1985 年でのそれぞれ 8.5％および 6.9％（接続表 4）から大きく上昇している。両商品ともに、電力 EID としての評価では 1985 年時点の 20％ほどの電力の間接輸入の存在により、輸入係数自体の変化よりも穏やかになっている。

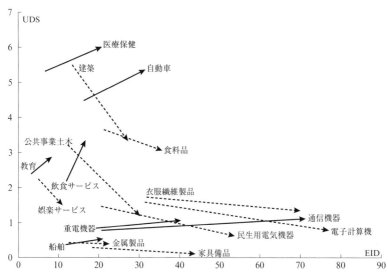

出典：表 5.3 の接続表（7、10）に基づく推計値。
注：矢印の始点は 1995 年値、終点は 2015 年値。電力 EID の上昇は太線、その低下は細線
　　（ここでは対象商品なし）、UDS の上昇は実線、その低下は破線。

図 5.16　商品別電力 EID/UDS 変化（1995-2015 年）

5.4　本章の結び

　直接には観察されない間接的な電力輸入量を把握する指標として、本章で
は電力の実効輸入依存度（EID）を定義し、複数の接続産業連関表を用いな
がら長期の日本の経済成長プロセスに伴う電力 EID の変遷を数量的に評価
してきた。本章での測定結果は以下のように要約される。

　第一に、電力の安定供給や価格上昇における期待にも依存して、日本経済
の電力 EID は大きく変遷している。一国経済におけるマクロの輸入比率の
変化を基調とした大きく 3 つの変動期として、第 I 期（1970 年から 1980 年ま
での上昇期）、第 II 期（1980 年から 1995 年までの低下期）、第 III 期（1995 年から
2015 年までの再上昇期）が見いだされる。第 III 期に再上昇した一国経済の電
力 EID は、2015 年には 21.9％に高まっている。それは二度のオイルショッ

クの影響により大きく上昇した、観察期間内におけるピークである 1980 年
の 22.2％に接近する。

　第二に、オイルショック後に高まった電力 EID に対して、1980 年代には
日本経済はそれを大きく低下させることに成功した。高度経済成長期に石油
への依存度を高めていた日本経済は、第一次オイルショック後には電力
EID の急上昇を余儀なくされたが、ピークとなる 1980 年の 22.2％から 1995
年には 10.3％への大幅な低下を実現している。その要因としては、投資か
ら消費へとシフトしてきた最終需要や、医療保健や娯楽サービスの拡大によ
るサービス化の進行など、需要面の構造変化による影響もある。しかし、原
子力発電や LNG 火力発電による石油代替の実現、停電時間の劇的な減少な
ど、電力の安定供給による改善効果も大きいと考えられる。そうした影響を
数量的に識別することは困難だが、安定供給への信頼なしには電力 EID の
持続的な低下を推進することは難しいだろう。

　第三に、近年では間接的な電力輸入が再び大きく拡大している。1995 年
からの電力 EID の再上昇期では、商品レベルにおいても例外なく電力 EID
が上昇している[20]。この期間における需要構造変化による影響としては、経
済のサービス化による影響が横這いとなるが、コンピュータソフトウェアへ
の投資シェア拡大など、需要構造の変化としては引き続きマクロの電力
EID を低下させる方向にある。しかし一国経済の電力 EID は、1995 年の
10.3％から 2015 年の 21.9％へと倍増した。電力 EID における 11 ポイント
もの上昇幅は、1400 億 kWh の電力の間接輸入増に相当する。

　近年の日本における国内電力需要の低迷（第 2 章 2.1 節）の背景には、間
接的な電力輸入量の大きな拡大がある。それは日本経済において、電力多消
費的な財の生産が海外へとシフトしていることを意味する。省エネや CO2
排出削減を求め強化されてきた国内政策や、電力価格高騰や安定供給の毀損
への懸念を拡大させてきた再エネ推進や電力自由化は、すでにこうした変化

---

20)　近年の電力 EID 上昇の転換期は、日本経済の実質単位エネルギーコスト（RUEC）
　　が上昇へと転じた期間とも重なる（第 3 章 3.4.1 節の図 3.6）。RUEC の上昇は電力 EID
　　を高める効果を持つと考えられるが、観察される RUEC は中間財などの輸入代替によ
　　る緩和効果を織り込んだ後での脆弱化を示すものである。

を促進してきたのかもしれない。安価に利用可能な省エネや低炭素技術が制約され、追加的な対策は産業競争力を毀損させる懸念が拡大するなかで（第4章）、企業は生産シフトにより適応している。海外への有効需要の漏れは、日本経済の長期にわたる停滞要因のひとつである可能性は大きい。

　将来に向けて電力需要はどう変化するだろうか。AI や IoT など新しい技術革新を社会実装させるため、さらなるデジタル関連投資の拡大が期待される。他方では 1960/70 年代に形成された社会資本の更新投資の時期も迫っており、資本形成による需要変化がマクロの電力 EID をさらに低下させることは見込みづらい。また日本社会におけるさらなる高齢化の進行は、家計消費における医療保健サービスの需要をより拡大させるだろう。本章での商品レベルでの測定によれば、現在では医療保健サービスは電力需要を誘発する最大の商品であり、すでに自動車生産（およびその間接波及生産）のための電力需要誘発をも超える。さらなる高齢化の進行は電力需要を牽引するものとなろう。

　最終需要構造の変化が電力 EID を低下させる効果は減衰すると考えられるなかで、将来における商品別電力 EID は近年の上昇を継続するのか、それとも 1980 年代のように低下へと転じさせることができるかは、今後のエネルギー環境政策に依存するだろう。これまで電力会社が築いてきた電力安定供給の基盤を毀損させてはならない。拙速な石炭火力からのフェードアウト、電力価値を上昇させる再エネの大量導入の推進、また国際的に協調ある水準を超えた省エネ法などの規制強化によれば、日本国内の温室効果ガス排出抑制に「成功」するかもしれない。しかし、それは日本経済における電力やエネルギーの実効的な輸入依存度をさらに高めることにより実現される虚構によるものであり、有効需要の喪失は日本経済のさらなる低迷をもたらす。

補論 F　構造変化を描くベンチマーク産業連関表

　電力消費構造における時系列的な比較可能性を高めるため、本章での電力の EID/UDS 指標の測定では連続する数時点の産業連関表基本表（ベンチマーク表）を接合した接続産業連関表（接続表）を利用する。

　表 5.3 は本章での測定に利用した接続表（および基本表）のリストを与えている。その統合分類（かつての統一分類）とは、商品×商品表とする産業連関表において、行と列の商品分類数を同一とした正方行列となるための分類である。ここでは 10 府省庁によって構築される総務省「接続産業連関表」を基準としながら、国民経済計算体系（System of National Accounts: SNA）における基準変更（1953SNA から 1968SNA）に対応した概念調整をした長期接続表（long linked input-output Table: LLIO）を利用する[21]。LLIO は 1960–65–60–75 年の 4 時点における 333 部門統合分類表と、1975–80–85–90 年の 4 時点における 301 統合分類表からなる。

　一般に、粗い（集計度の高い）統合分類に基づく分析によればレオンチェ

表 5.3　EID/UDS 測定に利用する時系列産業連関表

	産業連関表	統合分類数	出典
1	1960–1965–1970 年接続表	233	行政管理庁（1975）
2	1960–1965–1970–1975 年長期接続表	301	野村（1995）
3	1970–1975–1980 年接続表	233	行政管理庁（1985）
4	1975–1980–1985 年接続表	233	総務庁（1990）
5	1975–1980–1985–1990 年長期接続表	333	野村（1995）
6	1985–1990–1995 年接続表	184	総務省（2000）
7	1990–1995–2000 年接続表	99	総務省（2005）
8	1995–2000–2005 年接続表	102	総務省（2010）
9	2000–2005–2011 年接続表	105	総務省（2017）
10	2005–2011–2015 年接続表	105	総務省（2020）
11	2015 年基本表	187	総務省（2019）

注：ここでの「統合分類数」は EID/UDS の測定に利用した分類数であり、各接続表
　　における統合（統一）中分類・小分類や著者による独自分類に基づく。

フ生産体系における生産波及としての測定精度が損なわれ、その一方、細かい分類によれば行・列部門の対応における商品表としての整合性としての課題が生じてしまう。また分析される統合部門分類は時系列的に統一されていることが望ましいが、同一部門内における生産物の質的変化や産業構造の変化のもとでは、分析する統合分類を時系列的に統一させることによる弊害も大きいと考えられる。本章では分析される接続表ごとに、利用可能な統合分類の小分類や中分類、あるいは独自に定義された分類などよって分析し、各ベンチマーク年次における複数の接続表に基づく重複した測定結果の比較から、電力 EID/UDS 指標としての精度を確認する（5.3.1 節の図 5.1）というアプローチをとっている[22]。

---

21)　拙稿（1995）「長期接続産業連関表の推計と分析：1960–65–70–75–80–85–90 年」慶應義塾大学産業研究所、mimeo。

22)　1993SNA や 2008SNA への準拠やさまざまな経済統計的な定義変更など、同一接続表内のベンチマーク年次では概念的に整合することが原則となるが、本書で分析される異なる年次の接続表の間では乖離があることに留意されたい。たとえば研究開発の資本化（企業内で実施される活動を含めて研究開発費が資本形成され、そのストックの固定資本減耗が付加価値項目に加算される）は 2005-2011-2015 年接続表のみであり、研究開発費がすべて中間消費されるそれ以前の表とは波及効果の基準が異なっている。

210

補論 G　イタリアの電力価格高騰と経済停滞

　欧州諸国では 2000 年代に入って電力価格が軒並み倍増した。とくにイタリアでは電力再編と段階的自由化に伴い、電力価格が高騰している。イタリアの産業用電力価格は 2000 年時点でも欧州の最高水準ではあったが、世界最高水準にあった日本の電力価格を 37％ほど下回る水準にあった。しかしイタリアでの価格高騰後の 2014 年には、日本の電力価格の 1.7 倍、米国の 4.7 倍にまで上昇している。その原因と経済的影響を理解することは、日本のエネルギー環境政策を考えるうえで有益な示唆を与える。

　イタリアの発電コスト変化の要因分析によれば、価格高騰の前半期（1999–2008 年）と後半期（2008–14 年）において、その要因は大きく異なる[23]。そ

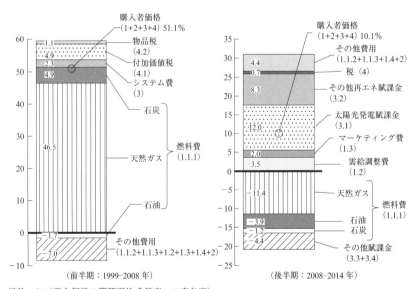

単位：％（電力価格の期間平均成長率への寄与度）。
出典：Autorita per l'Energia Elettrica e il Gas（電力ガス規制機関）などいくつかの資料で補完しながら作成。

図 5.17　イタリアの電力価格高騰要因

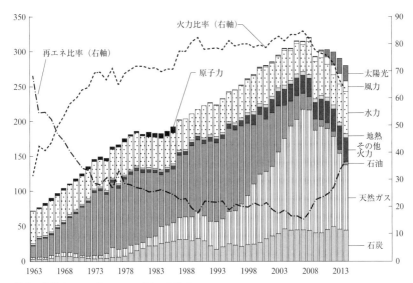

単位：左軸は TWh（1963-2014 年）、右軸は％。

出典：Terna: Dati Statistici Produzione e richiesta di energia elettrica in Italia dal 1883 al 2013 および Produzione lorda di energia termoelettrica tradizionale in Italia dal 1963 al 2013 に基づき作成。

図 5.18　天然ガスへ傾斜したイタリアの電源構成

の前・後半期における電力価格高騰の要因分解は図 5.17 に与えられる。その前半期（1999-2008 年）となる左図では、電力価格高騰のほとんど（寄与率にして91％）は、天然ガス価格高騰による影響を強く受けた燃料費の拡大によるものである。イタリアにおける 1963 年から 2014 年までの電源構成は図 5.18 に示されるが、1980 年代から 2008 年ほどに向けて、イタリアの電源構成は天然ガス火力発電へと急速に傾斜したことが背景にある。

　第一次オイルショック後、イタリアでは石油火力からの転換が遅れ、その発電シェアは 1980 年でも 57％ を占めていた[24]。その後は石炭火力と天然ガス火力発電の拡大により、1986 年には石油火力への依存を 40％ ほどまで縮小させている（図 5.18）。しかし 1987 年 11 月の国民投票での原発廃止決定

---

23)　本補論の詳細は拙稿（2015）「イタリアの電力価格高騰と産業構造変化」RCGW Discussion Paper, No.54（日本政策投資銀行　設備投資研究所　地球温暖化研究センター）を参照されたい。

によって、原子力発電はほぼゼロとなる（1990年にはすべての原発が停止）[25]。需要拡大は石油火力によって賄われ、1992–93年には石油火力は再び過半を超える発電シェアを担っている。

　石油火力依存からの脱却に失敗したイタリアが、再び劇的に電源構成を変えるのは1990年代後半からの急速な天然ガス発電の拡大による[26]。天然ガスへの代替は10年ほどで一気に進行し、両者のシェアは1999年に逆転した。こうした急速な石油代替における大きな問題は、──現在からみれば──それは火力発電への依存度を下げることなしに実施されたことであろう。火力発電のシェアは2000年代に入っても上昇を続け、世界金融危機の始まる2007年には天然ガス火力のシェアは55％を超え、火力発電全体への依存度が85％にも上る歪んだ電源ミックスの姿を生じさせた。そしてそれが、2000年代半ばからの世界的な天然ガス価格の高騰による影響を増幅させる要因となったのである。

　イタリアにおける価格高騰の後半期（2008–14年）に、世界金融危機による需要の急ブレーキにより天然ガス価格が大きく低下したにもかかわらず、それを相殺しながらも価格上昇をもたらした要因は、太陽光発電を中心とし

24)　日本とイタリアの両国は第一次オイルショックによって大きな経済的ダメージを負ったが、石油代替を実現するスピードは大きく異なっている。日本では、1973年においてほぼゼロであった天然ガスと原子力発電を、1980年にはそれぞれ20％と17％にまで拡大させ、石油火力シェアは43％に縮小された。さらに1990年には、天然ガスと原子力発電をそれぞれ28％に拡大し、石油火力への依存度を26％にまで抑制することに成功している。こうした安定供給の実現は1980–95年における日本経済の電力の間接輸入依存度の低下に寄与したものと解される（5.3.1節）。

25)　イタリアでの1987年11月の国民投票は、その前年4月に起きたチェルノブイリ事故の影響を受けている。また2011年6月にはシルヴィオ・ベルルスコーニ首相のもと、原子力開発の是非を問う国民投票が行われたが、同年3月の福島原発事故の影響により、94％の反対によって原発の再稼働は認められなかった。

26)　1990年代後半におけるイタリアの天然ガスへの急速な傾斜は、天然ガスの価格が将来的に安定するという見通しに基づいていた。1998年にOECD/NEA（経済協力開発機構原子力機関）とイタリア政府によっておこなわれた、石炭、天然ガス、風力の発電コストの2005年予測値によれば、割引率を5％とする想定では石炭と天然ガスにおける発電コスト合計値として乖離はほぼなく、割引率を10％とすれば天然ガス火力は石炭火力を下回ると試算されている（OECD/NEA 1998）。現実には、EU全体における2007年の発電コストは、天然ガス火力のほうが石炭火力に比して50％ほど高コストとなった（European Commission 2008）。

た再エネの負担の拡大である（図 5.17 右）[27]。再エネ支援のための直接的な費用負担（賦課金）と、自然変動電源の導入拡大がもたらす派生的な費用負担（需給調整費など）によって、卸電力価格は低下しながらも購入者価格では大きく上昇するという乖離を生じさせている。

　イタリアでのエネルギー環境政策のもたらした電力価格高騰は、同国における産業用電力価格を世界でも突出したレベルへと導き[28]、経済成長を大きく毀損させている。価格高騰期となる 2000-14 年におけるイタリア経済の産業構造変化を示したものが図 5.19 である。その縦軸は 2000 年時点における電力コスト（ガス熱供給を含む）が生産額に占めるシェアとし、横軸には名目 GDP 成長率の一国経済からの偏差をとって各産業をプロットしている。電力コストの高い産業では、一国経済の平均的なパフォーマンスよりも劣る傾向が見いだされる。とくに製造業における生産縮小とサービス業の相対的な拡大が顕著となっている。

　こうした産業構造変化はマクロ経済にも大きなダメージを与えている。図 5.20 はイタリアの電力価格が高騰した 2000-14 年における経済成長とその要因を、他の OECD 諸国およびアジア諸国と比較している。イタリアはこの期間における唯一のマイナス成長国である。マイナス成長の要因は年率 0.5％で低下した TFP であり、同国経済の資源配分における非効率性の拡大を示唆している。電力価格高騰の影響のみをそこから抽出することは難しいが、（図 5.19 のような産業構造変化による影響から評価した）簡易な試算によれば、イタリアでの経済成長に対して年率 0.14％ほどのマイナス要因と捉えられる。

　イタリアにおける歪んだエネルギーミックスとその影響は、日本のエネル

---

27)　2005 年には、太陽光電力だけを対象にして電力価格にプレミアムを 20 年間上乗せする、「Conto Energia」と呼ばれる FIP（Feed-in Premium 制度）が導入されている。さらに 2008 年には、太陽熱発電向け FIP 制度、太陽光を除く再エネ（風力、地熱、波力、潮力、水力、バイオマスなど）には 1MW 未満の小規模発電設備による電力の FIT も開始されている。2007-14 年における再エネの拡大量は、水力（拡大分の 35.3％の寄与率）、太陽光（30.5％）、バイオ（18.5％）、風力（15.3％）であり、その構成は比較的にバランスがよい。しかし 2014 年において、発電量として再エネ発電量全体の 18.5％に過ぎない太陽光発電は、支援額ベースでは 55％を占めている。

28)　電力価格の国際比較は第 6 章 6.3 節を参照されたい。

2000 年における電力・ガスコストのシェア

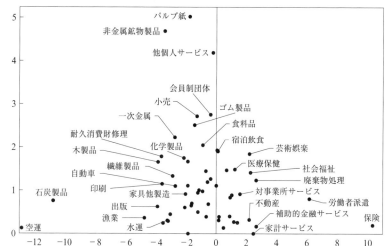

単位：横軸はパーセンテージ・ポイント（価格高騰期となる 2000-14 年における各産業の名
目 GDP（基本価格による付加価値）の年平均成長率から、一国全体の名目 GDP 成長率
を差し引いた偏差）、縦軸は％（電力・ガスのコストシェア）。

出典：WIOD 2016 Release（Timmer et al. 2015, 2016）の National Supply and Use Tables に基
づき作成。

図 5.19　イタリアの産業別電力コスト負荷と産業成長格差

ギー環境政策に対し、学ぶべき教訓を与えている。第一は、歪んだエネルギ
ーミックスは段階的に進められた電力とガスの自由化のもと、民間発電事業
者によるガス火力の拡大やコジェネの導入など分散的な意思決定により実現
したことである。電力の安定供給と価格上昇の抑制に向け、自由化による競
争は政府による計画と有効に結合させることが重要である。

　そしてもうひとつの重要な教訓は、国内における製造業の縮小を軽視でき
ないことである。現在の日本は、国内企業による生産拠点の海外移転や、製
造業の空洞化に耐えうるだけの成熟した産業構造を持たない。むしろ、その
役割は変質し、重要性を増している。将来に期待されるデジタル・トランス
フォーメーション（DX）は、製造業における効率性やその在り方を大きく
変えようとしている。付加価値の高い製造業の現場を国内に維持し、労働者
不足を産業用ロボットの活用拡大や無人工場などで補う、労働生産性の大幅

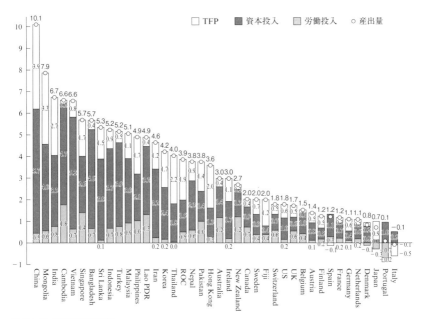

単位：％（年平均成長率）。
出典：アジア諸国は APO（2020）、日米韓を除く OECD 諸国は OECD Stat（Dataset: Multi-Factor Productivity）と OECD（2020）より作成。
注：期間はイタリアにおける電力価格高騰期となる 2000-14 年である。ここでの TFP には労働の質的変化が含まれている。

図 5.20　OECD・アジア主要国の経済成長要因

な改善が期待される。DX による変革を支えるべく、電力価格上昇の抑制はカギとなる。

　もはや一人あたり GDP（PPP 換算）では日本の 2 倍を超えたシンガポール経済は、人口は 560 万人とその規模は小さくとも、製造業による GDP シェアは 2018 年では 21.9％と日本（20.7％）を上回る水準を維持している。そしてその経済はグロス EPI の実現を探求することなしに（むしろエネルギー生産性を悪化させながらも）、エネルギー消費量あたりの CO_2 排出量としての炭素集約度の低下を追求している。総花的な政策は、その目的とは反する結果を導くだろう。

第 6 章
日本のエネルギー転換に向けて

6.1　はじめに

　パンデミックに翻弄された 2020 年は、かつての CO2 排出削減中期目標の
ターゲット年であった。京都議定書における第一約束期間（2008–2012 年）
へと入った 2008 年末、自民党の麻生太郎内閣は福井俊彦氏（前日銀総裁）を
座長とする中期目標検討委員会を設置した。そのもとに、科学的・論理的な
シナリオの検討を目的として、複数のモデル分析者からなるワーキングチー
ムが結成される。各種の前提条件やその変化への感度の妥当性など、事前に
相互検証すべき課題は多い。著者もその一員であったが、数か月にわたる集
中的検討では、可能なかぎり偏りのない試算を出そうとする緊張感があった。
それは履き違えた政治主導に踊らされることなく、厄介であろうとも問題の
構造を見極めようとする経産官僚がいた時代である。

　複数シナリオの合理性に関する慎重な議論とそして政治決断のもと、麻生
内閣は 1990 年比 8％削減とする中期目標を定めた[1]。しかし民主党による政
権発足直後の 2009 年 9 月、国連気候変動首脳会議において鳩山由紀夫首相
は突如 25％削減を表明する。高い目標はもはや経済成長の足枷ではなく、
むしろ促進させるとした。今に聞くセリフである。旧自民党政権時の「歪ん
だ」試算の見直しのため、モデル検討チームが再び招集される。政権の「思

---

[1]　当時の中期目標検討委員会における議論は茅（2009）および福井編（2009）に詳し
　い。

い」は違えども、前提がほぼ同じならば再試算結果が変わるはずはない。著者のモデル評価では、日本国内における25％削減の経済負担は甚大であり、2020年の実質GDPを5.6％減少させると評価された[2]。

　政権の意に沿わない試算は中間報告のまま中断され、検討の場は環境省へ移されていく。分析者を変えて実施された新試算では政権の思いを反映し、再エネなど低炭素技術への投資の積極化により「イノベーション」が実現し、経済成長はむしろプラスになるとされた[3]。2010年3月、こうして閣議決定された地球温暖化対策基本法案に対し、経団連は「透明で国民に広く開かれた検討を強く求めていたにもかかわらず、経済や雇用等に与える影響などについて、十分な議論や情報開示がなされないまま決定されたことは極めて残念」とコメントを残している[4]。慎重な発言ではあるが、自民党の麻生政権時に定められた▲8％から、政権交代を機に一気に吊り上げられた▲25％による経済や雇用へのマイナスの影響を強く懸念したものである。

　10年前の政府の楽観と経済界の悲観は、どのような結末を迎えただろうか。その当時に予測された未来は、いまは過去となりつつある。統計の公表にはタイムラグがあるが、2020年12月に公表された環境省の速報値では、2019年度のCO_2排出量は1990年比▲3.3％となった。2020年暦年ではパンデミックの影響により▲9％ほどにまで拡大すると見込まれる。他方、モデル試算時には2010年代に年平均1.4％と想定された経済成長率は、2020年における経済成長の急減速により0.3％ほどにまで低迷した。

　事後評価のためには、直接観察では見えない解析が必要となる。試算時の

2）「CO2排出削減ショック　GDP6％マイナスの衝撃」『エコノミスト臨時増刊』（2010年3月23日）。

3）　逆転した結果は何によるものか。著者も参加した山口光恒教授（当時東京大学特任教授）による東京大学先端科学技術研究センターでのインテレクチャル・カフェ「地球温暖化―日本の戦略：日本の中期目標25％削減の経済・産業への影響」（2010年5月28日）での集中的な議論によれば、新試算で拡大するとされた設備投資は後に公開されたモデル結果をみれば、むしろ低下していた。排出制約が追加されたシミュレーションのみにおいて、外生的にTFPの改善が追加されているとしか理解されないものであった。経済成長の加速は同義反復に過ぎず、モデル分析としては禁じ手である。

4）「地球温暖化対策基本法案の閣議決定に関する御手洗会長コメント」日本経済団体連合会（2010年3月12日）。

想定と異なる（東日本大震災後の）原発稼働の停止と（COVID-19 による）パンデミックの影響を取り除いた仮想的な現実値を試算すれば、2020 年における CO_2 排出量は 1990 年比▲ 15％ほど、2010 年代の経済成長率は年平均 0.9％になったものと評価される。言い換えれば、2020 年における▲ 25％の排出削減が▲ 5.6％の実質 GDP の減少をもたらすとした 2009 年時の試算結果に対して、現実（仮想的）には▲ 15％の排出削減が▲ 5％ほどの実質 GDP の減少を伴って実現したのである。複雑な現象の解明は一意には定まらず、排出削減目標自体が低成長を導いた原因であるとは必ずしも言えない。しかし、排出削減と低成長が実現したこと、そして民主党政権と環境省が低炭素社会の実現によりむしろ経済成長を促進させるとした、10 年前に描いた楽観が誤りであったことは確かであろう。

　省みることなく、政府は 2050 年に向けて再び楽観を繰り返そうとしている。しかし、経済界の評価は大きく変わった。菅義偉首相がカーボンニュートラルを掲げた所信表明の同日（2020 年 10 月 26 日）、経団連会長の中西宏明氏（日立製作所会長）は「わが国の今後のポジションを確立する英断であり高く評価する」とコメントを残している[5]。さらに同年 12 月には、「現状に手をこまねいていれば、「経済と環境の好循環」の実現はおろか、グリーン成長をめぐる国際的な競争に大きく劣後し、わが国の産業競争力や立地拠点としての競争力を一気に喪失することになりかねない」とした[6]。何が経済界の評価を変えさせたのか、それはひとつのパズルである。

　民主党の鳩山政権が表明した 10 年先の将来となる 2020 年に向けた 25％削減目標（＋ 10 年▲ 25％）と、自民党の菅政権が表明した 30 年先の将来となる 2050 年に向けたカーボンニュートラル（＋ 30 年▲ 100％）、日本国内の対策とするならば両者の負担はどちらが大きいだろうか。時点の差異を捨象して、「＋ 10 年▲ 25％」≦「＋ 30 年▲ 100％」という式の不等号を考えよう。目標とする排出削減量が大きくなれば、経済的な負担は拡大する。その

---

5)　「菅総理大臣による所信表明に関する中西会長コメント」日本経済団体連合会（2020 年 10 月 26 日）。

6)　「2050 年カーボンニュートラル（Society 5.0 with Carbon Neutral）実現に向けて——経済界の決意とアクション——」日本経済団体連合会（2020 年 12 月 15 日）。

一方、その転換に要する移行期間をより長期にとれば、（耐用年数の長いプラントやインフラなどにおける）更新投資の機会の有効な利用、低炭素イノベーションの実現とその社会実装が期待され、期間平均値としての経済負担は緩和されよう。それぞれを縦軸および横軸にとり、おおむね等しい経済的な負担（年率換算 GDP ロス）となる線を結んだイメージを図 6.1 に描いている。

　賢明なる読者は 2050 年に向けた「＋ 30 年」という長期間における変化を予測することの難しさから、不等号の向きについては回答を躊躇するかもしれない。経済学徒は、未来における技術革新として、外生的なものと内生的なもののスピードを想定するだろう。しかし▲ 25％から▲ 100％という目標の先鋭化によっては、限界費用逓増の法則を思い浮かべ、大きな「＜」を付けるだろうか。図 6.1 で①とした実線は「＋ 10 年▲ 25％」は「＋ 30 年▲ 65％」と同程度の負担（等負担線）というイメージを描いている。①の等負担線のもとでは、カーボンニュートラル宣言は左上の領域に位置し、はるかに大きな負担であることを表現している。

　低炭素技術の研究に従事する理工系の研究者は、＋ 10 年から＋ 30 年という移行期間の長期化により、自ら「＞」へと転じるべし（図 6.1 の②のイメージへ）と大いに奮い立つかもしれない。しかし、AI や IoT などの応用や革新スピードを喧噪する解説者たちとは対照的に、専門的な分野で実際の研究に従事している研究者たちの話を伺うと、かなり限定的な応用でもこれから 10 年、一般に期待されるような広範な応用分野での活用にはさらに 10 年以上を要するなど、社会実装には長い時間を要すると冷静にみていることも多い。

　研究者や起業家、経営者が巻き起こす革新的なイノベーションの役割を考察することは本書の課題ではないが、こうした知見について経済統計からも補完的に考察することができる。成長会計分析によって測定される TFP（全要素生産性）はイノベーション自体を測る指標とはならないが、新技術が実現し産業やマクロでの経済活動へと影響を与えるならば、その痕跡は TFP の中に残される。経済測定からの接近は、（直接に計り知れない）イノベーションの社会実装におけるスピードや期間、経済社会へのインパクトをより適切に評価するかもしれない。

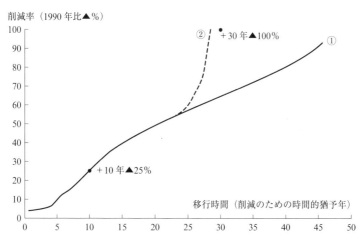

注：2009/10年における民主党鳩山政権時の2020年削減目標（1990年比▲25%）と、
　　2020年における自民党菅政権時の2050年カーボンニュートラル宣言（▲100%）
　　の2つをプロットし、日本国内で対策が実施されたときの等しい経済負担となる
　　軌跡のイメージを描いている。左上の領域ほど経済負担は重い。

図6.1　削減深度と移行期間に応じた経済負担

　1990年代後半、かつても情報技術の急速な革新によるニューエコノミー
論が喧噪された。しかし当時、旺盛なIT投資ブームにもかかわらず、マク
ロ経済の中にはその痕跡を見つけられず、それはソロー・パラドックス（生
産性パラドックス）と称された。その後には少しのタイムラグを持って、IT
ハードウェア産業におけるTFP改善は大きなものであったことが実測され
るが、ITサービス利用による生産性の改善は限定的であった。経済全体の
効率改善も限られている。2000年代後半以降でも、米国はさまざまな革新
の担い手として捉えられてきたが、2008-15年の米国のTFP成長率はマク
ロ的には年平均0.3%に留まり、それは1990-2008年における0.6%から減
速している[7]。技術革新によるマクロ経済における変化とは、新技術のニュ

---

7)　米国経済の測定はハーバード大学のデール・ジョルゲンソン研究室での測定による
　　（第4章補論E）。米国ほどの経済規模を持つ国では成長会計分析はより安定的であり、
　　大きな構造変化を理解するのには望ましい。長期にみれば、ITによるTFP成長の加速
　　期よりも、オイルショック後の減速期のほうが米国経済の例外期とも捉えられる。エネ
　　ルギー価格高騰が経済成長に与えるインパクトは、技術革新によるそれを上回るかもし
　　れない。

ースや株式市場におけるブームとは対照的に、はるかに穏やかである。将来にそれが大きく変わるという根拠も見いだせない。

　日本の経済界がこの10年間に評価を大きく変えたというパズルの解は、安価に国内排出削減を実現できる技術を日本経済がその手の内にしたことによるものではない。以下、6.2節では本書での測定結果を総括しながら、日本の経済成長とエネルギー消費のプロセスのもとに見いだされる経済と環境の両立する姿をまとめ、このパズルへと接近する近年の構造変化を論じていこう。そして6.3節では電力の生産と消費における国内外の価格条件として、エネルギー転換に向けて日本経済の置かれた制約を整理する。6.4節では日本におけるグリーン成長の可能性とカーボンプライシングについて考察しながら、本書の結びとして6.5節では、日本のエネルギー環境政策に求められる転換の方向性を論じる。

6.2　経済と環境の両立

◆間接的に実現されるEPI

　産業革命後、人類はそれまでの数千年のトレンドとは非連続的となる経済成長を実現し、それに伴いエネルギー消費は拡張を続けてきた。生産量とエネルギー投入量の拡大が並走しながらも、エネルギー消費の成長率が経済成長率を持続的に下回るようになったのは、米国では1920年代、日本では戦後のことである（第1章1.2節）。人類の歴史からみればわずかな期間とも言えるが、エネルギー生産性の改善（EPI）は半世紀から一世紀の間、持続してきた。

　しかしこの期間内においてもEPIのスピードは大きく変化し、それを実現する要因も交代してきた。社会人口統計はより長期の歴史を持つが、経済としての体系的な測定が可能となるのは、統計の充実した先進国でも1950年代などからに限られている。日本ではこの時期から、統計官の努力により良質な経済統計が整備されている。観察される日本経済の経験は、工業化からサービス化の進行する大きな産業構造変化をその測定対象期間内に含む、世界的にも興味深いサンプルを与えている。経済成長の過程における構造変

表 6.1　日本の経済成長とエネルギー消費における構造変化

期間	第Ⅰ期 1955–73 年	第Ⅱ期 1973–90 年	第Ⅲ期 90–2008 年	第Ⅳ期 2008–16 年
エネルギー生産性改善（EPI）	1.5%	1.2%	0.1%	1.2%
a. エネルギーに対する労働浅化（L/E 低下）	＋＋	＋	＋	－
b. エネルギーに対する資本深化（K/E 上昇）	＋	＋＋	＋	±
c. 労働生産性	＋＋	＋	＋	±
d. 資本生産性	＋＋	±	－	－
e. 全要素生産性（TFP）	＋＋	＋	±	±
f. 名目エネルギー価格	±	＋＋	＋	±
g. 実質エネルギー価格	－	＋	＋	＋
h. 実質単位エネルギーコスト（RUEC）	－	±	＋	＋
i. 電力の実効輸入依存度（EID）	±	±	＋	＋
経済と環境の両立	第一の両立	第二の両立	・・・	第三の両立

注：それぞれの構造的な変化として、＋は上昇、－は低下、±はほぼ横ばい（期中の変動はある）
　を示している。

化とエネルギー消費の関係性として、表 6.1 は本書の測定結果の総括を与え
ている。

　戦後の日本経済における EPI の見かけ上のピークは第一次オイルショッ
ク後であるが、産業構造やエネルギー構成における変化の影響を取り除いた
測定値によれば、真の EPI は高度経済成長期となる第Ⅰ期（1955–73 年）の
年率 1.5％から、第一次オイルショック後の第Ⅱ期（1973–90 年）には 1.2％
へと低下し、そして低成長期となる第Ⅲ期（1990–2008 年）には年率 0.1％へ
と大きく減速している（第 2 章 2.4.1 節）。エネルギー投入価格の上昇が資本
投入価格のそれを上回るように転じたのは、第一次オイルショック後の第Ⅱ
期である（第 3 章 3.4.2 節）。もっとも高い EPI を実現した第Ⅰ期には、原油
価格の安定により実質エネルギー価格はむしろ低下しており、価格条件自体
は省エネ投資を促進するものではなかった。

　第Ⅰ期に実現した年率 1.5％もの高い EPI は、エネルギー多消費型産業を
中心として、生産拡張を目的とした投資に伴う「借りた技術」の導入による、
いわば「意図せざる EPI」である（第 2 章 2.4.2 節）。実質エネルギー価格の
上昇によって導かれた第Ⅱ期の「意図した EPI」は、第Ⅰ期における「意図
せざる EPI」のスピードを下回る。EPI 実現のひとつの強固な道は、その達
成自体を目的とせずに、資本蓄積と経済成長を通じて間接的にもたらされた

ものである。

　そのことは EPI の要因分解からも見いだされる。第Ⅰ期の力強い EPI は、省エネ投資の拡大よりも、生産拡張投資に伴って実現した生産効率の全般的な改善（TFP 上昇）によって牽引されている（第 4 章 4.3.1 節）。経済成長のプロセスでは、機械化により労働から資本への代替が進行し、そして資本の稼働のためのエネルギー投入の拡大が求められる。よって同量の産出量を生産するために、一単位の労働がより多くのエネルギー投入を必要とするような技術変化として「エネルギーに対する労働浅化」（L/E の低下）が長期的に進行するが、そのスピードは第Ⅰ期がもっとも速い（第 3 章 3.4.4 節）。

　そうした労働浅化は（資本蓄積を経由して）労働生産性を改善させるための最大のエンジンとなるが、直接的にはエネルギー生産性を悪化させる影響も持つ。しかしエネルギー生産性に対するマイナスの影響は、労働生産性の改善を通じた TFP の上昇によって十分に相殺されることで、持続的な EPIが実現している。それは「経済と環境の両立」を示すひとつの姿を与えている。表 6.1 ではそれを「第一の両立」としている。それは、企業による直接的な EPI の推進や政府の介入によるものではなく、労働生産性の改善（その背景にある資本蓄積）を迂回して実現されたものである[8]。

　第一の両立は、2000 年代からの中国やインドがそうであったように[9]、これから本格的な成長軌道へ入ると期待される ASEAN 後発国などにおける「後発の利益」となろう。将来の日本経済でも、介護や家庭用ロボットなど潜在的な需要に応える生産拡大型の新しい技術進歩によっても実現するかもしれない。しかしそれは EPI が間接的に実現されながらも、生産拡大に伴いエネルギー消費量も増加する弱い意味の両立である。

---

8)　温室効果ガスの排出削減の文脈において、杉山（2018）は大規模な削減を直接に目指すのではなく、それを可能とするための温暖化対策技術のイノベーションを促進すべきとして「迂回戦略」を提案している。こうした技術や資本を迂回するような低炭素や省エネの性格は、エネルギー環境政策の策定をより難しいものとしている。直接的な政府による低炭素や省エネの推進は、おそらく逆効果となる可能性が大きいのである。

9)　2000‒17 年において、中国とインドの CO2 排出量はそれぞれ年率 6.4％ と 5.3％ 拡大しているが、一国経済のグロス EPI ではそれぞれ 3.9％ と 3.2％ の高い改善を示している（APO 2020）。

◆価格上昇によって誘発されるEPI

「経済と環境の両立」する別の姿は、第Ⅱ期（1973-90年）にも見いだされる。第一次オイルショックによる実質エネルギー価格の上昇は、企業による省エネ投資の実施を合理的なものとし、一国経済レベルでも年率1.2%の高いEPIが実現している。そうした改善への主たる貢献は、鉄鋼業、化学製品製造業、窯業土石製品製造業などのエネルギー多消費型産業である（第2章2.4.3節）。そして第Ⅱ期には、こうした産業では資本生産性を犠牲とすることなく、TFPを改善させながらEPIを実現している（第4章4.3.3節）。

それはコスト合理的となった省エネ技術の存在を前提とし、リーダーによるエネルギー節約的な資本の導入が進み、時間をかけて（省エネ技術を体化した）資本価格の低下が進行しながらフォロワーに普及していく、経済と環境の「第二の両立」（表6.1）である。省エネを「第5の燃料」として捉え、エネルギー生産性における改善は産業競争力の強化にもつながるとの期待は大きく（第1章1.1節）、第二の両立はそれに相応しい。しかし日本経済の経験によれば、それは限られた産業（エネルギー多消費型産業など）において、限られた期間（第Ⅱ期のみ）に見いだされる例外的な現象である。省エネ投資による「エネルギーに対する資本深化」（K/Eの上昇）がTFPの改善とも両立するのは、安価な省エネ技術の利用可能性が存在している状況に限定される。

むしろオイルショック後の省エネ投資の拡大が、資本生産性を犠牲にするものではなかったことのほうが驚きと言うべきかもしれない。日本は同期間に、企業と政府の努力により[10]、石油依存を縮小させ、LNGと原子力を推進させる大きなエネルギー転換に成功している。第一次オイルショック後にはエネルギーや電力価格の上昇を受けて、電力多消費的な財を輸入へと切り替える（間接的に電力を輸入する）ように、日本経済における電力の実効輸入

---

10)　冷凍液化技術が商業的に確立していなかった当時、公害問題への対応から東京ガスがLNGの輸入化に向けた調査を開始するのは1950年代であり、東京電力や東京都・環境庁の協力のもと、はじめて東京ガス根岸工場に着桟したのは1969年11月4日であった（「LNG導入50年物語─苦難乗り越え産業化の礎築く」『エネルギーフォーラム』2019年11月）。それがオイルショック後の本格導入を支えるものとなっている。

依存度（EID）は急上昇している。しかしそれは 1980 年ほどにピークとなり、日本経済は 1995 年までに電力 EID を半減させるほどの改善を示すのである（第 5 章 5.3.1 節）。原子力や LNG 火力による石油代替の実現、停電時間の劇的な減少など、電力会社は価格上昇を抑制しながら安定的な電力供給を実現してきた。省エネ投資への要請を受けて設備投資を国内に誘発し、資本生産性や TFP を毀損させることのない経済成長との両立は、安定供給への信頼を背景としていたと考えられる。

◆規制強化のもとでの EPI 減速

　1997 年には京都で第 3 回気候変動枠組条約締約国会議がおこなわれ、気候変動問題への意識が高まった。省エネ法はその対象を拡大させながら規制を強化するように改正を重ね、経団連によっては環境自主行動計画（1997-2012 年度）による積極的な企業努力がおこなわれてきたが、第 III 期（1990-2008 年）における一国経済での EPI は年率 0.1％とわずかに留まった（第 2 章 2.4.4 節）。それは二度のオイルショックを含む第 II 期（1973-90 年）に比して、実質エネルギー価格の上昇スピードが減退したことによるものではない。名目エネルギー価格の上昇率は低下したものの、1990 年代後半からは日本経済における継続的な賃金率の低下に導かれたアウトプット価格（付加価値価格）の低下により、実質エネルギー価格としての上昇率は第 III 期においてむしろ高まったのである（第 3 章 3.4.2 節）。

　エネルギー価格変化による経済への影響は、名目価格のみではなく、実質価格によって評価する必要がある。もし企業や経済の「稼ぐ力」が強化されるものであれば、そのアウトプットの価格は低下しづらく（むしろ上昇し）、そのとき名目エネルギー価格における上昇は十分に吸収されうる。しかし逆に日本の産業が競争力を失っているときには、エネルギーにおける同じ名目価格の上昇はより大きな負担となる。

　第 III 期において、相対的には実質エネルギー価格がさらに上昇したにもかかわらず、EPI が急減速したことは、コスト合理的に利用可能な技術が限られてきていることを示唆している。この間にも LED 電球のような技術は社会実装されはじめ、また数十年に一度訪れるプラントの更新投資の機会にも

（産業内における企業間のタイミングの相違もあり）EPI は実現してきた。しかし大規模な更新投資なしに、追加的に EPI を実現するための限界費用はすでに 1980 年代から 2000 年代に大きく拡大している[11]。

　デフレ型の実質エネルギー価格の上昇と、その影響を相殺するには力不足となる EPI の急減速を受けて、1990 年代半ば以降、日本の実質単位エネルギーコスト（RUEC）は上昇傾向を見せている（第 3 章 3.4.1 節）。第Ⅲ期における RUEC の上昇は、オイルショック後に改善してきた日本経済のエネルギー価格高騰に対する耐性が、再び脆弱化していることを示すものである。欧米諸国でも同時期における RUEC の上昇がみられるが、RUEC の日米格差もかつてのピークの水準にまで拡大している（第 3 章 3.3.2 節）。

　エネルギー多消費型産業においても、第Ⅲ期の EPI は産業競争力をむしろ毀損させている。安価に利用可能な省エネ技術が限定的となるなか、追加的な省エネ投資による EPI の実現は資本生産性を大きく毀損させ、鉄鋼業、化学製品製造業、紙パルプ製品製造業などではその TFP 成長はマイナスへと転じている（第 4 章 4.3.4 節）。そこでは低成長へと移行した日本経済における内需低迷の影響も大きいだろう。総需要が拡大せず、安価な省エネ技術の利用可能性も限られるなか、さらなる省エネ投資を政策的に強いれば、企業は全体的な生産効率を毀損せざるをえない。それはマクロ経済のさらなる停滞を導く。第Ⅲ期には、「経済と環境の両立」する道筋を見いだすことはできない（表 6.1）。そして 2000 年代後半、企業は別の適応を始めている。

◆生産の海外移転による EPI

　世界金融危機や東日本大震災後の影響を含む第Ⅳ期（2008-16 年）では、日本経済の EPI は年率 1.2％にまで回復した。その回復を実現した産業は化学製品製造業や鉄鋼業が主であり、両部門で合わせて一国全体の EPI の 6

11）　戒能（2006）は鉄鋼業における環境自主行動計画における取組を評価し、試算されるその限界削減費用は 6.4 万円/t-CO2 にも上るなど、企業努力を評価しつつも、著しく費用対効果の低い対策となっていることを指摘している。また澤田（1998）は、主要な化学製品において、エネルギー原単位の改善は 1980 年代後半より限定的になったと示している（第 2 章 2.4.3 節）。

割、非家計部門の 8 割近くを説明する。1950 年代からの半世紀にわたる長期の EPI 減速傾向は、安価に利用可能な省エネ技術が制限的となり、エネルギー生産性の改善における限界費用が逓増してきたとする仮説からみれば、こうした回復はパラドックスとも映る。その解明は産業レベルでの測定では見えないところに潜んでいる。

　限界削減費用の上昇に直面した国内企業による適応のひとつは、エネルギー多消費的な財の生産を海外へと移転させることである。輸出財生産をその需要地に近い海外生産へ切り替え、国内生産されていた中間財を輸入へと切り替えることで、企業の付加価値や利潤を大きく犠牲とすることなく（場合によっては増加させながら）、国内における（見かけ上の）エネルギー生産性を高めることができる。製品レベルへと細分化した測定によれば、化学業では生産される製品構成としてエネルギー多消費的な化学基礎製品の国内生産が縮小し、エネルギー消費は少なく付加価値の高い医薬品の国内生産が拡大する変化が見いだされる（第 2 章 2.4.5 節）。

　エネルギー多消費的である製品の生産地を見直す動きは、エネルギー多消費型の産業のみではなく、より広範な産業で生じている。海外移転の影響を総合的に評価する指標である実効的な輸入依存度指標（EID）によれば、中間財輸入などを通じて日本経済全体として間接的に輸入される電力シェアは、1995 年の 10.3％から 2015 年には 21.9％へと倍増した。国際的な送電網のない日本では直接的な電力輸入はゼロだが、財の輸入を通じて、すべての国内需要の生産に必要な電力量の 20％以上を輸入していることを意味している。近年に高まった電力 EID の水準は、二度のオイルショックにより拡大した1980 年のピーク（22.2％）に匹敵するレベルである（第 5 章 5.3.1 節）[12]。

　産業内における製品構成変化や、電力の間接的な輸入への切り替えによっても、（海外生産分を含む）企業レベルでみれば真の EPI は不変であるか、あるいは（同一企業でも海外生産では国内よりもエネルギー消費的となれば）悪化しているかもしれない。第Ⅳ期の化学業において回復する EPI は、技術的

12）　時を同じくして上昇した日本の RUEC は、こうした輸入品への代替による緩和効果を織り込んだ後でも、日本経済におけるエネルギー価格高騰への耐性が脆弱化していることを示している。

な改善ではなく、あくまでも見かけ上の国内 EPI である。しかしこの間における生産効率の評価では、化学業では労働生産性と資本生産性、そしてエネルギー生産性のすべてを改善させながら、高い TFP 成長も実現させている（第 4 章 4.3.5 節）。それはエネルギー多消費的な財の生産を海外へと移転させながら、国内 EPI と TFP 改善が両立する姿である。海外生産におけるエネルギー消費が、安価な再エネや原子力など非化石エネルギーへの依存によるものならば、企業・産業という主体的な意味における「第三の両立」とも評価されよう（表 6.1）。

　鉄鋼業では、第 IV 期（2008-16 年）には企業統合による合理化の影響しか見えないが（第 2 章 2.4.5 節）、こうした両立の姿が今後に計画されている。日本製鉄は広島県の呉製鉄所では高炉 2 基を閉鎖し、2023 年までには粗鋼の加工工程も閉鎖すると発表した[13]。JFE スチールは、京浜地区の高炉 8 基体制から 7 基体制へと変更し、また熱延設備においても競争力強化に向けた「選択と集中」による製品製造体制の見直しのため、2023 年 9 月を目途に休止するとしている[14]。熾烈な国際競争下にある企業として、こうした判断はやむをえない。問題は、地域経済やマクロ経済における需要喪失である[15]。そして、その判断を導くに至った企業の直面する競争条件は、市場メカニズムによる結果のみではなく、日本のエネルギー環境政策による影響を色濃く反映していることである。

　第 IV 期の EPI 回復には、もうひとつの構造変化として、労働生産性の改善を犠牲とする効果が含まれている。経済成長のプロセスでは、（資本蓄積を経由した）エネルギーに対する労働浅化は労働生産性を改善するための主要な原動力である。しかしこの期間の日本経済では、国内生産から逃れるこ

---

13)　「呉製鉄所　全面閉鎖の衝撃〜冬の時代に入った鉄鋼業界〜」NHK（2020 年 2 月 10 日）。

14)　「京浜地区の上工程及び熱延設備の休止時期について」JFE スチール株式会社（2020 年 11 月 9 日）。

15)　歴史ある製鉄所の全面閉鎖や高炉・コークス炉の停止は、企業にとっても苦渋の決断である。呉製鉄所の全面閉鎖においても、広島県内第 3 の経済都市である呉市の粗生産の半分近くは製造業に依存し、製造業のうちの 3 分の 1 近くが鉄鋼業による。所得としての直接的な影響に加え、企業の中間消費（地元企業からのサービス購入など）が地域経済における需要を支えており、経済波及を含む間接的な影響はその数倍にもなろう。

とのできないサービス業を中心として、「労働浅化の逆行」（L/Eの上昇）が見いだされる（第4章4.3.5節）。労働浅化の逆行によるEPIの実現は、労働生産性の改善を犠牲とする。第Ⅳ期の日本の資本ストックは文字どおりの横ばいとなった。国内投資を推進する環境にないことは、デマンドサイドでは有効需要の不足をもたらし、サプライサイドでは労働生産性の改善を阻むことで、日本経済の低成長を導いている。強化されてきた日本のエネルギー環境政策は、そのひとつの要因であると考えられる。

エネルギー多消費的な製品生産の海外移転は、日本経済の将来の懸念ではなく、その痕跡は2000年代から見いだされる。こうしたグローバルな生産体系の再構築による国内EPIの回復を、省エネ政策の成果であると混乱してはならない。エネルギー消費量やCO2排出量という評価指標のみに基づき、その変化のメカニズムとしての要因を考慮しないままに、政策の実効性を過大評価してはならない。絞った雑巾を何度も絞れるとみて政策強化へと向かうことでは、輸入代替などの調整手段をとりえない国内産業は資本生産性と労働生産性を犠牲にせざるをえず、経済効率の悪化と有効需要の不足を導いていく。それによる国内生産の縮小はエネルギー消費とCO2排出を低下させ、気候変動問題ばかりに目を奪われる者には、当初の目的を達成したかのように見える虚構性がある。しかし滴り落ち続ける水は、絞る雑巾から出ているものではないのだ。日本のエネルギー環境政策を見直すべき時がきている。

6.3　日本の直面する価格条件

◆再エネ発電の価格競争力

本章の冒頭では「＋10年▲25％」≦「＋30年▲100％」という不等式を示した。経済界の評価がその両者において大きく変わったことは、日本の多国籍企業が欧州など進出先における強い要請に応えざるをえなくなったこと、政府の創出するグリーン需要の恩恵に授かるものとなったこともあろう。もうひとつの理由は、多国籍企業がこの10年間に質の高い生産システムを海外でも展開させることに成功し、グローバルな生産体制を再構築しながら、

「第三の両立」を実現する土壌が整ったことではないだろうか。日本の対外直接投資残高は 2000 年代前半より拡大を始め、2000 年末の 32.3 兆円から 2008 年末には 62.7 兆円に倍増し、そして 2019 年末には 202.8 兆円にまで急速な拡大を見せている[16]。

　これまで数十年にわたり国内でのエネルギー生産性改善や低炭素化へと取り組んできた企業は、国内対策による追加的な削減の困難性を十二分に理解している。さらなる国内対策は競争力を毀損させる。しかし、それを積極的に政府へ伝えようとも、むしろ競争力を強化するのだと、補助金行政のもとにさらなる改善を求められ続けてきた。もはや、その虚構へと適応するしかない。

　2000 年代より日本経済に見いだされる「第三の両立」は海外生産に依存するが、それが日本国内における域内分業（北海道や東北での再エネ拡大）によって実現されるならばグリーン成長の可能性は見えてくる。日本政府による洋上風力などのグリーン成長戦略はそうした期待のもとにあろう。また欧州グリーン・ニューディールや英国におけるグリーン産業革命、パンデミックからのグリーン・リカバリーへの期待の高まりも同様である[17]。しかし日本の勝算ははるかに小さい。

　再エネ発電コストの内外格差を理解しておくことは、日本のエネルギー転換やグリーン成長の可能性を評価するうえで決定的に重要である。ゆえにその改定には常に注意を払う必要はあるが、その生産技術と要素賦存とに依存して、構造的な要因に基づく内外価格差は解消されづらいかもしれない。表 6.2 は OECD/NEA and IEA（2020）による、2025 年時の稼働を想定した電源ごとの平均発電コストとしての LCOE（平準化発電単価）の国際比較を示している[18]。日本の再エネ発電シェアがドイツなどに比して半分以下に留まることは、政府や企業の怠慢ではない。電力価格の上昇を可能なかぎり抑制

---

16)　財務省「本邦対外資産負債残高」（国際収支マニュアル第 6 版準拠）による。地域別構成としては、2000 年末から 2019 年末までの期間にシェアを高めているのは、アジア（18％から 28％）と欧州（20％から 30％）である。

17)　英国政府による "The Ten Point Plan for Green Industrial Revolution"（2020 年 11 月）は、「200 年前に「最初の」産業革命を実現した英国が、再び新しいグリーン産業革命へと世界を導こう」という力強いメッセージに始まる。

表 6.2　電源別 LCOE の国際比較

	a.ガス火力	b.石炭火力	太陽光発電				風力				g.水力
			c.事業用	(c/b)	d.住宅用	(c/d)	e.陸上	(e/b)	f.洋上	(f/e)	
日本	8.8	8.8	12.6	(1.44)	16.0	(0.78)	10.4	(1.19)	15.7	(1.51)	7.5
米国	4.1	8.9	2.9	(0.33)	10.0	(0.29)	4.6	(0.51)	5.8	(1.28)	4.2
（日米比）	(2.1)	(1.0)	(4.3)		(1.6)		(2.3)		(2.7)		(1.8)
中国	8.1	7.1	3.7	(0.53)			4.4	(0.62)	6.1	(1.40)	
韓国	8.7	7.0	7.0	(1.01)			8.6	(1.23)	12.4	(1.44)	
インド		8.0	2.5	(0.32)			2.5	(0.32)			2.8
イタリア	6.7		4.8		17.8	(0.27)	5.0				5.6
フランス			2.4		9.3	(0.26)	4.4		6.8	(1.56)	
デンマーク			3.1		8.3	(0.38)	2.2		3.7	(1.70)	
ベルギー	6.8		6.6		9.4	(0.70)	5.1		7.2	(1.43)	
ブラジル	4.7	8.6	3.4	(0.39)			2.5	(0.29)			2.2
オーストラリア	8.2	7.6	2.7	(0.35)			3.2	(0.42)	6.4	(1.98)	

単位：米セント/kWh（割引率を 3％としたものでの平準化発電単価）。
出典：OECD/NEA and IEA（2020）より作成。
注：電源ごとにデータのある国は異なり、ここでは頻度の大きい主要国を抽出している（すべての
　　データが出ているのは日米のみであり、ドイツは水力のデータしか掲載されていない）。なお
　　同じ国内で複数のプラントが計上されているときは算術平均値による。比較可能性を高めるた
　　め、火力発電では CCUS（二酸化炭素回収・利用・貯留）を伴うプラントは対象外とし、陸上
　　風力は 1MW 以上、水力は 5MW 以上のものに限っている。また割引率は 3％、7％、10％と 3
　　つのケースが計上されるが、日本の国際格差を強調しすぎることのないように、一般にもっと
　　も格差が小さくなる 3％のケースを提示している。

しようとしてきた政策の成果である[19]。

　住宅用太陽光発電では日本とイタリアは、米国やフランスに比して 6 割ほ
ど高いが、その国際格差は相対的にはまだ小さい。事業用太陽光発電では、
平坦で安価な土地利用の制約に依存して、日本のコストは米国の 4 倍、イタ

---

18)　各国内の地域間における相違も大きく、また為替レートによる影響もあるため、こ
　　うした内外コスト差は 10-20％ほどの誤差の感覚のもとに捉えるべき計数である。
　　LCOE は Expert Group on Electricity Generating Costs（EGC）のもと、OECD 原子力
　　機関（Nuclear Energy Agency: NEA）と IEA により 5 年おきに公表されている。EGC
　　には松尾雄司氏（日本エネルギー経済研究所研究主幹）が共同議長で参加しており、詳
　　細は松尾（2021）を参照されたい。
19)　2015 年の「長期エネルギー需給見通し」（経済産業省）では、「雇用や国民生活を守
　　るためにも、電気料金の抑制は喫緊の課題であると同時に中長期的にも安定的に抑制し
　　ていく必要がある」と明記された。そのときの 2030 年の再エネの導入目標（22-24％）
　　は、震災後に止まった原発の再稼働により期待された燃料費減額を原資とすることで、
　　電力価格をそれ以上には高めないとする制約付きの最大導入という考え方であった。し
　　かしその 5 年後の「グリーン成長戦略」（日本政府 2020）では、電力価格上昇への懸念
　　はほとんど触れられていない。

表 6.3　太陽光発電の入札価格

		第 1 回	第 2 回	第 3 回	第 4 回	第 5 回	第 6 回	第 7 回
		2017 年度	2018 年度		2019 年度		2020 年度	
	単位		上期	下期	上期	下期	上期	下期
a. 入札対象	kW 以上	2000	2000	2000	500	500	250	250
b. 募集容量	MW	500	250	197	300	416	750	750
c. 上限価格	円/kWh	21.00	15.50	15.50	14.00	13.00	12.00	11.50
d. 落札件数	件	9	0	7	63	27	254	83
e. 落札容量	MW	141.4	0.0	197.0	195.9	39.8	368.4	69.4
（容量未達率 :1 - e/b）	%	(72%)	(100%)	(0%)	(35%)	(90%)	(51%)	(91%)
f. 加重平均落札価格	円/kWh	19.64	–	15.17	12.98	12.57	11.48	11.20
g. 最低落札価格	円/kWh	17.20	–	14.25	10.50	10.99	10.00	10.48
h. 最高落札価格	円/kWh	21.00	–	15.45	13.99	13.00	12.00	11.50
※入札取り消しや辞退による修正後								
i. 落札件数	件	4	0	6	55	26		
j. 落札容量	MW	40.9	0.0	195.8	184.4	37.9		
（取消辞退率 :1 - j/e）	%	(71%)	–	(1%)	(6%)	(5%)		
（修正容量未達率 :1 - j/b）	%	(92%)	(100%)	(1%)	(39%)	(91%)		
k. 加重平均落札価格	円/kWh	19.18	–	15.16	13.03	12.54		
l. 最低落札価格	円/kWh	17.20	–	14.25	11.50	10.99		
m. 最高落札価格	円/kWh	21.00	–	15.37	13.99	13.00		

出典：低炭素投資促進機構の資料より作成。

注：上段は入札終了時、下段は落札後に期限までに第 2 次保証金が納付されたことによる取り消し
や辞退による修正後（第 5 回まで）。第 7 回までの上限価格は非公表であるが、2021 年度から
は公開されるものとなり、21 年度上期の 11.0 円から 0.25 円低下させると計画されている。

リアの 2 倍以上と世界最高の水準にある。安価となるフランス、インド、オーストラリア、米国、ブラジル、中国ではそのコストは 4 セント/kWh を下回り、石炭火力との比較でも半分以下である。柔軟に運用できない太陽光や風力などの変動性再生可能エネルギー（variable renewable energy: VRE）の拡大に伴う追加的なコストは、ここでの LCOE には考慮されてはいない。しかし、日韓を除く表 6.2 の比較国では、一定量までの事業用太陽光発電は十分な価格競争力を持つことが理解される。

　国民負担の抑制を目的として、改正 FIT 法が施行された 2017 年度からは、日本でも一定規模以上の事業用太陽光発電では入札制度が導入されている。表 6.3 は日本の太陽光発電における入札価格と落札容量を示している。落札価格（落札容量をウェイトとした加重平均値）によれば、2017 年度の 19.6 円/kWh から 2020 年度下期の 11.20 円/kWh まで低下しているが、最低落札価格では 2019 年度以降ではほぼ横ばいである。日本における価格低下の余地はだいぶ限定されてきているのかもしれない。

　そうした懸念は落札容量にも見える。表6.3の下段では、落札後の取り消しによる修正状況を整理している。とくに第1回では、改正FIT法のもとでのはじめての入札には参加したが、すでに収益率は相当に低下しており、事後的には落札容量の71％が辞退している。その他の入札回においても、募集容量との対比でみれば、（修正後の）容量未達率は（第3回入札を例外として）40–100％ほどと大きい。そのことは10円/kWhほどまで低下した最低落札価格でも、国内における大規模導入は難しいことを示唆する。太陽電池（PV）のモジュール価格においても大きな内外価格差が安定的に観察されるが（第3章補論D）、建設コストや土地代を含め太陽光発電としての内外格差はさらに大きい。将来、ガス火力ほどまでのコスト水準へ向けて、日本が事業用太陽光発電の大幅な価格低下を実現できるか、依然として大きな不確実性がある。

　風力発電も同様である。北海道から本州へと再エネ電力を送るべく北本連携線の拡張が推進されるが、もし北海道での陸上風力による再エネ発電コストが国際的な価格競争力を持つほどに安価ならば、送電線の拡張よりも北海道へと生産拠点を移すことが望ましい。しかし日本の陸上風力発電のコストは10.4セント/kWhであり、2–3セントであるデンマーク、ブラジル、インド、オーストラリアなどとの価格競争力の差はあまりにも大きい（表6.2)[20]。電力多消費な財の生産を移転し、輸入へと切り替えることの合理を覆すことは難しい。

　日韓を除くすべての国で、陸上風力のLCOEは石炭火力の半分ほどである。そうした国では、今後の蓄電池の価格低下やデマンドリスポンスの推進などに伴い、さらなる導入の余地もあろう。しかし日本では発電コストのみでも、そうした条件にはない。ましてや余剰となる時間帯の再エネ電力を利用した電気分解による水素製造など、まったく太刀打ちできない。生産される水素の価格を低下させるには、そのプラントをフル稼働できるよう、安定的に供給される安価な電力が不可欠である。余剰電力ほどの低稼働では、水素製造設備の資本コストは回収されない。

---

20)　日本のFIT法による買取価格では、陸上風力発電は2019年度19円/kWhおよび2020年度は18円/kWhである。

　洋上風力発電はいずれの国でも陸上風力の 1.3–2.0 倍ほどのコスト増となるが、日本のコストは 15.7 セント/kWh とデンマーク（3.7 セント）の 4 倍を超える。むしろこの高いコストすらも、現在の日本では安価な事例と言えるかもしれない。日本の FIT 法による 2020 年度の浮体式の洋上風力発電の買取価格は 36 円/kWh である。着床式の洋上風力発電では、2020 年 11 月に第 1 回入札が開催された。非公開とされた供給価格上限額（34 円/kWh）のもと、入札は 1 件のみに留まり、落札者はゼロとなった（低炭素投資促進機構）。

　日本政府は、「切り札」とする洋上風力発電（着床式）の価格について 2030–35 年に 8–9 円/kWh を目指すという野心的な目標を掲げる。本部・立花（2021）は風況の相違によって生じる日欧の洋上風力発電の経済性を評価し、日本でも風況のよい北海道・東北の日本海側でさえ年平均設備利用率は 35％ほどと、欧州の北海海域（55％ほど）を大きく下回り、それは 7–8 円/kWh ほどの日欧の価格競争力上の差異をもたらすと推計している[21]。その価格見通しとしては、国内でのさまざまな価格低下に向けた努力が真に実現するならば、発電コストで 14–15 円/kWh、買取価格として 20 円/kWh を切ることが目標値として示されている。表 6.2 での日本の洋上風力の価格はすでにその水準にも類似しており、今後の価格低下は楽観視できない。

　将来には、塗布技術で生産できるペロブスカイト型太陽電池などの技術革新による大幅な価格低下の実現も期待されるが、導入規模を含めて未だ不確実である。グリーン成長の名のもとに、洋上風力発電へと強く踏み込まれるアクセルは、需要の拡大という成長機会をもたらしながらも、こうした価格条件のもとでは必然的に電力価格を上昇させる。現在の日本経済は電力価格の上昇に耐えうるだろうか。

◆電力実質価格における国際格差

　問題とすべきは、主要国間における電力の価格差である。図 6.2 は 1990

---

21)　本部和彦・立花慶治（2021）「風況の違いによる日本と欧州の洋上風力発電経済性の比較——洋上風力発電拡大に伴う国民負担の低減を如何に進めるか——」（GraSPP-DP-J-21-001、東京大学公共政策大学院）。とくに日本では夏場に平均利用率が 20％ほどにまで落ち、出力低下を補う電源が必要となることも指摘される。

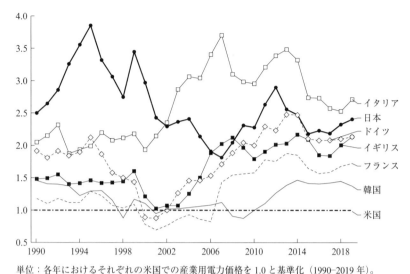

単位：各年におけるそれぞれの米国での産業用電力価格を 1.0 と基準化（1990–2019 年）。
注：PLI（価格水準指数）は IEA Energy Prices and Taxes Statistics における電力の購買力平価
　　を各年の年平均為替レートで除した指数。IEA の定義によれば、ここでの産業用には店舗、
　　政府、病院、大学などのサービス部門は含まれておらず、またそのデータ推計方法も国間
　　の差異があることに留意されたい。

図 6.2　産業用電力の名目価格水準の国際比較

年以降の産業用電力における内外価格差を示す指標として、主要国の価格水
準指数（price level index: PLI）を比較している[22]。ここでは米国における平均
的な電力消費価格を 1.0 として基準化している。本指標は市場での為替レー
トの変動も反映して大きく変化するが、年平均為替レートで 94 円／ドルを
記録する 1995 年には、日本の電力価格は対米比で 3.9 倍もの内外価格差と
なり、2 倍程度であるドイツやイタリアよりもはるかに高い水準にある。

　イタリアが日本の電力価格を超えるのは 2000 年代初めであり、その後の
天然ガスにおける価格高騰の直撃によって、2007 年にはその米国との格差

22）　価格指数（price index）が時系列的な変化の指数であるのに対し、PLI は横断面的な
　　価格水準の指数である。それは PPP（購買力平価）を為替レートで除した指数である。
　　電力 PPP は現地通貨単位（local currency unit: LCU）建ての kWh 単価による比率（単
　　位は LCU/$）であるから、電力 PLI は各年のドル建ての kWh 単価による内外価格差を
　　示す指数（単位はない）である。

は3.7倍へと拡大した。それがすべての要因ではないとしても、エネルギーミックスとしてのバランスを欠いたイタリアは、2000–14年という長期においてマイナス成長を記録した唯一のOECD国となっている[23]。

ドイツと英国は、1990年代後半には米国と同水準まで電力価格を低下させることに成功しているが、2000年代に入り急激な上昇へと転じている。フランスは、独英とは5年ほどのタイムラグを持って上昇へと転じるが、原発への高い依存により独英に比して電力価格を抑制することに成功している。韓国における電力価格の上昇は2010年代に入ってからとなるが、米国に比して50％以内の価格差へと抑制されている。

電力PLI（図6.2）は為替レートの変動による影響を含むとともに、各国における一般的な物価水準の差異を反映していない。もし国内経済の「稼ぐ力」が強化されているのであれば、名目の電力価格が相対的に上昇しようとも、その実質価格では十分に吸収されるかもしれない。逆にデフレ傾向にあれば、電力価格の名目的な上昇はより大きな痛みとなろう。

電力PLIを集計国内生産（GDP）のPLIで除することで、電力の実質価格としての内外価格差を示したものが図6.3である[24]。それは為替レートの変動から独立に、各国が直面する構造的な競争条件をより安定的に描く。名目価格差（図6.2）ではイタリアの電力価格は2014年以降には低下するが、実質価格（図6.3）では米国に比して3.5倍ほどの極めて高い状態が維持されている。それはイタリアの一般物価が（米国に比して）より大きく低下したことで、電力消費に対する実質的な高負担が継続されたことを意味している。韓国の名目電力価格は米国に比して50％以内の価格差へと抑制されるが（図6.2）、その実質価格としては2000年代後半以降では米国に比して上昇しており、フランスと同レベルにある。

日本の産業用電力の実質価格差は、2010年代を通じて（急速に高めてきた）ドイツと同様なペースでの拡大を続けている[25]。日本における現在の水準は、近年急速に高まる英国とともに、米国の2.5倍ほどの水準にある[26]。

実質単位エネルギーコスト（RUEC）としては、エネルギー節約的な技術

---

23)　イタリアの電力価格上昇の要因に関する詳細は、第5章補論Gを参照されたい。
24)　産出（GDP）やKLE投入における日米内外価格差は第3章3.3.1節を参照。

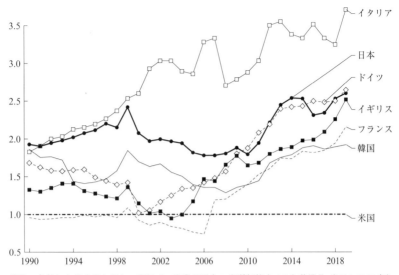

単位：各年におけるそれぞれの米国での産業用電力の実質価格を 1.0 と基準化（1990–2019 年）。
注：図 6.2 および各国における GDP の PPP（OECD.stat）より算定。

図6.3　産業用電力の実質価格水準の国際比較

の採用によって部分的に相殺されるとしても、エネルギー生産性における優
位性も縮小している（第3章3.3.2節）。日本経済が容認できる電力価格にお
ける上昇幅としての閾値を定めることは難しいが、ドイツや英国などとの価
格競争条件からみれば、日本経済がさらなる価格上昇を許容する余地を見い
だすことはできない。過去の再エネ大量導入による負担の峠を越えようとす
るドイツでは、今後の再エネ推進策や家計との費用分担に依存するものの、

---

25)　日鐵総研（2021）「海外のカーボンプライシングに関する一次調査」によれば、ドイ
　　ツでは電力多消費産業では公租公課、再エネ賦課金、託送料金のほとんどが減免されて
　　おり、各種減免前の産業用電力価格の3分の1ほどに過ぎないと指摘される。こうした
　　視点は、ドイツ連邦経済エネルギー省（BMWi）による委託調査レポートである Ecofys
　　and Fraunhofer-ISI（2015）"Electricity Costs of Energy Intensive Industries – An
　　International Comparison" でも明示的に分析される。産業部門間の価格差は大きく、国
　　際競争力への影響評価は部門別に大きく異なる。
26)　米国内における地域間電力格差も大きく、実際の製造業における価格差はさらにこ
　　の倍以上となる可能性もある。また資料の制約からここでは中国との比較はないが、お
　　おむね韓国と同レベルにあると考えられる。

2020年代には産業用電力価格は低下していく可能性もある。

　日本経済の直面する実質電力価格差として、米国の2.0倍ほどを超えないように誘導することが望ましい[27]。内外価格差の上限値としての電力価格差抑制ルールは、国内における再エネ導入を量的に制約することに寄与する。国内での再エネ電力の価格低下を促進する政策支援も求められるが、逆効果となる可能性も大きい。現実の経済における資源配分に対して大きな影響を与えうるエネルギー環境政策では、再エネ発電コストの内外価格差を前提としたうえで、経済効率性を確保することが求められる。政府の掲げる「最大限の導入」を制約するものは、再エネの導入ポテンシャル（いかようにも評価される）ではなく、その経済負担である[28]。

6.4　プライシングの役割

◆2つのグローバル・コモンズ

　気候変動に対する問題意識の高まりは、大気というグローバル・コモンズの地球規模での管理を求めるものとなった。さまざまな政策手段が考えられ、また実行されてきたが、これまでその有効な管理へと至らなかった最大の障害はフリーライディング（free-riding）への強い誘因であった（Nordhaus 2015）。大気というグローバル・コモンズ管理に向けた要請は高まりながらも、その一方で進行したこの四半世紀におけるグローバルな生産ネットワークの深化は、国境をまたいだ生産移転のための調整コストを大幅に減少させ、フリーライダーとなることの障壁を低下させてきた。

　環境対策が取られないか、あるいは軽微で抜け穴が多い経済圏においては、

---

27)　FIT賦課金の拡大の負担には逆進性があり、莫大な費用負担というエネルギー環境政策の失敗を家計が傾斜的に負うべきではない。日本の家計はすでに直接的にも、また間接的にも（第5章5.3.2節）、甚大な負担を負わされている。

28)　その高い価格にも、環境面の負担は反映されていない。平坦な土地利用が制約される日本では、大規模な太陽光発電のために山林が切り開かれ、豪雨による土砂災害や崩落事故、河川汚染の例など枚挙に暇がない（「川が汚れてから住民気づく――太陽光発電巡りトラブル続発、条例で規制も」『読売新聞』（2021年2月21日）など）。風力発電でも近年、環境面からの問題の指摘が相次いでいる（「秋田　洋上風力の拙速」『産経新聞』（2020年2月18日）など）。

対策を強化した国からの生産シフトを防ぐことは現実的には困難である。輸入品の炭素排出量に応じた負担を課す（炭素国境調整措置）としても、対策の取られない経済で生産された製品の炭素コストを適切に測定することの難しさに加え、エネルギー消費と直接的には関係しない経常的あるいは資本的な補助金などの支援的措置は見えづらく、恰好の隠れ蓑となりうる。また調整されない間接的な影響も大きい。先進国での対策強化によって導かれる化石燃料の需要減少は、その国際価格を低下させるだろう。それは対策のない国における消費拡大を誘発しながら、当該国の価格競争力を不適切に強化させてしまう。この20年間、中国は最大の受益者であった。しかし世界最大の排出国となった中国における温室効果ガス排出量はもはや米国の2倍を超え、IEAによれば2018年には世界全体の26.6％（CO2排出量では28.4％）を排出する。

　グローバル・コモンズの管理には、炭素リーケージを生じさせない枠組みの設計が不可欠である。しかしパリ協定における国際協調はフリーライダー・テストを満たしておらず、そのゴールではない[29]。日本には欧米と歩調を合わせて枠組みの設計へと尽力することが求められるが、日本国内での排出に過度に目を奪われて国内規制のみを強化し、国際的な炭素リーケージを生じさせることは、その目的からむしろ遠ざけてしまう。

　気候変動問題には、もうひとつのコモンズがある。Schmidt and Strausz（2015）は、気候変動問題を温室効果ガス排出による外部性のみではなく、低炭素・脱炭素技術における研究開発の有するグローバルな外部性を考慮す

29）　197の国と地域が参加したパリ協定は、国際協調の実現としてその歴史的な意義も評価されている。その実現には各国が自主的に決定する約束草案（intended nationally determined contribution: INDC）を中心とする枠組みが不可欠であったと考えられるが、それは国際的なフリーライダー問題にあらためて光を当てるものとなっている（Yale Center of the Study of Globalization 2015）。パリ協定の2030年の約束草案をCO2限界削減費用として評価したRITEのモデル試算（ALPS国内シンポジウム（2016年2月10日）の秋元圭吾氏による「約束草案の排出削減努力の評価と2030年以降の排出削減への道筋」）によれば、日本では1t-CO2あたり$378であるのに対し、EU28$210、カナダ$166、韓国$144、米国（2025年目標）$85であり、さらに中国・インドでは$0である。それはパリ協定における国際協調は依然としてフリーライダー・テストを満たすものではないことを示している。

べきとした。それは気候変動問題を、2つのグローバルな公共財の問題
（double public goods problem）として捉えるものである。

　グローバル公共財としての低炭素技術の研究開発では、政府支援なしには、
企業の獲得できる私的利益は社会全体が受ける利益を下回り、企業による研
究開発費は社会的に望ましい水準を下回る。しかし、気候変動問題に貢献し
うるさまざまな技術の可能性があるなかで、政府が有望な技術を知っている
と仮定する（特定の技術に対して補助金を与える）ことは、市場メカニズム以
上に頼りない。多様な技術の可能性の芽を事前に摘み取ってしまわないよう、
技術政策の設計には国際的に調和のとれた炭素価格としてのインセンティブ
付与が不可欠となる。

◆カーボンプライシングの条件

　日本のエネルギー転換に向け、エネルギー環境政策をどう再設計すべきだ
ろうか。日本経済の経験によれば、「経済と環境の両立」する3つの姿が見
いだされた（6.2 節）。第一は、資本蓄積と労働生産性の改善によって間接的
に実現される EPI である。第二は、名目エネルギー価格の上昇を受けよう
とも、安価な省エネ技術が利用可能な条件のもとで、生産拡張を伴いながら
資本生産性を犠牲とせずに実現される EPI である。そして第三は、海外に
おける安価で低炭素なエネルギーを利用して、国内生産における TFP 改善
とともに国内 EPI が実現する、企業や産業の主体的な意味における両立で
ある。端的に言えば、今後の日本経済ではそのいずれの適用も難しく、両立
は為し難い[30]。

　炭素税など明示的な炭素価格（carbon price）の導入によっては、第二の両
立を政策的に導くことが期待されるかもしれない。しかしエネルギーと資本

---

[30]　都留重人教授（一橋大学名誉教授）はその著『21 世紀 日本への期待』において、
"sustainable development" における「sustainable というのは、客体としての賦存資源す
なわちストックが維持され続け得る状況を意味するのであって、どちらかと言えば主体
的な立場からの認識である「持続可能」性を表現するものではない」とし、そもそも経
済成長率を持続させるという含意はないと言う（都留 2001）。そして「それが含意する
規範的な要請を日本のような工業国に適用するとき、それは規制要因としてかなり厳し
いものとならざるをえない」と指摘した。

の代替可能性は、コスト合理的に利用可能な技術の存在に大きく制約されている。日本の炭素税にあたる地球温暖化対策税は現状では少額だが[31]、世界で求められる炭素価格を4–5千円/t-CO2ほどとすれば[32]、それは現在の日本で課されるエネルギー諸税に基づいて算定される（炭素税相応の換算値としての）陰伏的な炭素価格（implicit carbon price）とほぼ同レベルと考えられる。もし日本国内の諸規制による効果を陰伏的な炭素価格へと換算できれば、現状の日本の負担はそれを上回るだろう。国際的に求められる現実的なレベルでの炭素価格では、それが適切な既存エネルギー諸税のリフォームを伴うかぎり、日本経済における削減効果は限定的である。

　もし1万円/t-CO2ほどの大きな炭素税を賦課しても、長期にわたり高いエネルギー価格に直面し排出抑制のための努力が継続されてきた日本経済では、CO2排出削減効果は一国全体の排出量の1割にも満たないと考えられる。それはモデル試算とはいえ、この四半世紀の間に大まかな意味では幾度も検証されてきた感度である。数万円/t-CO2となる高額の炭素税を賦課すれば、それが世界と歩調を合わせたものでないかぎり、不必要なレベルの国内生産縮小と炭素リーケージを誘発するに違いない。

　カーボンプライシングの導入は、日本のカーボンニュートラルまでのエネルギー転換を解決する有効な手段とはならないのである。しかし、いくつかの条件下では、その導入は既存のエネルギー環境政策によって導かれていた日本経済の非効率性を緩和させるという重要な意義も見いだされる。炭素税の導入は、日本経済の資源配分に非効率性を生じさせるが、現状も決して効率的ではないのだ。現在の非効率性を緩和することができれば、グリーン成長の姿も見えるかもしれない。そのためには厳しい条件が求められる。

31）　現在の地球温暖化対策税の税率は289円/t-CO2と少額であるが、その排出削減効果は限定的ながらも税収額は2600億円にも上る。菅首相は「地球温暖化対策税について「（温室効果ガス排出削減を）徹底するためには数千億円ではなく、これからどんどん増やしていかないといけないのは事実だ」と述べ、税率引き上げに意欲を示した」とされる（共同通信「温暖化対策税の引き上げに意欲」2021年2月5日）。

32）　米国環境保護局（Environmental Protection Agency）では温室効果ガス削減による社会的費用を推計しており、割引率3％のもとで2020年には1t-CO2あたり42ドル、2030年50ドル、2040年60ドル、2050年69ドルとされる。OECD/NEA and IEA（2020）では控えめな炭素価格として30ドル/t-CO2を設定している。

　第一の条件は、既存エネルギー諸税の見直しとともに、炭素税の標準税率の水準を欧米における国際水準へと連動させ、国内要因によって変動することのない独立性を担保させることである。政治的なアピールや税収増を目的とするなど、国内要因により炭素税率が不安定化することの懸念は大きい。国際価格と国内炭素税率における連動性の担保は、多国籍企業に日本国内への投資を促すための環境を整備する。国際水準を定義することは容易ではなく、またエネルギー多消費型産業（鉄鋼業の原料炭など）でのさまざまな減免措置が必要となるが、標準税率として日本が国際的な調和を明示的に示す価値は高まっている。

　第二の条件は、炭素税収の使途における効率化である。炭素税、とくにそれが少額炭素税の場合には、税収は温暖化対策の名のもとに非効率的な補助金行政に結び付きやすい。炭素税率は小さく見えても、その税収は大きい。現状の地球温暖化対策税による年間 2600 億円にも上る税収は、その導入から 10 年近くが経過して、政府、企業や業界、財団法人、そして研究所などへ、さまざまな利権を生じさせている。それは、政府内での気候変動問題に対する政策ウェイトの重要性を高めるように誘導しながら、日本の研究開発やその人材配置における資源配分を歪めてきた。

　炭素税収の使途における資源配分としての効率性を確保し、炭素税に対する社会的な受容性を得るためには、税収中立的（revenue-neutral）な炭素税が望ましい。2008 年 7 月に導入されたカナダのブリティッシュ・コロンビア州における炭素税では、段階的に高められた炭素税による税収は、法人税や個人所得税などでの減税によってその「すべて」が州民へと還元される[33]。日本では、道路整備などこれまでの財源を確保したうえで、税収の残りは法人税と個人所得税の減税として還元されるよう、税収としての中立性が求められる。

　企業にとっては、法人税から炭素税へのシフトは、資本所得に対する課税から炭素排出に対する課税への税制改革であり、国内における投資を促進す

---

33)　カナダのブリティッシュ・コロンビア州の「Budget and Fiscal Plan 2014/15–2016/17」によれば、税額は $5/t-CO2 から 2012 年には $30/t-CO2 まで高められ、炭素税収の 40% 強が家計の減税となる。

ることが期待される（Jorgenson et al. 2013）。法人税としての高い法定実効税率が指摘されてきた日本経済では、炭素税導入による法人税減税により、税の楔による経済厚生の損失を減少させ、日本および外国企業による日本国内への投資を促すであろう。

そして第三の条件は、規制的性格を強めてきた日本のエネルギー環境政策の大幅な簡素化である。日本経済の直面する実質エネルギー・電力価格としての大きな内外価格差、そして世界水準と連動する炭素税は、省エネ法の目的をはるかに効率的に代用する。規制的性格を強めながらその対象を拡大し、複雑化しながらさまざまな権益とも結びついてきた省エネ法を大きく簡素化すべきである。事業者や工場などにおける詳細な省エネ措置の報告、評価基準とされるエネルギー消費原単位の年平均1％以上の改善、中長期的に目指すべきセクター別の水準（ベンチマーク）の設定など、省エネ法によるさまざまな規制強化が、国内企業の行動をどれほど制約しているかを測り知ることは難しい。しかし、その虚構はさまざまな弊害を生じさせている。普及段階にある安価な技術導入への支援や情報提供などへ、その性格を変える（戻す）べきだろう。

また経団連での各業種による自主的取り組みによる目標設定という負担の見えづらい制度では、エネルギー多消費型産業や電力会社などに過大な負担が押し付けられ、それ以外の産業では過小な負担となりやすい。電力会社などが傾斜して負担すべき理由はなく（それは結局、国民の負担である）、それは排出抑制のための一国経済としての効率性を大きく犠牲としている。国内フリーライダーを排するため業種間の負担を検証し、調和のとれた負担へと調整するためのコストは膨大であり、そのことはフリーライディングを誘引してきた[34]。そこには、参加企業もレビューする政府も、この仕組みが機能しているかのように（国内での生産調整などの企業外部からはほとんど見えない方法によって）辻褄を合わせるような虚構性がある。SDGsへの貢献に向け

34）　目標設定の合理性を確認することは難しい。業種内における自主的な目標設定は、もっとも力のあるトップランナー企業の水準ではなく、低位企業に配慮したものとされる傾向があろう。将来的な目標の引き下げは、企業にとって追加的な負担や政策変更の圧力を高めるリスクをもたらすが、引き上げは歓迎される。

た非財務情報が重視される環境へと変化しているならば、低炭素社会実行計画における数量目標を止め、日本企業によるさまざまな国際貢献を取りまとめ、国際社会へのアピールをサポートする機能に特化すべきであろう。日本企業の取り組みには世界と共有すべき有益なものが多い[35]。

　国際価格との連動性、税収の中立性、そして現行エネルギー環境政策の大幅な簡素化という条件が成立するためには、その調整のための膨大なコストと時間が必要である。しかしカーボンニュートラルを実現するエネルギー転換に向けた日本社会の沸騰は、これまでの既得権益を突き破る突破力を持つかもしれない。電力価格差抑制ルールとカーボンプライシングという、エネルギー環境政策における価格ターゲットへの転換により、日本経済に内在してきた非効率性を緩和させることができるならば、日本経済が再び成長軌道へと戻るための礎となろう。

6.5　本書の結び

　日本の 2050 年におけるエネルギー転換の姿は、まだ誰の目にも見えない。30 年先の未来、さまざまな生産国と生産方法に分散させながら安価となった水素を大量に輸入できる経済、水を必要とせず炉心溶融事故とは無縁となる高温ガス炉によって電力と水素を国内生産する経済[36]、CCUS によって安価にカーボンリサイクルが実現される経済[37]、国内外において核融合炉が商用化される経済[38]、直接空気回収技術（DAC）によって（海外での安価なゼロ

---

[35]　鉄鋼業ではとくにその貢献は大きく、エコプロセスと称する自らの国内生産プロセスにおける改善とともに、海外への技術支援ビジネスによるエコソリューション、そして高張力鋼など自らの高品質な製品を通じて最終財の利用段階における世界中での排出削減に貢献するエコプロダクトを推進している（日本鉄鋼連盟「鉄鋼業の地球温暖化対策への取組──低炭素社会実行計画実績報告」2021 年 2 月 8 日）。そして後者の 2 つによる削減効果は前者による効果をはるかに上回る。

[36]　日本原子力研究開発機構が高温ガス炉（HTTR）を開発中である（「原子力水素──地球を守る日本の次世代原発」『産経新聞』2021 年 2 月 3 日）。

[37]　RITE による CCS のコスト評価（2005 年度評価）では、新設石炭火力発電所で発生する CO_2 を地下帯水層に貯蔵する場合のコストは 7300 円/t-CO2（kWh あたり 7.3 円分の増加）、既設石炭火力の場合は 1 万 2400 円/t-CO2 とされている（山地 2020）。

エミッション電源を利用して）大気中の CO2 を回収し、日本国内の排出をオフセットする経済など[39)]、可能性は多様である。そして現実はひとつの選択ではなく、その組み合わせとなろう。

　おそらく確かなことは、未来にも、エネルギーを組み合わせることの重要性は変わらないということである。そしてエネルギー転換までの移行期間中、その前半期にはいずれの選択肢も高価であり、また後半期にも何が経済合理性を持つかは不確実なことである。その前半期では日本はいずれかに拙速に賭けることなく、後半期に向けていずれにも対応できる柔軟なスタンスが望ましい。技術開発の進展のみならず、経済行動を通じても、日本にとって何が安価となるかはわからない。現在の化石燃料の輸出国こそ、その開発費用を自ら負担してまでも水素輸出国へと変貌するかもしれない[40)]。エネルギー転換に求められる適応は、その国の経済構造に依存して大きく異なる。

　現行のエネルギー環境政策によって導かれる日本経済の構造変化においても、プラスの面はあろう。再エネ電力を輸入できないならば、それを液化水

---

38)　近年、カナダの General Fusion 社と米国の Commonwealth Fusion Systems 社は小型核融合技術の商用化に近づいているという（「核融合技術開発企業 General Fusion の支援に Shopify とアマゾンの創業者が参加」TechCrunch、2021 年 1 月 16 日）。また核融合発電は「プラズマの中で核融合反応を起こす過程と、発生した熱を取り出す過程」の大きく 2 つに分離され、その後者では 2019 年 10 月に設立され京都フュージョニアリングの独壇場であるとされ、前者における海外の進捗に歩調を合わせて生産を開始する予定にある（「京大発の核融合発電スタートアップ。実用化にらみ開発加速」『電気新聞』2021 年 2 月 3 日）。

39)　アイスランドにおける安定的で低コストの地熱エネルギーを利用して DAC 事業を展開しているスイスのクライムワークス社は 1t-CO2 あたり 200 ドルを切ることが重要なステップだと語っている（「二酸化炭素を埋めろ！ CO2 の「直接空気回収」、温暖化対策の切り札となるか」『ニューズウィーク』2021 年 2 月 9 日）。杉山氏は DAC のメリットとして、CO2 削減コストに上限を与えること、また温暖化問題を他の経済社会的な問題から切り離せることを指摘する（杉山大志「DAC は地球温暖化問題を一発で解決するか？」2020 年 9 月 18 日）。

40)　豪州における CCS を利用した褐炭ガス化・水素精製設備による水素製造（再エネ由来の「グリーン水素」に対し、「ブルー水素」と呼ばれる）など実証が進んでいるが（電源開発株式会社、2021 年 2 月 1 日資料）、カナダの Proton Technologies 社によって油田から温室効果ガスを排出することなしに低価格で水素を抽出する技術の商用化も進められている（AFP「「汚染ゼロ」水素を原油から抽出、気候変動の突破口となるか」2019 年 8 月 21 日）。

素、アンモニア、合成燃料などとして輸入するよりも、しばらくは電力多消費的な中間財を輸入へと切り替えること（間接的な電力輸入）による適応のほうがはるかに安価である。第三の両立（6.2 節）においても、生産拠点の海外移転が当該企業の生産性を高めるならば、企業収益の増加が期待される。そして中長期的には、日本へと資金は還流され、日本国内における投資を拡大し、より高賃金となる新たな雇用を増加させる可能性もある。

　また海外への生産移転による国内有効需要の不足は、グリーン経済に向けた重点的な投資によって、マクロ的には補われるかもしれない。水素社会の実現に向けたインフラ整備、再エネの拡大、省エネ機械設備の製造、FCVや EV などの電動車の製造拡大など、さまざまなグリーン需要への期待は大きい。政府の描く「グリーン成長戦略」とは、ほとんどグリーン需要と雇用創出としてのグロスの効果を意味している。

　しかしこうした期待に反して、政府によるグリーン成長の試みは、日本経済の停滞を導く可能性が大きい。グリーン需要とされる投資のいずれにも共通することは、その低生産性である。ESG 投資が拡大しようとも、問題はファイナンスではなく、そもそもの低い経済性なのである。LNG 火力や石炭火力から、洋上風力などのはるかに生産性の低い技術へと置き換えることは、一国経済の生産性を毀損させ、電力価格の上昇を必然としてしまう（6.3 節）。それは日本経済の資本蓄積と労働生産性の改善を停滞させ、長期的な技術進歩を低迷させる。そして日本国内での投資の期待収益率は低水準に抑制されよう。海外での企業収益が増加しようとも、日本国内へと投資すべき理由は乏しい[41]。

　忘れてはならないことは、誘発される国内生産の海外移転は、市場メカニズムによる結果のみではなく、強化された日本のエネルギー環境政策によって不必要な水準にまで推し進められてきた可能性が大きいことである。企業による投資判断の基準となる競争条件は、FIT 制度による再エネ拡大、エネ

---

41)　海外からの日本への直接投資は、すでに相当に低いレベルが常態化している。国際連合貿易開発会議（UNCTAD）の *World Investment Report 2019* によれば、日本経済の国内投資に占めるそのシェアは 2018 年において 0.8％となり、米国 5.9％、台湾 5.3％、韓国 2.8％、中国 2.4％を大きく下回る。

ルギー供給高度化法による電力・ガス事業者などへの規制、省エネ法による規制、低炭素社会実行計画などによる厳格な数量評価など、さまざまな現行政策の影響下にある。海外移転という企業行動の動機はひとつではなく、エネルギー環境規制による影響のみを抽出することなどほとんどできそうもない。また、国内規制や自主行動の厳しさなど、インプリシットな炭素税率へと真に換算することもできそうもない。虚構性のある政策による見えない制約が、経済成長を蝕んできた。

　エネルギー転換までの道筋における日本経済の課題は、拙速な国内排出削減に執着せずに、移行期間の経済効率性を確保することである。2050年へと向けた30年間、その前半期には経済効率を高めるエネルギー環境政策への転換が求められる。それは企業や国民のみならず、政府の行動も制約しなければならない。政府による非効率な投資を抑制し、虚構性を深める規制強化によって不必要な経済的な痛みを生じさせないためには、これまでの省エネ量、CO2削減量、再エネ導入量といった数量面におけるターゲットから、電力価格差抑制ルールとカーボンプライシングという価格面におけるターゲットの設定へと、日本のエネルギー環境政策の軸足を移す必要がある。

　電力価格差抑制ルールによって、産業用電力の実質価格における内外価格差を米国水準の2.0倍ほどに留めるものとすれば、それは洋上風力発電など、電力価格を大きく上昇させる再エネの推進量に制約を与える（6.3節）。将来、国内でも（需給調整や系統のコストを含めた）再エネ価格が順調に低下するものとなれば、エネルギー転換までの後半期では日本国内における再エネ導入量の拡大も期待される。しかし内外価格差が解消されない構造的要因を抱える前半期では、現在の価格条件のもとでの経済効率性の確保が求められる。電力消費の内外価格差におけるこれ以上の拡大を回避する覚悟を示すものならば、日本国内の投資環境は改善されよう。主要先進国と調和すべきは、排出削減目標の見かけ上の計数ではなく、エネルギー価格としての競争条件である。

　もうひとつは、国際価格との連動性、税収の中立性、そして現行エネルギー環境政策の大幅な簡素化、という3つの条件を伴う明示的な炭素税の導入である（6.4節）。政治と行政そして民間企業の夢想と欲望とによって炭素税

率が大きな変動を繰り返し、二重の配当論を振りかざしてその税収を非効率
な使途への予算捻出のための打ち出の小槌とし、そして現行のエネルギー環
境政策の虚構性を放置したままに地球温暖化対策税の税率を段階的に高める
のみならば、日本経済はさらなる長期停滞を余儀なくされよう。現在、政府
はそこへ突き進んでいる。しかし 3 つの条件を満たすべくカーボンプライシ
ングが適切に設計され、既得権益を打破するものならば、現在の日本経済に
内在する非効率性を大きく緩和させることが期待される。

　日本国内におけるゼロエミッション電源への転換や非電力部門における水
素の利用普及には、数十年の移行期間が必要である。確立された技術である
原発の再稼働を進め、高効率な石炭火力発電を有効に利用しながらも、国際
的な電力価格差抑制ルールのもとでは、移行期間において国内のゼロエミッ
ション電源が不足するだろう。排出削減の必要な企業では、海外での炭素ク
レジットの購入額の損金算入などの支援も求められる。

　海外クレジット購入は国内の有効需要の漏出ともなるが、比較されるべき
は、太陽光発電や風力発電の導入における高い輸入依存であり、そして導か
れる電力価格上昇を通じた間接的な経済負担である。長期の経済成長におい
て、後者による影響ははるかに大きい。拙速に国内対策を進めるよりも、海
外クレジットの購入は日本経済の負担を大きく抑制しうる。それが海外にお
ける安価で未利用な資源である再エネの拡大に貢献するものとなれば、エネ
ルギー転換に向けた後半期には、日本の水素輸入における価格低下にも寄与
しよう。

　ジョン・メイナード・ケインズは大恐慌のさなかの 1930 年、「Economic
Possibilities for our Grandchildren（われわれの孫の時代の経済的可能性）」と題
した講演において、生産力が大きく拡大し人間がはるかに豊かになる社会で
は、

"We shall once more value ends above means and prefer the good to the
useful."
「再び目的を手段よりも重んじ、有用なものよりも良きものを選ぶよう
になるだろう。」

と見通している。それから 100 年近く経過した現在、「目的」となるカーボンニュートラルやゼロエミッションを重んじることや、「良きもの」となる自然エネルギーの利用拡大やエネルギー消費の節約などを選ぼうとすることは、ケインズが見通した未来にも通じると言えるかもしれない。

しかし、ケインズは続けて次のように警告することを忘れない。

"But beaware! The time for all this is not yet. For at least another hundred years we must pretend to ourselves and to every one that fair is foul and foul is fair; for foul is useful and fair is not. Avarice and usury and precaustion must be our goals for a little longer still. For only they can lead us out of the tunnel of economic necesstity into daylight."

「だが、注意しなければならない。これがすべて実現するのは、まだまだ先のことである。少なくともあと百年間、われわれは、われわれ自身にたいし、そしてまたすべての人間にたいして、正は邪であり邪は正であるかのように偽り続けなければならない。なぜなら、邪は有用だが、正はそうではないからだ。貪欲と高利貸と警戒心が、もうしばらくのあいだ、われわれの神々たり続けるだろう。われわれを経済的必要のトンネルから白日のもとに導き出してくれるのは、これらをおいてはないのだから。」（都留重人訳（都留 2001））

ケインズの見通した 100 年後の「豊かさ」に、現在のわれわれはまだ到達していない。はるかに大きなエネルギーをすべての人類がその手にするまで、労働や資本サービスに対するエネルギーの価格がはるかに安価となる日まで、エネルギー環境政策は「正は邪であり邪は正であるかのように偽り続けなければならない」のである。もうしばらく、「目的」よりも「手段」を重んじ、「良きもの」よりも「有用なもの」を選ぼうではないか。それが目的を達成する道である。

あとがき

　本書が出版されるまでの経緯と謝辞を記しておきたい。著者は慶應義塾大学においてゼミから大学院まで指導教授をしていただいた黒田昌裕先生（慶應義塾大学名誉教授）、また大学院や助手時代には尾崎巖先生（慶應義塾大学名誉教授）より、実証的な経済分析やデータ構築に関して時間を忘れて議論する機会に恵まれた。入ゼミ面接では、公益のための仕事をする官僚になりたいと話したことを覚えている。黒田先生から、それは官僚のものだけではないと言われ、教育者とは違う大学教授の側面を知ったことが進路を定めるものとなった。また在籍してからもはや四半世紀となる産業研究所では、吉岡完治先生（慶應義塾大学名誉教授）からエネルギー経済に関する独創的な視点を伺う度に、いつも目の覚める思いであった。

　1993年には、宇沢弘文先生（東京大学名誉教授）による気候変動問題に関する理論研究とその理念に基づき、日本開発銀行（現日本政策投資銀行）設備投資研究所内に地球温暖化研究センター（RCGW）が設立された。その設立時から現在まで、炭素税による資源配分への影響を評価するエネルギー経済モデルの構築や、実証的な調査研究をする幸運に恵まれている。当時RCGWで研究されていた國則守生先生（法政大学教授）、英公子氏、冨田秀昭先生（帝京大学教授）、内山勝久先生（流通科学大学教授）とは、炭素税による所得分配面への影響を評価する経済モデルの構築に取り組んできた。

　1990年代後半には、通商産業省（現経済産業省）の長期エネルギー需給見通しの策定において、多部門一般均衡モデルによる評価がはじめて導入され、和田修一氏や戒能一成氏からは政策評価やエネルギー統計について集中的に

学ぶ機会となっている。当時は23時まで三田キャンパスでモデル計算をしてアウトプットを送ると、帰宅した24時には自宅に電話がある。送ったばかりの試算結果に基づいて、次の分析課題が要請され、その締め切りはその日の朝までなどという状況であった。しかし、通産官僚はそこを問題とみるのかという気づきは、身体的な疲労を忘れさせた。

2003–05年には米国ハーバード大学において、デール・ジョルゲンソン教授の研究室に滞在する幸運に恵まれた。教授は経済測定や生産性分野の第一人者であるが、気候変動問題に対する長期的な資源配分を描く動学的一般均衡モデルの業績も世界的に知られている。週に数度、不意に「It's your time.」と呼ばれる度にドキッとしながらも、日本の資本測定や、エネルギー経済分析における問題意識などを議論させていただいた。つまらないトピックはそのまま聞き流されるが、教授が価値を置く問題では議論は数時間に及ぶこともあった。社会科学における問題は、社会の成熟度にも依存するだろう。日本経済として重要と思われる問題は米国からみればだいぶ野暮に映ったと思われるが、教授による問題の選別眼を事後に反芻することが楽しみであった。そして毎回驚くことは、データの精度やその改善に対する教授の変わらないパッションである。

工学との相違として、経済学には国民経済計算体系や産業連関表などの加工統計と呼ばれる一群が存在する。加工統計では、データ相互における理論的な整合性を確保することが重要となる。データは現象を観察する分析者の抱く、問題の認識の上に構築され、両者が一体として相互に改善されるダイナミズムがある。ジョルゲンソン教授が来日され帝国ホテルのロビーで「It's your time.」のお声がかかるときのため、問題と観察とを準備する習慣は現在も続いている。

2009年より、地球環境産業技術研究機構（RITE）の秋元圭吾氏（システム研究グループリーダー）とは、モデル分析とともに、工学と経済学の視点の交差する諸問題を議論する機会をいただいている。RITE地球温暖化対策国際戦略技術委員会では、茅陽一先生（RITE理事長・東京大学名誉教授）、山地憲治先生（RITE研究所長・東京大学名誉教授）、山口光恒先生（RITE参与）、内山洋二先生（筑波大学名誉教授）をはじめ、委員の先生方より工学的な見

識を学びながら、経済学が補完すべきことは何かを考える貴重な機会となっている。とくに杉山大志氏（キヤノングローバル戦略研究所研究主幹）からは気候変動問題の学際的な広がりと抱負な技術知識を伺いながら、一緒に旅をする多くの機会に恵まれた。

2016年からは日本エネルギー経済研究所の豊田正和理事長と星尚志理事にお声がけをいただき、日独エネルギー変革評議会（GJETC）に参加させていただいた。ドイツ側の研究者が何故そう考えるのか、何故そう考えないのかを感じとろうとしてきたが、いつも戸惑うばかりであった。そこからさまざまな疑問が生み出され、自分なりの探求を始めるきっかけともなっている。

本書は、エネルギー問題や気候変動問題に取り組む、ここに掲げきることのできない経済学者や工学者の諸先生との議論に基づく著者による理解と、そこで感じてきた違和感とに根差して、経済成長とエネルギー相互の関係としてのメカニズムを解明しようとした試みである。含まれる誤りは著者の責任によることは言うまでもない。より望ましいエネルギー環境政策の姿を模索するために、もし読者が本書の中に有益な視点を見いだされるならば、それは諸先生からの学恩によるものである。

本書の分析に利用した生産性統計（KDB）は、内閣府経済社会総合研究所（ESRI）で構築される日本の国民経済計算体系（JSNA）との基本的な整合性を保持するように設計・拡張されている。日本経済の観察は、ESRI国民経済計算部の方々による誠実な日常の仕事と、さらなる精度改善に向けた探求に支えられている。経済という巨大な観察対象に対して、ないものねだりの批判はたやすく（またその多くは間違えている）、建設的な議論を積み上げることは難しい。微力ながらもJSNAの精度改善に尽力したいと30年ほどが経過し、とくに長谷川秀司氏（総括政策研究官）、須賀優氏（国民経済計算部企画調査課）には問題意識の共有から改善に向けた方向まで、多くの忌憚ない議論をさせていただいている。とくに2020年はCOVID-19によるテレワークの制約や、一次統計の修正もあったなかで、JSNAの基準改定に向けた計算部の方々による取り組みには敬意を表したい。

産業研究所におけるKDBの拡張や更新では、著者のゼミ一期生である白根啓史氏（産業研究所共同研究員）、中山紫央里氏より多大な尽力をいただい

ている。あれもこれもと書きがちな学際的な分野を対象とする研究書において、浜田宏一先生（イエール大学名誉教授）からは書籍の書き方をご指導いただいたが、いまの著者の力ではその教えの 10%ほどしか生かせずにいる。そして、本書の構成や編集では、産業研究所としていつもお世話になっている慶應義塾大学出版会の木内鉄也氏より、数多くのご助言とご提案をいただいた。厚く御礼申し上げたい。

　本書を執筆する直接的なきっかけは、RCGW において大瀧雅之先生（東京大学教授）よりエネルギー経済に関する英語での本を執筆するようにお声がけをいただき、まずはその日本語での原稿にとりかかったことである。何を分析すべきか構想しながらデータや測定フレームワークを構築し、英語書籍の前に日本語での本書を完成させるために数年を要した。中間報告をさせていただく際などには、大瀧先生の経済学者としての視点とその心を学びたいと耳を澄ましていたが、2018 年 7 月に先生が逝去されたことはまことに残念でしかたがない。

　また 2019 年 11 月には、新保一成先生（慶應義塾大学教授）が逝去された。大学 3 年生のとき 40MB ハードディスク内蔵の NEC パソコンを購入したが初期設定できずにいたところ、助手になったばかりの先生が横浜のアパートまで来てくれて、結局その日は一晩中話をして過ごした。その後は 30 年近くにわたり、事あるごとに新保研究室を訪ねたが、「おぅ、どうした」とぶっきらぼうながらも厄介払いをされたことは一度もなく、研究室を出るときには不思議と晴れやかな気持ちとなっていた。本書が両先生に認めていただけるものか知る由はないが、今後も経済の実証分析としての仕事を積み重ね、その恩を若き研究者たちへと繋ぐことで報いていきたい。

2021 年 4 月

野村　浩二

参考文献

Asian Productivity Organization（2020）*APO Productivity Databook 2020*, Tokyo: Keio University Press, October.

BMWi（2016）"Green Paper on Energy Efficiency–Discussion Paper of the Federal Ministry for Economic Affairs and Energy," Bundesministerium für Wirtschaft und Energie（BMWi）, September.

Brännlund, Runar and Tommy Lundgren（2009）"Environmental Policy Without Costs? A Review of the Porter Hypothesis," *International Review of Environmental and Resource Economics*, Vol. 3, Issue 2.

British Columbia（2014）*Budget and Fiscal Plan 2014/15–2016/17*, Ministry of Finance.

Energy Information Administration（2018）*Annual Energy Outlook 2018*, the U.S. Energy Information Administration.

European Commission（2008）"Energy Sources, Production Costs and Performance of Technologies for Power Generation, Heating and Transport," Brussels, November 19.

European Commission（2014）*Energy Economic Developments in Europe*, European Economy 1, Brussels: European Commission.

Eurostat-OECD（2012）*Eurostat-OECD Methodological Manual on Purchasing Power Parities, 2012 edition*, Eurostat Methodologies and Working Papers, European Union/OECD.

Gillingham, Kenneth, Richard G. Newell and Karen Palmer（2009）"Energy Efficiency Economics and Policy", *Annual Review of Resource Economics*, Vol. 1, No. 1.

Gordon, Hughes（2020）"Wind Power Economics – Rhetoric & Reality: Volume I Wind Power Costs in the United Kingdom," Renewable Energy Foundation.

Gordon, Robert J.（2016）*The Rise and Fall of American Growth*, Princeton University Press.（高遠裕子・山岡由美訳『アメリカ経済——成長の終焉』日経 BP 社、2018 年）.

Herring, Horace（2006）"Energy Efficiency – A Critical View," *Energy*, Vol. 31, Issue 1.

Hulten, Charles R.（1990）"The Measurement of Capital," in E. R. Berndt and J. E. Triplett（eds.）*Fifty Years of Economic Measurement: The Jubilee of the Conference on Research in Income and Wealth*, University of Chicago Press, Chapter 4.

IEA-PVPS（2020）"Trends in Photovoltaic Applications 2020," Report IEA-PVPS T1-38: 2020.

Jorgenson, Dale W.（1966）"The Embodiment Hypothesis," *Journal of Political economy*, Vol. 74, No.1.

Jorgenson, Dale W., Richard J. Goettle, Mun S. Ho and Peter J. Wilcoxen（2013）*Double*

Dividend - Environmental Taxes and Fiscal Reform in the United States, MIT Press.

Jorgenson, Dale W. and Koji Nomura（2005）"The Industry Origins of Japanese Economic Growth," *Journal of the Japanese and International Economies*, Vol. 19, No. 4.

Jorgenson, Dale W., Koji Nomura and Jon D. Samuels（2016）"A Half Century of Trans-Pacific Competition: Price Level Indices and Productivity Gaps for Japanese and U.S. Industries, 1955–2012," in D. W. Jorgenson, et al.（eds.）*The World Economy – Growth or Stagnation?*, Cambridge: Cambridge University Press, Chap.13.

Kallakuri, Chetana, Shruti Vaidyanathan, Meegan Kelly and Rachel Cluett（2016）"The 2016 International Energy Efficiency Scorecard," American Council for an Energy-Efficient Economy（ACEEE）, Report E1602.

Kaltenegger, Oliver, Andreas Löschel, Martin Bikowski and Jörg Lingens（2017）"Energy Costs in Germany and Europe: An Assessment Based on a（Total Real Unit）Energy Cost Accounting Framework," *Energy Policy*, Vol. 104.

Kimura, Osamu（2013）"The Role of Standards: The Japanese Top Runner Programme for End-Use Efficiency," in Armulf Grübler and Charlie Wilson（eds.）*Energy Technology Innovation: Learning from Historical Successes and Failures*, Cambridge University Press, Chap. 17.

Konishi, Yoko and Koji Nomura（2015）"Energy Efficiency Improvement and Technical Changes in Japanese Industries, 1955-2012," RIETI Discussion Paper Series 15-E-058.

Knight, Frank H.（1921）*Risk, Uncertainty and Profit*, Boston and New York: Houghton Mifflin Company.（奥隅栄喜訳『危険・不確実性および利潤』文雅堂書店、1959 年）.

Kuznets, Simon（1971）*Economic Growth of Nations: Total Output and Production Structure*, Harvard University Press.（西川俊作・戸田泰訳『諸国民の経済成長：総生産高および生産構造』ダイヤモンド社、1977 年）.

Lack, Simon（2018）"America's Path to Energy Independence: The Shale Revolution," *Forbes*, June 4.

Martin, Richard（2016）"The One and Only Texas Wind Boom," *MIT Technology Review*, October 3.

Muller, Richard A.（2012）*Energy for Future Presidents: The Science Behind the Headlines*, New York: W. W. Norton & Company.（二階堂行彦訳『エネルギー問題入門』楽工社、2014 年）.

Murtishaw, Scott and Lee Schipper（2001a）"Energy Saving and Structural Changes in the US Economy: Evidence from Disaggregated data Using Decomposition Techniques," Lawrence Berkeley National Laboratory, Berkeley, CA, LBNL-48786, September.

Murtishaw, Scott and Lee Schipper（2001b）"Disaggregated Analysis of US Energy Consumption in the 1990s: Evidence of the Effects of the Internet and Rapid Economic Growth," *Energy Policy*, Vol. 29, Issue 15.

Nadiri, Ishaq M.（1970）"Some Approaches to the Theory and Measurement of Total Factor

Productivity: A Survey," *Journal of Economic Literature*, Vol. 8, No. 4.

National Academy of Sciences（1979）*Alternative Energy Demand Futures to 2010: Study of Nuclear and Alternative Energy Systems:* The Report of the Demand and Conservation Panel to the Committee on Nuclear and Alternative Energy Systems, Washington, D.C.: National Academy of Sciences.

Nemet, Gregory（2006）"Beyond the Learning Curve: Factors Influencing Cost Reductions in Photovoltaics," *Energy Policy*, Vol. 34, No. 17.

Nomura, Koji, Kozo Miyagawa and Jon D. Samuels（2019）"Benchmark 2011 Integrated Estimates of the Japan-U.S. Price Level Index for Industry Outputs," in B. M. Fraumeni （eds.）*Measuring Economic Growth and Productivity–Foundations, KLEMS Production Models, and Extensions*, London: Academic Press, Chap.12.

Nordhaus, William D.（2015）"Climate Clubs: Overcoming Free-riding in International Climate Policy," *American Economic Review*, Vol. 105, No. 4.

OECD（2020）*OECD Compendium of Productivity Indicators 2019*, Paris: OECD.

OECD/NEA（1998）"Projected Costs of Generating Electricity, Update 1998," October 8, Paris: OECD.

OECD/NEA and IEA（2020）"Projected Costs of Generating Electricity 2020 Edition," Organization for Economic Cooperation and Development/Nuclear Energy Agency and International Energy Agency, Paris: OECD.

Ozaki, Iwao（2004）"Economies of Plant Scale and Structural Change," in Erik Dietzenbacher and Michael L. Lahr（eds.）*Wassily Leontief and Input-Output Economics*, Chap. 14, Cambridge: Cambridge University Press.

Palmer, Karen, Wallace E. Oates and Paul R. Portney（1995）"Tightening Environmental Standards: The Benefit-Cost or the No-Cost Paradigm?," *Journal of Economic Perspective*, Vol. 9, No. 4.

Porter, Michael and C. van der Linde（1995）"Toward a New Conception of the Environment Competitiveness Relationship," *Journal of Economic Perspective*, Vol. 9, No. 4.

Royal, Todd（2018）"Shale 2.0 – Is There a Geopolitical Dark Side?," *The National Interest*, February 8.

Schmidt, Robert C. and Roland Strausz（2015）"On the Timing of Climate Agreements," *Environmental and Resource Economics*, Vol. 62, Issue 3.

Schurr, Sam H., Bruce C. Netschert with Vera F. Eliasberg, Joseph Lerner and Hans H. Landsberg（1960）*Energy in the American Economy, 1850–1975: An Economic Study of its History and Prospects*, Connecticut: Greenwood Press.

Schurr, Sam H., Calvin C. Burwell, Warren S. Devine and Sidney Sonenblum（eds.）（1990）*Electricity in the American Economy – Agent of Technological Progress*, Contributions in Economics and Economic History, No. 117, New York: Greenwood Press.

Schurr, Sam H., Sidney Sonenblum and David O. Wood（eds.）（1983）*Energy, Productivity, and Economic Growth*, A Workshop Sponsored by the Electric Power Research Institute, Cambridge, Massachusetts: Oelgeshlager, Gunn & Hain, Publishers, Inc.

Smil, Vaclav（2017）*Energy and Civilization: A History*, Cambridge: The MIT Press.（塩原通緒訳『エネルギーの人類史』青土社、2019 年）.

Timmer, Marcel P., Erik Dietzenbacher, Bart Los, Robert Stehrer and Gaaitzen J. de Vries（2015）"An Illustrated User Guide to the World Input–Output Database: The Case of Global Automotive Production," *Review of International Economics*, Vol. 23, Issue 3.

Timmer, Marcel P., Bart Los, Robert Stehrer and Gaaitzen J. de Vries（2016）"An Anatomy of the Global Trade Slowdown based on the WIOD 2016 Release," *GGDC Research Memorandum*, University of Groningen, No. 162.

Yale Center of the Study of Globalization（2015）*Global Harmonization Carbon Pricing: Looking Beyond Paris*, International Conference held on May 27–28.

Yergin, Daniel（2011）*The Quest: Energy, Security, and the Remaking of the Modern World*, Penguin Press.（伏見威蕃訳『エネルギーの世紀』日本経済新聞出版社、2015 年）.

Webber, Michael E.（2019）*Power Trip: The Story of Energy*, Basic Books.（柴田譲治訳『エネルギーの物語』原書房、2020 年）.

World Bank（2014）*Purchasing Power Parities and Real Expenditures of World Economies: Summary of Results and Findings of the 2011 International Comparison Program*, Washington, D.C.: World Bank.

大川一司・石渡茂・山田三郎・石弘光（1966）『長期経済統計（3）資本ストック』東洋経済新報社.

大川一司・高松信清・山本有造（1974）『長期経済統計 （1）国民所得』東洋経済新報社 .

尾崎巌（2004）『日本の産業構造』慶應義塾大学出版会.

戒能一成（2006）「日本の鉄鋼業の省エネルギー対策の費用対効果分析」RIETI Discussion Paper, 06 J 059,（財）経済産業研究所.

加治木紳哉（2010）『戦後日本の省エネルギー史——電力、鉄鋼、セメント産業の歩み』エネルギーフォーラム.

茅陽一編（2009）『CO2 削減はどこまで可能か——温暖化ガス▲ 25% 削減の検証』エネルギーフォーラム社.

黒田昌裕・新保一成・野村浩二・小林信行（1997）『KEO データベース——産出および資本・労働投入の測定』慶應義塾大学産業研究所.

経済産業省（2015）「長期エネルギー需給見通し」7 月.

経済産業省（2017）「平成 28 年度我が国経済社会の情報化・サービス化に係る基盤整備（電子商取引に関する市場調査）」経済産業省商務情報政策局情報経済課.

澤田豊（1998）「化学工業における省エネルギー対策への取り組み」『紙パ技協誌』第 52 巻 11 号.

資源エネルギー庁（2008）『平成 18 年度エネルギーに関する年次報告（エネルギー白書

2007）』経済産業省 資源エネルギー庁.

資源エネルギー庁（2015）「トップランナー制度——世界最高の省エネルギー機器等の創出に向けて」3 月.

資源エネルギー庁（2020a）「令和元年度エネルギーに関する年次報告（エネルギー白書2020）」6 月.

資源エネルギー庁（2020b）「エネルギー政策の現状について」第 1 回 中央環境審議会地球環境部会 中長期の気候変動対策検討小委員会 産業構造審議会産業技術環境分科会地球環境小委員会地球温暖化対策検討ワーキンググループ 合同会合、資料 5、9 月.

杉山大志（2018）『地球温暖化問題の探究』デジタルパブリッシングサービス.

杉山大志・野田冬彦・木村宰（2010）『省エネルギー政策論——工場・事業所での省エネ法の実効性』エネルギーフォーラム.

総務省（2019）「平成 27 年産業連関表」6 月.

総務省（2020）「平成 17–23–27 年接続産業連関表」8 月.

都留重人（2001）『21 世紀 日本への期待——危機的現状からの脱却を』岩波書店.

内閣府経済社会総合研究所（2018）『2017 年度国民経済計算年報』内閣府.

内閣府経済社会総合研究所（2020）『2019 年度国民経済計算年報』内閣府.

中村秀臣（2017）「戦前における日本の電源選択の変遷——経済性評価手法と評価結果を踏まえて」『経済科学論究』第 14 号、埼玉大学経済学会.

日本エネルギー経済研究所計量分析ユニット（2020）『EDMC エネルギー・経済統計要覧』省エネルギーセンター.

日本鉄鋼連盟（2018）「鉄鋼業の地球温暖化対策への取組——低炭素社会実行計画実績報告」産業構造審議会 産業技術環境分科会 研究開発・評価小委員会 鉄鋼ワーキンググループ、2018 年 2 月 7 日.

日本政府（2019）「パリ協定に基づく成長戦略としての長期戦略」6 月.

日本政府（2020）「2050 年カーボンニュートラルに伴うグリーン成長戦略」12 月.

野村浩二（2004）『資本の測定——日本経済の資本深化と生産性』慶應義塾大学出版会.

福井俊彦編（2009）『地球温暖化対策中期目標の解説』ぎょうせい.

福澤諭吉（1893）『実業論』博文館蔵版.

星野優子（2012）「日本の製造業業種別エネルギー需要の価格弾力性の推計——国際比較のための分析枠組みの検討」『エネルギー・資源』Vol. 34, No. 1.

松尾雄司（2021）「平準化発電単価（LCOE）による経済性評価」『エネルギー・資源』Vol. 42, No.1.

山地憲治（2020）『エネルギー新時代の夜明け』エネルギーフォーラム.

索　引

野村 浩二（のむら こうじ）

慶應義塾大学産業研究所教授
1993 年慶應義塾大学商学部卒、1995 年同大学院商学研究科修士課程修了、1998 年同博士課程単位取得退学、博士（2005 年）。1996 年慶應義塾大学産業研究所助手、2003年准教授、2017 年より現職。この間、2003–05 年ハーバード大学ケネディスクールCBG フェロー、2006–07 年経済協力開発機構（OECD）科学技術産業局エコノミスト、2013–19 年経済産業研究所ファカルティフェロー、2015–16 年国連経済社会局コンサルタント、2019–20 年経団連 21 世紀政策研究所研究主幹など歴任。現在、アジア生産性機構 PDB プロジェクトマネージャー（2007 年～）、日本政策投資銀行設備投資研究所客員主任研究員（2009 年～）、内閣府経済社会総合研究所客員主任研究官（2012 年～）などを兼任。
主要業績：*APO Productivity Databook*（Asian Productivity Organization, Keio University Press, 2008–2020）, "A Half Century of Trans-Pacific Competition: Price Level Indices and Productivity Gaps for Japanese and U.S. Industries, 1955–2012," （Dale W. Jorgenson, et al. eds., *The World Economy: Growth or Stagnation?*, Cambridge University Press, 2016）, 『資本の測定——日本経済の資本深化と生産性』（慶應義塾大学出版会、2004 年／ 2005年度日経・経済図書文化賞受賞）など。

慶應義塾大学産業研究所選書

日本の経済成長とエネルギー
——経済と環境の両立はいかに可能か

2021 年 6 月 30 日　初版第 1 刷刊行

著　者————野村浩二
発行者————依田俊之
発行所————慶應義塾大学出版会株式会社
　　　　　　〒 108-8346　東京都港区三田 2-19-30
　　　　　　TEL〔編集部〕03-3451-0931
　　　　　　　　〔営業部〕03-3451-3584〈ご注文〉
　　　　　　〔　〃　〕03-3451-6926
　　　　　　FAX〔営業部〕03-3451-3122
　　　　　　振替 00190-8-155497
　　　　　　https://www.keio-up.co.jp/
装　丁————後藤トシノブ
印刷・製本——萩原印刷株式会社
カバー印刷——株式会社太平印刷社